T&P BOOKS

OEZBEEKS

WOORDENSCHAT

THEMATISCHE WOORDENLIJST

NEDERLANDS
OEZBEEKS

De meest bruikbare woorden
Om uw woordenschat uit te breiden en
uw taalvaardigheid aan te scherpen

9000 woorden

Thematische woordenschat Nederlands-Oezbeeks - 9000 woorden

Door Andrey Taranov

Woordenlijsten van T&P Books zijn bedoeld om u woorden van een vreemde taal te helpen leren, onthouden, en bestudering. Dit woordenboek is ingedeeld in thema's en behandelt alle belangrijk terreinen van het dagelijkse leven, bedrijven, wetenschap, cultuur, etc.

Het proces van het leren van woorden met behulp van de op thema's gebaseerde aanpak van T&P Books biedt u de volgende voordelen:

- Correct gegroepeerde informatie is bepalend voor succes bij opeenvolgende stadia van het leren van woorden
- De beschikbaarheid van woorden die van dezelfde stam zijn maakt het mogelijk om woordgroepen te onthouden (in plaats van losse woorden)
- Kleine groepen van woorden faciliteren het proces van het aanmaken van associatieve verbindingen, die nodig zijn bij het consolideren van de woordenschat
- Het niveau van talenkennis kan worden ingeschat door het aantal geleerde woorden

T&P Books Publishing
www.tpbooks.com

ISBN: 978-1-78492-289-4

Dit boek is ook beschikbaar in e-boek formaat.
Gelieve www.tpbooks.com te bezoeken of de belangrijkste online boekwinkels.

OEZBEEKSE WOORDENSCHAT
nieuwe woorden leren

T&P Books woordenlijsten zijn bedoeld om u te helpen vreemde woorden te leren, te onthouden, en te bestuderen. De woordenschat bevat meer dan 9000 veel gebruikte woorden die thematisch geordend zijn.

- De woordenlijst bevat de meest gebruikte woorden
- Aanbevolen als aanvulling bij welke taalcursus dan ook
- Voldoet aan de behoeften van de beginnende en gevorderde student in vreemde talen
- Geschikt voor dagelijks gebruik, bestudering en zelftestactiviteiten
- Maakt het mogelijk om uw woordenschat te evalueren

Bijzondere kenmerken van de woordenschat

- De woorden zijn gerangschikt naar hun betekenis, niet volgens alfabet
- De woorden worden weergegeven in drie kolommen om bestudering en zelftesten te vergemakkelijken
- Woorden in groepen worden verdeeld in kleine blokken om het leerproces te vergemakkelijken
- De woordenschat biedt een handige en eenvoudige beschrijving van elk buitenlands woord

De woordenschat bevat 256 onderwerpen zoals:

Basisconcepten, getallen, kleuren, maanden, seizoenen, meeteenheden, kleding en accessoires, eten & voeding, restaurant, familieleden, verwanten, karakter, gevoelens, emoties, ziekten, stad, dorp, bezienswaardigheden, winkelen, geld, huis, thuis, kantoor, werken op kantoor, import & export, marketing, werk zoeken, sport, onderwijs, computer, internet, gereedschap, natuur, landen, nationaliteiten en meer ...

INHOUDSOPGAVE

UITSPRAAKGIDS

Letter	Oezbeeks voorbeeld	T&P fonetisch alfabet	Nederlands voorbeeld
A a	satr	[a]	acht
B b	kutubxona	[b]	hebben
D d	marvarid	[d]	Dank u, honderd
E e	erkin	[e]	delen, spreken
F f	mukofot	[f]	feestdag, informeren
G g	girdob	[g]	goal, tango
G' g'	g'ildirak	[ɣ]	liegen, gaan
H h	hasharot	[h]	het, herhalen
I i	kirish	[i], [iː]	bidden, lila
J j	natija	[dʒ]	jeans, jungle
K k	namlik	[k]	kennen, kleur
L l	talaffuz	[l]	delen, luchter
M m	tarjima	[m]	morgen, etmaal
N n	nusxa	[n]	nemen, zonder
O o	bosim	[ɒ], [o]	aankomst, rood
O' o'	o'simlik	[ø]	neus, beu
P p	polapon	[p]	parallel, koper
Q q	qor	[q]	kennen, kleur
R r	rozilik	[r]	roepen, breken
S s	siz	[s]	spreken, kosten
T t	tashkilot	[t]	tomaat, taart
U u	uchuvchi	[u]	hoed, doe
V v	vergul	[w]	twee, willen
X x	xonadon	[ɦ]	hitte, hypnose
Y y	yigit	[j]	New York, januari
Z z	zirak	[z]	zeven, zesde
ch	chang	[tʃ]	Tsjechië, cello
sh	shikoyat	[ʃ]	shampoo, machine
' 1	san'at	[ː], [--]	zonder klank

Opmerkingen

1 [ː] - Verlengt de voorgaande klinker; na medeklinkers wordt gebruikt als een "harde teken"

AFKORTINGEN
gebruikt in de woordenschat

Nederlandse afkortingen

abn	-	als bijvoeglijk naamwoord
bijv.	-	bijvoorbeeld
bn	-	bijvoeglijk naamwoord
bw	-	bijwoord
enk.	-	enkelvoud
enz.	-	enzovoort
form.	-	formele taal
inform.	-	informele taal
mann.	-	mannelijk
mil.	-	militair
mv.	-	meervoud
on.ww.	-	onovergankelijk werkwoord
ontelb.	-	ontelbaar
ov.	-	over
ov.ww.	-	overgankelijk werkwoord
telb.	-	telbaar
vn	-	voornaamwoord
vrouw.	-	vrouwelijk
vw	-	voegwoord
vz	-	voorzetsel
wisk.	-	wiskunde
ww	-	werkwoord

Nederlandse artikelen

de	-	gemeenschappelijk geslacht
de/het	-	gemeenschappelijk geslacht, onzijdig
het	-	onzijdig

BASISBEGRIPPEN

Basisbegrippen Deel 1

1. Voornaamwoorden

ik	мен	men
jij, je	сен	sen
hij, zij, het	у	u
wij, we	биз	biz
jullie	сиз	siz
zij, ze	улар	ular

2. Begroetingen. Begroetingen. Afscheid

Hallo! Dag!	Салом!	Salom!
Hallo!	Ассалому алайкум!	Assalomu alaykum!
Goedemorgen!	Хайрли тонг!	Xayrli tong!
Goedemiddag!	Хайрли кун!	Xayrli kun!
Goedenavond!	Хайрли окшом!	Xayrli oqshom!
gedag zeggen (groeten)	саломлашмок	salomlashmoq
Hoi!	Салом бердик!	Salom berdik!
groeten (het)	салом	salom
verwelkomen (ww)	салом бермок	salom bermoq
Is er nog nieuws?	Янгилик борми?	Yangilik bormi?
Dag! Tot ziens!	Хайр!	Xayr!
Tot snel! Tot ziens!	Кўришкунча хайр!	Ko'rishquncha xayr!
Vaarwel!	Соғ бўлинг!	Sog' bo'ling!
afscheid nemen (ww)	хайрлашмок	xayrlashmoq
Tot kijk!	Ҳозирча хайр!	Hozircha xayr!
Dank u!	Раҳмат!	Rahmat!
Dank u wel!	Катта раҳмат!	Katta rahmat!
Graag gedaan	Марҳамат	Marhamat
Geen dank!	Ташаккур билдиришга арзимайди.	Tashakkur bildirishga arzimaydi.
Geen moeite.	Арзимайди	Arzimaydi
Excuseer me, ... (inform.)	Кечир!	Kechir!
Excuseer me, ... (form.)	Кечиринг!	Kechiring!
excuseren (verontschuldigen)	кечирмок	kechirmoq
zich verontschuldigen	кечирим сўрамок	kechirim so'ramoq
Mijn excuses.	Мени кечиргайсиз.	Meni kechirgaysiz.

Het spijt me!	Афв етасиз!	Afv etasiz!
vergeven (ww)	афв етмоқ	afv etmoq
Maakt niet uit!	Ҳечқиси йўқ!	Hechqisi yo'q!
alsjeblieft	марҳамат қилиб	marhamat qilib

Vergeet het niet!	Унутманг!	Unutmang!
Natuurlijk!	Албатта!	Albatta!
Natuurlijk niet!	Албатта, йўқ!	Albatta, yo'q!
Akkoord!	Розиман!	Roziman!
Zo is het genoeg!	Бас!	Bas!

3. Hoe aan te spreken

meneer	Жаноб	Janob
mevrouw	Хоним	Xonim
juffrouw	Яхши қиз	Yaxshi qiz
jongeman	Яхши йигит	Yaxshi yigit
jongen	Болакай	Bolakay
meisje	Қизалоқ	Qizaloq

4. Kardinale getallen. Deel 1

nul	нол	nol
een	бир	bir
twee	икки	ikki
drie	уч	uch
vier	тўрт	to'rt

vijf	беш	besh
zes	олти	olti
zeven	етти	etti
acht	саккиз	sakkiz
negen	тўққиз	to'qqiz

tien	ўн	o'n
elf	ўн бир	o'n bir
twaalf	ўн икки	o'n ikki
dertien	ўн уч	o'n uch
veertien	ўн тўрт	o'n to'rt

vijftien	ўн беш	o'n besh
zestien	ўн олти	o'n olti
zeventien	ўн етти	o'n etti
achttien	ўн саккиз	o'n sakkiz
negentien	ўн тўққиз	o'n to'qqiz

twintig	йигирма	yigirma
eenentwintig	йигирма бир	yigirma bir
tweeëntwintig	йигирма икки	yigirma ikki
drieëntwintig	йигирма уч	yigirma uch
dertig	ўттиз	o'ttiz
eenendertig	ўттиз бир	o'ttiz bir

| tweeëndertig | ўттиз икки | o'ttiz ikki |
| drieëndertig | ўттиз уч | o'ttiz uch |

veertig	қирқ	qirq
eenenveertig	қирқ бир	qirq bir
tweeënveertig	қирқ икки	qirq ikki
drieënveertig	қирқ уч	qirq uch

vijftig	еллик	ellik
eenenvijftig	еллик бир	ellik bir
tweeënvijftig	еллик икки	ellik ikki
drieënvijftig	еллик уч	ellik uch

zestig	олтмиш	oltmish
eenenzestig	олтмиш бир	oltmish bir
tweeënzestig	олтмиш икки	oltmish ikki
drieënzestig	олтмиш уч	oltmish uch

zeventig	етмиш	etmish
eenenzeventig	етмиш бир	etmish bir
tweeënzeventig	етмиш икки	etmish ikki
drieënzeventig	етмиш уч	etmish uch

tachtig	саксон	sakson
eenentachtig	саксон бир	sakson bir
tweeëntachtig	саксон икки	sakson ikki
drieëntachtig	саксон уч	sakson uch

negentig	тўқсон	to'qson
eenennegentig	тўқсон бир	to'qson bir
tweeënnegentig	тўқсон икки	to'qson ikki
drieënnegentig	тўқсон уч	to'qson uch

5. Kardinale getallen. Deel 2

honderd	юз	yuz
tweehonderd	икки юз	ikki yuz
driehonderd	уч юз	uch yuz
vierhonderd	тўрт юз	to'rt yuz
vijfhonderd	беш юз	besh yuz

zeshonderd	олти юз	olti yuz
zevenhonderd	етти юз	etti yuz
achthonderd	саккиз юз	sakkiz yuz
negenhonderd	тўққиз юз	to'qqiz yuz

duizend	минг	ming
tweeduizend	икки минг	ikki ming
drieduizend	уч минг	uch ming
tienduizend	ўн минг	o'n ming
honderdduizend	юз минг	yuz ming

| miljoen (het) | миллион | million |
| miljard (het) | миллиард | milliard |

6. Ordinale getallen

eerste (bn)	биринчи	birinchi
tweede (bn)	иккинчи	ikkinchi
derde (bn)	учинчи	uchinchi
vierde (bn)	тўртинчи	to'rtinchi
vijfde (bn)	бешинчи	beshinchi
zesde (bn)	олтинчи	oltinchi
zevende (bn)	еттинчи	ettinchi
achtste (bn)	саккизинчи	sakkizinchi
negende (bn)	тўққизинчи	to'qqizinchi
tiende (bn)	ўнинчи	o'ninchi

7. Getallen. Breuken

breukgetal (het)	каср	kasr
half	иккидан бир	ikkidan bir
een derde	учдан бир	uchdan bir
kwart	тўртдан бир	to'rtdan bir
een achtste	саккиздан бир	sakkizdan bir
een tiende	ўндан бир	o'ndan bir
twee derde	учдан икки	uchdan ikki
driekwart	тўртдан уч	to'rtdan uch

8. Getallen. Eenvoudige berekeningen

aftrekking (de)	айириш	ayirish
aftrekken (ww)	айирмоқ	ayirmoq
deling (de)	бўлиш	bo'lish
delen (ww)	бўлмоқ	bo'lmoq
optelling (de)	қўшиш	qo'shish
erbij optellen (bij elkaar voegen)	қўшмоқ	qo'shmoq
optellen (ww)	яна қўшмоқ	yana qo'shmoq
vermenigvuldiging (de)	кўпайтириш	ko'paytirish
vermenigvuldigen (ww)	кўпайтирмоқ	ko'paytirmoq

9. Getallen. Diversen

cijfer (het)	рақам	raqam
nummer (het)	сон	son
telwoord (het)	саноқ сон	sanoq son
minteken (het)	минус	minus
plusteken (het)	плюс	plyus
formule (de)	формула	formula
berekening (de)	ҳисоблаш	hisoblash

tellen (ww)	санамоқ	sanamoq
bijrekenen (ww)	ҳисобламоқ	hisoblamoq
vergelijken (ww)	солиштирмоқ	solishtirmoq

Hoeveel? (ontelb.)	Қанча?	Qancha?
Hoeveel? (telb.)	Нечта?	Nechta?
som (de), totaal (het)	сумма	summa
uitkomst (de)	натижа	natija
rest (de)	қолдиқ	qoldiq

enkele (bijv. ~ minuten)	бир нечта	bir nechta
weinig (bw)	бир оз	biroz
restant (het)	қолгани	qolgani
anderhalf	бир ярим	bir yarim
dozijn (het)	ўн иккита	o'n ikkita

middendoor (bw)	иккига бўлиб	ikkiga bo'lib
even (bw)	тенг-баравар	teng-baravar
helft (de)	ярим	yarim
keer (de)	марта	marta

10. De belangrijkste werkwoorden. Deel 1

aanbevelen (ww)	тавсия қилмоқ	tavsiya qilmoq
aandringen (ww)	талаб қилмоқ	talab qilmoq
aankomen (per auto, enz.)	етиб келмоқ	etib kelmoq
aanraken (ww)	тегмоқ	tegmoq
adviseren (ww)	маслаҳат бермоқ	maslahat bermoq

afdalen (on.ww.)	тушмоқ	tushmoq
afslaan (naar rechts ~)	бурмоқ	burmoq
antwoorden (ww)	жавоб бермоқ	javob bermoq
bang zijn (ww)	қўрқмоқ	qo'rqmoq
bedreigen (bijv. met een pistool)	пўписа қилмоқ	po'pisa qilmoq

bedriegen (ww)	алдамоқ	aldamoq
beëindigen (ww)	тугатмоқ	tugatmoq
beginnen (ww)	бошламоқ	boshlamoq
begrijpen (ww)	тушунмоқ	tushunmoq
beheren (managen)	бошқармоқ	boshqarmoq

beledigen (met scheldwoorden)	ҳақоратламоқ	haqoratlamoq
beloven (ww)	ваъда бермоқ	va'da bermoq
bereiden (koken)	тайёрламоқ	tayyorlamoq
bespreken (spreken over)	муҳокама қилмоқ	muhokama qilmoq

bestellen (eten ~)	буюртма бермоқ	buyurtma bermoq
bestraffen (een stout kind ~)	жазоламоқ	jazolamoq
betalen (ww)	тўламоқ	to'lamoq
betekenen (beduiden)	билдирмоқ	bildirmoq
betreuren (ww)	афсусланмоқ	afsuslanmoq
bevallen (prettig vinden)	ёқмоқ	yoqmoq

bevelen (mil.)	буюрмоқ	buyurmoq
bevrijden (stad, enz.)	халос қилмоқ	xalos qilmoq
bewaren (ww)	сақламоқ	saqlamoq
bezitten (ww)	ега бўлмоқ	ega bo'lmoq

bidden (praten met God)	ибодат қилмоқ	ibodat qilmoq
binnengaan (een kamer ~)	кирмоқ	kirmoq
breken (ww)	синдирмоқ	sindirmoq
controleren (ww)	назорат қилмоқ	nazorat qilmoq
creëren (ww)	яратмоқ	yaratmoq

deelnemen (ww)	иштирок етмоқ	ishtirok etmoq
denken (ww)	ўйламоқ	o'ylamoq
doden (ww)	ўлдирмоқ	o'ldirmoq
doen (ww)	қилмоқ	qilmoq
dorst hebben (ww)	чанқамоқ	chanqamoq

11. De belangrijkste werkwoorden. Deel 2

een hint geven	ишора қилмоқ	ishora qilmoq
eisen (met klem vragen)	талаб қилмоқ	talab qilmoq
existeren (bestaan)	мавжуд бўлмоқ	mavjud bo'lmoq
gaan (te voet)	юрмоқ	yurmoq

gaan zitten (ww)	ўтирмоқ	o'tirmoq
gaan zwemmen	чўмилмоқ	cho'milmoq
geven (ww)	бермоқ	bermoq
glimlachen (ww)	жилмаймоқ	jilmaymoq
goed raden (ww)	топмоқ	topmoq

grappen maken (ww)	ҳазиллашмоқ	hazillashmoq
graven (ww)	қазимоқ	qazimoq

hebben (ww)	ега бўлмоқ	ega bo'lmoq
helpen (ww)	ёрдамлашмоқ	yordamlashmoq
herhalen (opnieuw zeggen)	қайтармоқ	qaytarmoq
honger hebben (ww)	ейишни истамоқ	eyishni istamoq

hopen (ww)	умид қилмоқ	umid qilmoq
horen (waarnemen met het oor)	ешитмоқ	eshitmoq
huilen (wenen)	йиғламоқ	yig'lamoq
huren (huis, kamer)	ижарага олмоқ	ijaraga olmoq
informeren (informatie geven)	хабардор қилмоқ	xabardor qilmoq

instemmen (akkoord gaan)	рози бўлмоқ	rozi bo'lmoq
jagen (ww)	ов қилмоқ	ov qilmoq
kennen (kennis hebben van iemand)	танимоқ	tanimoq
kiezen (ww)	танламоқ	tanlamoq
klagen (ww)	шикоят қилмоқ	shikoyat qilmoq

kosten (ww)	арзимоқ	arzimoq
kunnen (ww)	уддаламоқ	uddalamoq

lachen (ww)	кулмоқ	kulmoq
laten vallen (ww)	туширмоқ	tushirmoq
lezen (ww)	ўқимоқ	o'qimoq

liefhebben (ww)	севмоқ	sevmoq
lunchen (ww)	тушлик қилмоқ	tushlik qilmoq
nemen (ww)	олмоқ	olmoq
nodig zijn (ww)	керак бўлмоқ	kerak bo'lmoq

12. De belangrijkste werkwoorden. Deel 3

onderschatten (ww)	кам баҳо бермоқ	kam baho bermoq
ondertekenen (ww)	имзоламоқ	imzolamoq
ontbijten (ww)	нонушта қилмоқ	nonushta qilmoq
openen (ww)	очмоқ	ochmoq
ophouden (ww)	тўхтатмоқ	to'xtatmoq
opmerken (zien)	кўриб қолмоқ	ko'rib qolmoq

opscheppen (ww)	мақтанмоқ	maqtanmoq
opschrijven (ww)	ёзиб олмоқ	yozib olmoq
plannen (ww)	режаламоқ	rejalamoq
prefereren (verkiezen)	афзал кўрмоқ	afzal ko'rmoq
proberen (trachten)	уриниб кўрмоқ	urinib ko'rmoq
redden (ww)	қутқармоқ	qutqarmoq

rekenen op ...	... га умид қилмоқ	... ga umid qilmoq
rennen (ww)	югурмоқ	yugurmoq
reserveren (een hotelkamer ~)	захира қилиб қўймоқ	zaxira qilib qo'ymoq
roepen (om hulp)	чақирмоқ	chaqirmoq
schieten (ww)	отмоқ	otmoq
schreeuwen (ww)	бақирмоқ	baqirmoq

schrijven (ww)	ёзмоқ	yozmoq
souperen (ww)	кечки овқатни емоқ	kechki ovqatni emoq
spelen (kinderen)	ўйнамоқ	o'ynamoq
spreken (ww)	гапирмоқ	gapirmoq

stelen (ww)	ўғирламоқ	o'g'irlamoq
stoppen (pauzeren)	тўхтамоқ	to'xtamoq

studeren (Nederlands ~)	ўрганмоқ	o'rganmoq
sturen (zenden)	жўнатмоқ	jo'natmoq
tellen (optellen)	ҳисобламоқ	hisoblamoq
toebehoren ...	тегишли бўлмоқ	tegishli bo'lmoq

toestaan (ww)	рухсат бермоқ	ruxsat bermoq
tonen (ww)	кўрсатмоқ	ko'rsatmoq

twijfelen (onzeker zijn)	иккиланмоқ	ikkilanmoq
uitgaan (ww)	чиқмоқ	chiqmoq
uitnodigen (ww)	таклиф қилмоқ	taklif qilmoq
uitspreken (ww)	айтмоқ	aytmoq
uitvaren tegen (ww)	койимоқ	koyimoq

13. De belangrijkste werkwoorden. Deel 4

vallen (ww)	йиқилмоқ	yiqilmoq
vangen (ww)	тутмоқ	tutmoq
veranderen (anders maken)	ўзгартирмоқ	o'zgartirmoq
verbaasd zijn (ww)	ҳайрон қолмоқ	hayron qolmoq
verbergen (ww)	беркитмоқ	berkitmoq

verdedigen (je land ~)	ҳимоя қилмоқ	himoya qilmoq
verenigen (ww)	бирлаштирмоқ	birlashtirmoq
vergelijken (ww)	солиштирмоқ	solishtirmoq
vergeten (ww)	унутмоқ	unutmoq
vergeven (ww)	кечирмоқ	kechirmoq

verklaren (uitleggen)	тушунтирмоқ	tushuntirmoq
verkopen (per stuk ~)	сотмоқ	sotmoq
vermelden (praten over)	еслатиб ўтмоқ	eslatib o'tmoq
versieren (decoreren)	безамоқ	bezamoq
vertalen (ww)	таржима қилмоқ	tarjima qilmoq

vertrouwen (ww)	ишонмоқ	ishonmoq
vervolgen (ww)	давом еттирмоқ	davom ettirmoq
verwarren (met elkaar ~)	адаштирмоқ	adashtirmoq
verzoeken (ww)	сўрамоқ	so'ramoq
verzuimen (school, enz.)	қолдирмоқ	qoldirmoq

vinden (ww)	топмоқ	topmoq
vliegen (ww)	учмоқ	uchmoq
volgen (ww)	... орқасидан бормоқ	... orqasidan bormoq
voorstellen (ww)	таклиф қилмоқ	taklif qilmoq
voorzien (verwachten)	олдиндан кўрмоқ	oldindan ko'rmoq
vragen (ww)	сўрамоқ	so'ramoq

waarnemen (ww)	кузатмоқ	kuzatmoq
waarschuwen (ww)	огоҳлантирмоқ	ogohlantirmoq
wachten (ww)	кутмоқ	kutmoq
weerspreken (ww)	еътироз билдирмоқ	e'tiroz bildirmoq
weigeren (ww)	рад қилмоқ	rad qilmoq

werken (ww)	ишламоқ	ishlamoq
weten (ww)	билмоқ	bilmoq
willen (verlangen)	истамоқ	istamoq

zeggen (ww)	айтмоқ	aytmoq
zich haasten (ww)	шошилмоқ	shoshilmoq

zich interesseren voor ...	қизиқмоқ	qiziqmoq
zich vergissen (ww)	адашмоқ	adashmoq

zich verontschuldigen	кечирим сўрамоқ	kechirim so'ramoq
zien (ww)	кўрмоқ	ko'rmoq

zoeken (ww)	... изламоқ	... izlamoq
zwemmen (ww)	сузмоқ	suzmoq
zwijgen (ww)	индамай турмоқ	indamay turmoq

14. Kleuren

kleur (de)	ранг	rang
tint (de)	рангдаги нозик фарқ	rangdagi nozik farq
kleurnuance (de)	тус	tus
regenboog (de)	камалак	kamalak

wit (bn)	оқ	oq
zwart (bn)	қора	qora
grijs (bn)	кул ранг	kul rang

groen (bn)	яшил	yashil
geel (bn)	сариқ	sariq
rood (bn)	қизил	qizil

blauw (bn)	кўк	ko'k
lichtblauw (bn)	ҳаво ранг	havo rang
roze (bn)	пушти	pushti
oranje (bn)	тўқ сариқ	to'q sariq
violet (bn)	бинафша ранг	binafsha rang
bruin (bn)	жигар ранг	jigar rang

goud (bn)	олтин ранг	oltin rang
zilverkleurig (bn)	кумуш ранг	kumush rang

beige (bn)	оч жигар ранг	och jigar rang
roomkleurig (bn)	оч сариқ ранг	och sariq rang
turkoois (bn)	феруза ранг	feruza rang
kersrood (bn)	олча ранг	olcha rang
lila (bn)	нафармон	nafarmon
karmijnrood (bn)	тўқ қизил ранг	to'q qizil rang

licht (bn)	оч	och
donker (bn)	тўқ	to'q
fel (bn)	ёрқин	yorqin

kleur-, kleurig (bn)	рангли	rangli
kleuren- (abn)	рангли	rangli
zwart-wit (bn)	оқ-қора	oq-qora
eenkleurig (bn)	бир рангдаги	bir rangdagi
veelkleurig (bn)	ранг-баранг	rang-barang

15. Vragen

Wie?	Ким?	Kim?
Wat?	Нима?	Nima?
Waar?	Қаерда?	Qaerda?
Waarheen?	Қаерга?	Qaerga?
Waar ... vandaan?	Қаердан?	Qaerdan?
Wanneer?	Қачон?	Qachon?
Waarom?	Нега?	Nega?
Waarom?	Нима сабабдан?	Nima sababdan?
Waarvoor dan ook?	Нима учун?	Nima uchun?

Hoe?	Қандай?	Qanday?
Wat voor ...?	Қанақа?	Qanaqa?
Welk?	Қайси?	Qaysi?

Aan wie?	Кимга?	Kimga?
Over wie?	Ким ҳақида?	Kim haqida?
Waarover?	Нима ҳақида?	Nima haqida?
Met wie?	Ким билан?	Kim bilan?

| Hoeveel? (ontelb.) | Қанча? | Qancha? |
| Van wie? (mann.) | Кимники? | Kimniki? |

16. Voorzetsels

met (bijv. ~ beleg)	... билан	... bilan
zonder (~ accent)	... сиз	... siz
naar (in de richting van)	... га	... ga
over (praten ~)	ҳақида	haqida
voor (in tijd)	аввал	avval
voor (aan de voorkant)	олдин	oldin

onder (lager dan)	тагида	tagida
boven (hoger dan)	устида	ustida
op (bovenop)	... да	... da
van (uit, afkomstig van)	... дан	... dan
van (gemaakt van)	... дан	... dan

| over (bijv. ~ een uur) | ... дан кейин | ... dan keyin |
| over (over de bovenkant) | устидан | ustidan |

17. Functiewoorden. Bijwoorden. Deel 1

Waar?	Қаерда?	Qaerda?
hier (bw)	шу ерда	shu erda
daar (bw)	у ерда	u erda

| ergens (bw) | қаердадир | qaerdadir |
| nergens (bw) | ҳеч қаерда | hech qaerda |

| bij ... (in de buurt) | ... ёнида | ... yonida |
| bij het raam | дераза ёнида | deraza yonida |

Waarheen?	Қаерга?	Qaerga?
hierheen (bw)	бу ерга	bu erga
daarheen (bw)	у ерга	u erga
hiervandaan (bw)	бу ердан	bu erdan
daarvandaan (bw)	у ердан	u erdan

dichtbij (bw)	яқин	yaqin
ver (bw)	узоқ	uzoq
in de buurt (van ...)	ёнида, яқинида	yonida, yaqinida
vlakbij (bw)	ёнма-ён	yonma-yon

niet ver (bw)	узоқ емас	uzoq emas
linker (bn)	чап	chap
links (bw)	чапдан	chapdan
linksaf, naar links (bw)	чапга	chapga

rechter (bn)	ўнг	o'ng
rechts (bw)	ўнгда	o'ngda
rechtsaf, naar rechts (bw)	ўнгга	o'ngga

vooraan (bw)	олдида	oldida
voorste (bn)	олдинги	oldingi
vooruit (bw)	олдинга	oldinga

achter (bw)	орқада	orqada
van achteren (bw)	орқадан	orqadan
achteruit (naar achteren)	орқага	orqaga

| midden (het) | ўрта | o'rta |
| in het midden (bw) | ўртада | o'rtada |

opzij (bw)	ёнида	yonida
overal (bw)	ҳар ерда	har erda
omheen (bw)	атрофда	atrofda

binnenuit (bw)	ичида	ichida
naar ergens (bw)	қаергадир	qaergadir
rechtdoor (bw)	тўғри йўлдан	to'g'ri yo'ldan
terug (bijv. ~ komen)	қарама-қарши томонга	qarama-qarshi tomonga

| ergens vandaan (bw) | бирор жойдан | biror joydan |
| ergens vandaan (en dit geld moet ~ komen) | қаердандир | qaerdandir |

ten eerste (bw)	биринчидан	birinchidan
ten tweede (bw)	иккинчидан	ikkinchidan
ten derde (bw)	учинчидан	uchinchidan

plotseling (bw)	тўсатдан	to'satdan
in het begin (bw)	дастлаб	dastlab
voor de eerste keer (bw)	илк бор	ilk bor
lang voor ... (bw)	анча олдин	ancha oldin
opnieuw (bw)	янгидан	yangidan
voor eeuwig (bw)	бутунлай	butunlay

nooit (bw)	ҳеч қачон	hech qachon
weer (bw)	яна	yana
nu (bw)	ҳозир	hozir
vaak (bw)	тез-тез	tez-tez
toen (bw)	ўшанда	o'shanda
urgent (bw)	тезда	tezda
meestal (bw)	одатда	odatda

trouwens, ... (tussen haakjes)	айтганча, ...	aytgancha, ...
mogelijk (bw)	бўлиши мумкин	bo'lishi mumkin
waarschijnlijk (bw)	эҳтимол	ehtimol

misschien (bw)	бўлиши мумкин	bo'lishi mumkin
trouwens (bw)	ундан ташқари, ...	undan tashqari, ...
daarom ...	шунинг учун	shuning uchun
in weerwil van ...	... га қарамай	... ga qaramay
dankzij ...	... туфайли	... tufayli

wat (vn)	нима	nima
dat (vw)	... ки	... ki
iets (vn)	қандайдир	qandaydir
iets	бирор нарса	biror narsa
niets (vn)	ҳеч нарса	hech narsa

wie (~ is daar?)	ким	kim
iemand (een onbekende)	кимдир	kimdir
iemand	бирортаси	birortasi
(een bepaald persoon)		

niemand (vn)	ҳеч ким	hech kim
nergens (bw)	ҳеч қаерга	hech qaerga
niemands (bn)	егасиз	egasiz
iemands (bn)	бирор кимсаники	biror kimsaniki

zo (Ik ben ~ blij)	шундай	shunday
ook (evenals)	ҳамда	hamda
alsook (eveneens)	ҳам	ham

18. Functiewoorden. Bijwoorden. Deel 2

Waarom?	Нимага?	Nimaga?
om een bepaalde reden	нимагадир	nimagadir
omdat ...	чунки ...	chunki ...
voor een bepaald doel	негадир	negadir

en (vw)	ва	va
of (vw)	ёки	yoki
maar (vw)	лекин	lekin
voor (vz)	учун	uchun

te (~ veel mensen)	жуда ҳам	juda ham
alleen (bw)	фақат	faqat
precies (bw)	аниқ	aniq
ongeveer (~ 10 kg)	тақрибан	taqriban

omstreeks (bw)	тахминан	taxminan
bij benadering (bn)	тахминий	taxminiy
bijna (bw)	деярли	deyarli
rest (de)	қолгани	qolgani

elk (bn)	ҳар бир	har bir
om het even welk	ҳар қандай	har qanday
veel (grote hoeveelheid)	кўп	ko'p
veel mensen	кўпчилик	ko'pchilik
iedereen (alle personen)	барча	barcha
in ruil voor ...	... ўрнига	... o'rniga

in ruil (bw)	евазига	evaziga
met de hand (bw)	кўл билан	qo'l bilan
onwaarschijnlijk (bw)	ехтимолдан узоқ	ehtimoldan uzoq

waarschijnlijk (bw)	ехтимол	ehtimol
met opzet (bw)	атайин	atayin
toevallig (bw)	тасодифан	tasodifan

zeer (bw)	жуда	juda
bijvoorbeeld (bw)	масалан	masalan
tussen (~ twee steden)	ўртасида	o'rtasida
tussen (te midden van)	ичида	ichida
zoveel (bw)	шунча	shuncha
vooral (bw)	айниқса	ayniqsa

Basisbegrippen Deel 2

19. Dagen van de week

maandag (de)	душанба	dushanba
dinsdag (de)	сешанба	seshanba
woensdag (de)	чоршанба	chorshanba
donderdag (de)	пайшанба	payshanba
vrijdag (de)	жума	juma
zaterdag (de)	шанба	shanba
zondag (de)	якшанба	yakshanba
vandaag (bw)	бугун	bugun
morgen (bw)	ертага	ertaga
overmorgen (bw)	индинга	indinga
gisteren (bw)	кеча	kecha
eergisteren (bw)	ўтган куни	o'tgan kuni
dag (de)	кун	kun
werkdag (de)	иш куни	ish kuni
feestdag (de)	байрам куни	bayram kuni
verlofdag (de)	дам олиш куни	dam olish kuni
weekend (het)	дам олиш кунлари	dam olish kunlari
de hele dag (bw)	кун бўйи	kun bo'yi
de volgende dag (bw)	ертаси куни	ertasi kuni
twee dagen geleden	икки кун аввал	ikki kun avval
aan de vooravond (bw)	арафасида	arafasida
dag-, dagelijks (bn)	ҳар кунги	har kungi
elke dag (bw)	ҳар куни	har kuni
week (de)	ҳафта	hafta
vorige week (bw)	ўтган ҳафта	o'tgan hafta
volgende week (bw)	келгуси ҳафтада	kelgusi haftada
wekelijks (bn)	ҳафталик	haftalik
elke week (bw)	ҳар ҳафта	har hafta
twee keer per week	ҳафтасига икки марта	haftasiga ikki marta
elke dinsdag	ҳар сешанба	har seshanba

20. Uren. Dag en nacht

morgen (de)	тонг	tong
's morgens (bw)	эрталаб	ertalab
middag (de)	чошгоҳ	choshgoh
's middags (bw)	тушликдан сўнг	tushlikdan so'ng
avond (de)	оқшом	oqshom
's avonds (bw)	кечқурун	kechqurun

nacht (de)	тун	tun
's nachts (bw)	тунда	tunda
middernacht (de)	ярим тун	yarim tun
seconde (de)	сония	soniya
minuut (de)	дақиқа	daqiqa
uur (het)	соат	soat
halfuur (het)	ярим соат	yarim soat
kwartier (het)	чорак соат	chorak soat
vijftien minuten	ўн беш дақиқа	o'n besh daqiqa
etmaal (het)	сутка	sutka
zonsopgang (de)	қуёш чиқиши	quyosh chiqishi
dageraad (de)	тонг отиши	tong otishi
vroege morgen (de)	ерта тонг	erta tong
zonsondergang (de)	кун ботиши	kun botishi
's morgens vroeg (bw)	ерталаб	ertalab
vanmorgen (bw)	бугун ерталаб	bugun ertalab
morgenochtend (bw)	ертага тонгда	ertaga tongda
vanmiddag (bw)	бугун кундузи	bugun kunduzi
's middags (bw)	тушликдан сўнг	tushlikdan so'ng
morgenmiddag (bw)	ертага тушликдан сўнг	ertaga tushlikdan so'ng
vanavond (bw)	бугун кечқурун	bugun kechqurun
morgenavond (bw)	ертага кечқурун	ertaga kechqurun
klokslag drie uur	роппа-роса соат учда	roppa-rosa soat uchda
ongeveer vier uur	соат тўртлар атрофида	soat to'rtlar atrofida
tegen twaalf uur	соат ўн иккиларга	soat o'n ikkilarga
over twintig minuten	йигирма дақиқадан кейин	yigirma daqiqadan keyin
over een uur	бир соатдан кейин	bir soatdan keyin
op tijd (bw)	вақтида	vaqtida
kwart voor …	чоракам	chorakam
binnen een uur	бир соат давомида	bir soat davomida
elk kwartier	ҳар ў' беш дақиқада	har o' besh daqiqada
de klok rond	кечаю-кундуз	kechayu-kunduz

21. Maanden. Seizoenen

januari (de)	январ	yanvar
februari (de)	феврал	fevral
maart (de)	март	mart
april (de)	апрел	aprel
mei (de)	май	may
juni (de)	июн	iyun
juli (de)	июл	iyul
augustus (de)	август	avgust
september (de)	сентябр	sentyabr
oktober (de)	октябр	oktyabr
november (de)	ноябр	noyabr
december (de)	декабр	dekabr

lente (de)	баҳор	bahor
in de lente (bw)	баҳорда	bahorda
lente- (abn)	баҳорги	bahorgi

zomer (de)	ёз	yoz
in de zomer (bw)	ёзда	yozda
zomer-, zomers (bn)	ёзги	yozgi

herfst (de)	куз	kuz
in de herfst (bw)	кузгда	kuzgda
herfst- (abn)	кузги	kuzgi

winter (de)	қиш	qish
in de winter (bw)	қишда	qishda
winter- (abn)	қишки	qishki

maand (de)	ой	oy
deze maand (bw)	бу ой	bu oy
volgende maand (bw)	янаги ойда	yanagi oyda
vorige maand (bw)	ўтган ойда	o'tgan oyda

een maand geleden (bw)	бир ой аввал	bir oy avval
over een maand (bw)	бир ойдан кейин	bir oydan keyin
over twee maanden (bw)	икки ойдан кейин	ikki oydan keyin
de hele maand (bw)	ой бўйи	oy bo'yi
een volle maand (bw)	бутун ой давомида	butun oy davomida

maand-, maandelijks (bn)	ойлик	oylik
maandelijks (bw)	ҳар ойда	har oyda
elke maand (bw)	ҳар ойда	har oyda
twee keer per maand	ойига икки марта	oyiga ikki marta

jaar (het)	йил	yil
dit jaar (bw)	шу йили	shu yili
volgend jaar (bw)	кейинги йили	keyingi yili
vorig jaar (bw)	ўтган йили	o'tgan yili

een jaar geleden (bw)	бир йил аввал	bir yil avval
over een jaar	бир йилдан кейин	bir yildan keyin
over twee jaar	икки йилдан кейин	ikki yildan keyin
het hele jaar	йил бўйи	yil bo'yi
een vol jaar	бутун йил давомида	butun yil davomida

elk jaar	ҳар йили	har yili
jaar-, jaarlijks (bn)	ҳар йилги	har yilgi
jaarlijks (bw)	ҳар йилда	har yilda
4 keer per jaar	йилига тўрт марта	yiliga to'rt marta

datum (de)	ойнинг куни	oyning kuni
datum (de)	сана	sana
kalender (de)	календар	kalendar

een half jaar	ярим йил	yarim yil
zes maanden	ярим йиллик	yarim yillik
seizoen (bijv. lente, zomer)	мавсум	mavsum
eeuw (de)	аср	asr

22. Tijd. Diversen

tijd (de)	вақт	vaqt
ogenblik (het)	лаҳза	lahza
moment (het)	он	on
ogenblikkelijk (bn)	бир лаҳзали	bir lahzali
tijdsbestek (het)	вақтнинг бир қисми	vaqtning bir qismi
leven (het)	ҳаёт	hayot
eeuwigheid (de)	мангулик	mangulik

epoche (de), tijdperk (het)	давр	davr
era (de), tijdperk (het)	катта тарихий давр	katta tarixiy davr
cyclus (de)	сикл	sikl
periode (de)	давр	davr
termijn (vastgestelde periode)	муддат	muddat

toekomst (de)	келажак	kelajak
toekomstig (bn)	келгуси	kelgusi
de volgende keer	кейинги сафар	keyingi safar
verleden (het)	ўтмиш	o'tmish
vorig (bn)	ўтган	o'tgan
de vorige keer	ўтган сафар	o'tgan safar

later (bw)	кейинроқ	keyinroq
na (~ het diner)	сўнг	so'ng
tegenwoordig (bw)	ҳозир	hozir
nu (bw)	ҳозиргина	hozirgina
onmiddellijk (bw)	дарҳол	darhol
snel (bw)	тезда	tezda
bij voorbaat (bw)	олдиндан	oldindan

lang geleden (bw)	анча илгари	ancha ilgari
kort geleden (bw)	яқиндагина	yaqindagina
noodlot (het)	тақдир	taqdir
herinneringen (mv.)	хотира	xotira
archief (het)	архив	arxiv

tijdens ... (ten tijde van)	... вақтида	... vaqtida
lang (bw)	узоқ	uzoq
niet lang (bw)	узоқ емас	uzoq emas
vroeg (bijv. ~ in de ochtend)	барвақт	barvaqt
laat (bw)	кеч	kech

voor altijd (bw)	абадий	abadiy
beginnen (ww)	бошламоқ	boshlamoq
uitstellen (ww)	кўчирмоқ	ko'chirmoq

tegelijkertijd (bw)	бир вақтда	bir vaqtda
voortdurend (bw)	доимо	doimo
constant (bijv. ~ lawaai)	доимий	doimiy
tijdelijk (bn)	вақтинча	vaqtincha

soms (bw)	баъзида	ba'zida
zelden (bw)	гоҳида	gohida
vaak (bw)	тез-тез	tez-tez

23. Tegenovergestelden

rijk (bn)	бой	boy
arm (bn)	камбағал	kambag'al
ziek (bn)	касал	kasal
gezond (bn)	соғлом	sog'lom
groot (bn)	катта	katta
klein (bn)	кичкина	kichkina
snel (bw)	тез	tez
langzaam (bw)	секин	sekin
snel (bn)	тез	tez
langzaam (bn)	секин	sekin
vrolijk (bn)	қувноқ	quvnoq
treurig (bn)	маъюс	ma'yus
samen (bw)	бирга	birga
apart (bw)	алоҳида	alohida
hardop (~ lezen)	овоз чиқариб	ovoz chiqarib
stil (~ lezen)	ичида	ichida
hoog (bn)	баланд	baland
laag (bn)	паст	past
diep (bn)	чуқур	chuqur
ondiep (bn)	саёз	sayoz
ja	ҳа	ha
nee	йўқ	yo'q
ver (bn)	узоқ	uzoq
dicht (bn)	яқин	yaqin
ver (bw)	узоқ	uzoq
dichtbij (bw)	яқинда	yaqinda
lang (bn)	узун	uzun
kort (bn)	қисқа	qisqa
vriendelijk (goedhartig)	меҳрибон	mehribon
kwaad (bn)	ёвуз	yovuz
gehuwd (mann.)	уйланган	uylangan
ongehuwd (mann.)	бўйдоқ	bo'ydoq
verbieden (ww)	тақиқламоқ	taqiqlamoq
toestaan (ww)	рухсат бермоқ	ruxsat bermoq
einde (het)	тамом	tamom
begin (het)	бошланиши	boshlanishi

linker (bn)	чап	chap
rechter (bn)	ўнг	o'ng
eerste (bn)	биринчи	birinchi
laatste (bn)	охирги	oxirgi
misdaad (de)	жиноят	jinoyat
bestraffing (de)	жазо	jazo
bevelen (ww)	буюрмоқ	buyurmoq
gehoorzamen (ww)	бўйсинмоқ	bo'ysinmoq
recht (bn)	тўғри	to'g'ri
krom (bn)	егри	egri
paradijs (het)	жаннат	jannat
hel (de)	дўзах	do'zax
geboren worden (ww)	туғилмоқ	tug'ilmoq
sterven (ww)	ўлмоқ	o'lmoq
sterk (bn)	кучли	kuchli
zwak (bn)	заиф	zaif
oud (bn)	кекса	keksa
jong (bn)	ёш	yosh
oud (bn)	ески	eski
nieuw (bn)	янги	yangi
hard (bn)	қаттиқ	qattiq
zacht (bn)	юмшоқ	yumshoq
warm (bn)	илиқ	iliq
koud (bn)	совуқ	sovuq
dik (bn)	семиз	semiz
dun (bn)	ориқ	oriq
smal (bn)	тор	tor
breed (bn)	кенг	keng
goed (bn)	яхши	yaxshi
slecht (bn)	ёмон	yomon
moedig (bn)	ботир	botir
laf (bn)	қўрқоқ	qo'rqoq

24. Lijnen en vormen

vierkant (het)	квадрат	kvadrat
vierkant (bn)	квадрат	kvadrat
cirkel (de)	доира	doira
rond (bn)	думалоқ	dumaloq

driehoek (de)	учбурчак	uchburchak
driehoekig (bn)	учбурчакли	uchburchakli
ovaal (het)	овал	oval
ovaal (bn)	овал	oval
rechthoek (de)	тўғри тўртбурчак	to'g'ri to'rtburchak
rechthoekig (bn)	тўғри тўртбурчакли	to'g'ri to'rtburchakli
piramide (de)	пирамида	piramida
ruit (de)	ромб	romb
trapezium (het)	трапеция	trapetsiya
kubus (de)	куб	kub
prisma (het)	призма	prizma
omtrek (de)	айлана	aylana
bol, sfeer (de)	сфера	sfera
bal (de)	шар	shar
diameter (de)	диаметр	diametr
straal (de)	радиус	radius
omtrek (~ van een cirkel)	периметр	perimetr
middelpunt (het)	марказ	markaz
horizontaal (bn)	горизонтал	gorizontal
verticaal (bn)	вертикал	vertikal
parallel (de)	параллел	parallel
parallel (bn)	параллел	parallel
lijn (de)	чизиқ	chiziq
streep (de)	чизиқ	chiziq
rechte lijn (de)	тўғри чизиқ	to'g'ri chiziq
kromme (de)	егри чизиқ	egri chiziq
dun (bn)	ингичка	ingichka
omlijning (de)	шакл	shakl
snijpunt (het)	кесишиш	kesishish
rechte hoek (de)	тўғри бурчак	to'g'ri burchak
segment (het)	сегмент	segment
sector (de)	сектор	sektor
zijde (de)	томон	tomon
hoek (de)	бурчак	burchak

25. Meeteenheden

gewicht (het)	вазн	vazn
lengte (de)	узунлик	uzunlik
breedte (de)	кенглик	kenglik
hoogte (de)	баландлик	balandlik
diepte (de)	чуқурлик	chuqurlik
volume (het)	ҳажм	hajm
oppervlakte (de)	майдон	maydon
gram (het)	грамм	gramm
milligram (het)	миллиграмм	milligramm

kilogram (het)	килограмм	kilogramm
ton (duizend kilo)	тонна	tonna
pond (het)	фунт	funt
ons (het)	унция	untsiya

meter (de)	метр	metr
millimeter (de)	миллиметр	millimetr
centimeter (de)	сантиметр	santimetr
kilometer (de)	километр	kilometr
mijl (de)	миля	milya

duim (de)	дюйм	dyuym
voet (de)	фут	fut
yard (de)	ярд	yard

| vierkante meter (de) | квадрат метр | kvadrat metr |
| hectare (de) | гектар | gektar |

liter (de)	литр	litr
graad (de)	градус	gradus
volt (de)	волт	volt
ampère (de)	ампер	amper
paardenkracht (de)	от кучи	ot kuchi

hoeveelheid (de)	миқдор	miqdor
een beetje ...	бироз ...	biroz ...
helft (de)	ярим	yarim
dozijn (het)	ўн иккита	o'n ikkita
stuk (het)	дона	dona

| afmeting (de) | ўлчам | o'lcham |
| schaal (bijv. ~ van 1 op 50) | масштаб | masshtab |

minimaal (bn)	минимал	minimal
minste (bn)	енг кичик	eng kichik
medium (bn)	ўрта	o'rta
maximaal (bn)	максимал	maksimal
grootste (bn)	енг катта	eng katta

26. Containers

glazen pot (de)	банка	banka
blik (conserven~)	банка	banka
emmer (de)	челак	chelak
ton (bijv. regenton)	бочка	bochka

ronde waterbak (de)	жом	jom
tank (bijv. watertank-70-ltr)	бак	bak
heupfles (de)	фляжка	flyajka
jerrycan (de)	канистра	kanistra
tank (bijv. ketelwagen)	систерна	sisterna

| beker (de) | кружка | krujka |
| kopje (het) | косача | kosacha |

schoteltje (het)	ликопча	likopcha
glas (het)	стакан	stakan
wijnglas (het)	қадаҳ	qadah
steelpan (de)	кастрюл	kastryul

| fles (de) | бутилка | butilka |
| flessenhals (de) | бўғзи | bo'g'zi |

karaf (de)	графин	grafin
kruik (de)	кўза	ko'za
vat (het)	идиш	idish
pot (de)	хумча	xumcha
vaas (de)	ваза	vaza

flacon (de)	флакон	flakon
flesje (het)	шишача	shishacha
tube (bijv. ~ tandpasta)	тюбик	tyubik

zak (bijv. ~ aardappelen)	қоп	qop
tasje (het)	қоғоз халта	qog'oz xalta
pakje (~ sigaretten, enz.)	қути	quti

doos (de)	қути	quti
kist (de)	яшик	yashik
mand (de)	сават	savat

27. Materialen

materiaal (het)	материал	material
hout (het)	ёғоч	yog'och
houten (bn)	тахта	taxta

| glas (het) | шиша | shisha |
| glazen (bn) | шиша | shisha |

| steen (de) | тош | tosh |
| stenen (bn) | тош | tosh |

| plastic (het) | пластмасса | plastmassa |
| plastic (bn) | пластмасса | plastmassa |

| rubber (het) | резина | rezina |
| rubber-, rubberen (bn) | резина | rezina |

| stof (de) | мато | mato |
| van stof (bn) | матодан | matodan |

| papier (het) | қоғоз | qog'oz |
| papieren (bn) | қоғоз | qog'oz |

karton (het)	картон	karton
kartonnen (bn)	картон	karton
polyethyleen (het)	полиетилен	polietilen
cellofaan (het)	селлофан	sellofan

multiplex (het)	фанера	fanera
porselein (het)	чинни	chinni
porseleinen (bn)	чинни	chinni
klei (de)	лой	loy
klei-, van klei (bn)	лой	loy
keramiek (de)	сопол	sopol
keramieken (bn)	сопол	sopol

28. Metalen

metaal (het)	металл	metall
metalen (bn)	металл	metall
legering (de)	қотишма	qotishma

goud (het)	олтин	oltin
gouden (bn)	олтин	oltin
zilver (het)	кумуш	kumush
zilveren (bn)	кумуш	kumush

IJzer (het)	темр	temr
IJzeren (bn)	темир	temir
staal (het)	пўлат	po'lat
stalen (bn)	пўлат	po'lat
koper (het)	мис	mis
koperen (bn)	мис	mis

aluminium (het)	алюминий	alyuminiy
aluminium (bn)	алюминий	alyuminiy
brons (het)	бронза	bronza
bronzen (bn)	бронза	bronza

messing (het)	жез	jez
nikkel (het)	никел	nikel
platina (het)	платина	platina
kwik (het)	симоб	simob
tin (het)	қалайи	qalayi
lood (het)	қўрғошин	qo'rg'oshin
zink (het)	рух	rux

MENS

Mens. Het lichaam

29. Mensen. Basisbegrippen

mens (de)	одам	odam
man (de)	еркак	erkak
vrouw (de)	аёл	ayol
kind (het)	бола	bola
meisje (het)	қиз бола	qiz bola
jongen (de)	ўгил бола	o'g'il bola
tiener, adolescent (de)	ўспирин	o'spirin
oude man (de)	чол	chol
oude vrouw (de)	кампир	kampir

30. Menselijke anatomie

organisme (het)	организм	organizm
hart (het)	юрак	yurak
bloed (het)	қон	qon
slagader (de)	артерия	arteriya
ader (de)	вена	vena
hersenen (mv.)	мия	miya
zenuw (de)	нерв	nerv
zenuwen (mv.)	нервлар	nervlar
wervel (de)	умуртқа суяги	umurtqa suyagi
ruggengraat (de)	умуртқа	umurtqa
maag (de)	ошқозон	oshqozon
darmen (mv.)	ичак-чавоқ	ichak-chavoq
darm (de)	ичак	ichak
lever (de)	жигар	jigar
nier (de)	буйрак	buyrak
been (deel van het skelet)	суяк	suyak
skelet (het)	скелет	skelet
rib (de)	қовурға	qovurg'a
schedel (de)	бош суяги	bosh suyagi
spier (de)	мушак	mushak
biceps (de)	бицепс	bitseps
triceps (de)	трицепс	tritseps
pees (de)	пай	pay
gewricht (het)	бўғим	bo'g'im

longen (mv.)	ўпка	o'pka
geslachtsorganen (mv.)	жинсий аъзолар	jinsiy a'zolar
huid (de)	тери	teri

31. Hoofd

hoofd (het)	бош	bosh
gezicht (het)	юз	yuz
neus (de)	бурун	burun
mond (de)	оғиз	og'iz

oog (het)	кўз	ko'z
ogen (mv.)	кўзлар	ko'zlar
pupil (de)	қорачиқ	qorachiq
wenkbrauw (de)	қош	qosh
wimper (de)	киприк	kiprik
ooglid (het)	кўз қовоғи	ko'z qovog'i

tong (de)	тил	til
tand (de)	тиш	tish
lippen (mv.)	лаблар	lablar
jukbeenderen (mv.)	ёноқлар	yonoqlar
tandvlees (het)	милк	milk
gehemelte (het)	танглай	tanglay

neusgaten (mv.)	бурун тешиги	burun teshigi
kin (de)	енгак	engak
kaak (de)	жағ	jag'
wang (de)	юз	yuz

voorhoofd (het)	пешона	peshona
slaap (de)	чакка	chakka
oor (het)	қулоқ	quloq
achterhoofd (het)	гардан	gardan
hals (de)	бўйин	bo'yin
keel (de)	томоқ	tomoq

haren (mv.)	сочлар	sochlar
kapsel (het)	турмак	turmak
haarsnit (de)	кесиш	kesish
pruik (de)	ясама соч	yasama soch

snor (de)	мўйлов	mo'ylov
baard (de)	соқол	soqol
dragen (een baard, enz.)	қўйиш	qo'yish
vlecht (de)	соч ўрими	soch o'rimi
bakkebaarden (mv.)	чекка соқол	chekka soqol

ros (roodachtig, rossig)	малла	malla
grijs (~ haar)	оқарган	oqargan
kaal (bn)	кал	kal
kale plek (de)	сочи йўқ жой	sochi yo'q joy
paardenstaart (de)	дум	dum
pony (de)	пешонагажак	peshonagajak

32. Menselijk lichaam

hand (de)	панжа	panja
arm (de)	қўл	qo'l

vinger (de)	бармоқ	barmoq
duim (de)	катта бармоқ	katta barmoq
pink (de)	жимжилоқ	jimjiloq
nagel (de)	тирноқ	tirnoq

vuist (de)	мушт	musht
handpalm (de)	кафт	kaft
pols (de)	билак	bilak
voorarm (de)	билак	bilak
elleboog (de)	тирсак	tirsak
schouder (de)	елка	elka

been (rechter ~)	оёқ	oyoq
voet (de)	товон таги	tovon tagi
knie (de)	тизза	tizza
kuit (de)	болдир	boldir
heup (de)	сон	son
hiel (de)	товон	tovon

lichaam (het)	тана	tana
buik (de)	қорин	qorin
borst (de)	кўкрак	ko'krak
borst (de)	сийна, емчак	siyna, emchak
zijde (de)	ёнбош	yonbosh
rug (de)	орқа	orqa
lage rug (de)	бел	bel
taille (de)	бел	bel

navel (de)	киндик	kindik
billen (mv.)	думбалар	dumbalar
achterwerk (het)	орқа	orqa

huidvlek (de)	хол	xol
moedervlek (de)	қашқа хол	qashqa xol
tatoeage (de)	татуировка	tatuirovka
litteken (het)	чандиқ	chandiq

Kleding en accessoires

33. Bovenkleding. Jassen

kleren (mv.), kleding (de)	кийим	kiyim
bovenkleding (de)	устки кийим	ustki kiyim
winterkleding (de)	қишки кийим	qishki kiyim
jas (de)	палто	palto
bontjas (de)	пўстин	po'stin
bontjasje (het)	калта пўстин	kalta po'stin
donzen jas (de)	пуховик	puxovik
jasje (bijv. een leren ~)	куртка	kurtka
regenjas (de)	плашч	plashch
waterdicht (bn)	сув ўтказмайдиган	suv o'tkazmaydigan

34. Heren & dames kleding

overhemd (het)	кўйлак	ko'ylak
broek (de)	шим	shim
jeans (de)	жинси	jinsi
colbert (de)	пиджак	pidjak
kostuum (het)	костюм	kostyum
jurk (de)	аёллар кўйлаги	ayollar ko'ylagi
rok (de)	юбка	yubka
blouse (de)	блузка	bluzka
wollen vest (de)	жун кофта	jun kofta
blazer (kort jasje)	жакет	jaket
T-shirt (het)	футболка	futbolka
shorts (mv.)	шорти	shorti
trainingspak (het)	спорт костюми	sport kostyumi
badjas (de)	халат	xalat
pyjama (de)	пижама	pijama
sweater (de)	свитер	sviter
pullover (de)	пуловер	pulover
gilet (het)	жилет	jilet
rokkostuum (het)	фрак	frak
smoking (de)	смокинг	smoking
uniform (het)	форма	forma
werkkleding (de)	жомакор	jomakor
overall (de)	комбинезон	kombinezon
doktersjas (de)	халат	xalat

35. Kleding. Ondergoed

ondergoed (het)	ич кийим	ich kiyim
onderhemd (het)	майка	mayka
sokken (mv.)	пайпоқ	paypoq

nachthemd (het)	тунги кўйлак	tungi ko'ylak
beha (de)	бюстгалтер	byustgalter
kniekousen (mv.)	голфи	golfi
panty (de)	колготки	kolgotki
nylonkousen (mv.)	пайпоқ	paypoq
badpak (het)	купалник	kupalnik

36. Hoofddeksels

hoed (de)	қалпоқ	qalpoq
deukhoed (de)	шляпа	shlyapa
honkbalpet (de)	бейсболка	beysbolka
kleppet (de)	кепка	kepka

baret (de)	берет	beret
kap (de)	капюшон	kapyushon
panamahoed (de)	панамка	panamka
gebreide muts (de)	тўқилган шапка	to'qilgan shapka

hoofddoek (de)	рўмол	ro'mol
dameshoed (de)	қалпоқча	qalpoqcha

veiligheidshelm (de)	каска	kaska
veldmuts (de)	пилотка	pilotka
helm, valhelm (de)	шлем	shlem

bolhoed (de)	котелок	kotelok
hoge hoed (de)	силиндр	silindr

37. Schoeisel

schoeisel (het)	пояфзал	poyafzal
schoenen (mv.)	ботинка	botinka
vrouwenschoenen (mv.)	туфли	tufli
laarzen (mv.)	етик	etik
pantoffels (mv.)	шиппак	shippak

sportschoenen (mv.)	кроссовка	krossovka
sneakers (mv.)	кеда	keda
sandalen (mv.)	сандал шиппак	sandal shippak

schoenlapper (de)	етикдўз	etikdo'z
hiel (de)	пошна	poshna
paar (een ~ schoenen)	жуфт	juft
veter (de)	чизимча	chizimcha

rijgen (schoenen ~)	боғлаш	bog'lash
schoenlepel (de)	қошиқ	qoshiq
schoensmeer (de/het)	пояфзал мойи	poyafzal moyi

38. Textiel. Weefsel

katoen (de/het)	пахта	paxta
katoenen (bn)	пахтадан	paxtadan
vlas (het)	зиғир	zig'ir
vlas-, van vlas (bn)	зиғирдан	zig'irdan

zijde (de)	ипак	ipak
zijden (bn)	ипак	ipak
wol (de)	жун	jun
wollen (bn)	жун	jun

fluweel (het)	бахмал	baxmal
suède (de)	замш	zamsh
ribfluweel (het)	чийдухоба	chiyduxoba

nylon (de/het)	нейлон	neylon
nylon-, van nylon (bn)	нейлондан	neylondan
polyester (het)	полиестер	poliester
polyester- (abn)	полиестердан	poliesterdan

leer (het)	чарм	charm
leren (van leer gemaak)	чармдан	charmdan
bont (het)	мўйна	mo'yna
bont- (abn)	мўйнадан	mo'ynadan

39. Persoonlijke accessoires

handschoenen (mv.)	қўлқоплар	qo'lqoplar
wanten (mv.)	бошмалдоқли қўлқоплар	boshmaldoqli qo'lqoplar
sjaal (fleece ~)	бўйинбоғ	bo'yinbog'

bril (de)	кўзойнак	ko'zoynak
brilmontuur (het)	гардиш	gardish
paraplu (de)	соябон	soyabon
wandelstok (de)	хасса	xassa
haarborstel (de)	тароқ	taroq
waaier (de)	елпиғич	elpig'ich

das (de)	галстук	galstuk
strikje (het)	галстук-бабочка	galstuk-babochka
bretels (mv.)	подтяжки	podtyajki
zakdoek (de)	дастрўмол	dastro'mol

kam (de)	тароқ	taroq
haarspeldje (het)	соч тўғнағичи	soch to'g'nag'ichi
schuifspeldje (het)	шпилка	shpilka
gesp (de)	камар тўқаси	kamar to'qasi

| broekriem (de) | камар | kamar |
| draagriem (de) | тасма | tasma |

handtas (de)	сумка	sumka
damestas (de)	сумкача	sumkacha
rugzak (de)	рюкзак	ryukzak

40. Kleding. Diversen

mode (de)	мода	moda
de mode (bn)	модали	modali
kledingstilist (de)	моделер	modeler

kraag (de)	ёқа	yoqa
zak (de)	чўнтак	cho'ntak
zak- (abn)	чўнтак	cho'ntak
mouw (de)	енг	eng
lusje (het)	илгак	ilgak
gulp (de)	йирмоч	yirmoch

rits (de)	молния	molniya
sluiting (de)	кийим илгаги	kiyim ilgagi
knoop (de)	тугма	tugma
knoopsgat (het)	илгак	ilgak
losraken (bijv. knopen)	узилмоқ	uzilmoq

naaien (kleren, enz.)	тикиш	tikish
borduren (ww)	кашта тикиш	kashta tikish
borduursel (het)	кашта	kashta
naald (de)	игна	igna
draad (de)	ип	ip
naad (de)	чок	chok

vies worden (ww)	ифлосланмоқ	ifloslanmoq
vlek (de)	доғ	dog'
gekreukt raken (ov. kleren)	ғижимланиш	g'ijimlanish
scheuren (ov.ww.)	йиртмоқ	yirtmoq
mot (de)	куя	kuya

41. Persoonlijke verzorging. Schoonheidsmiddelen

tandpasta (de)	тиш пастаси	tish pastasi
tandenborstel (de)	тиш чўткаси	tish cho'tkasi
tanden poetsen (ww)	тиш тозаламоқ	tish tozalamoq

scheermes (het)	устара	ustara
scheerschuim (het)	соқол олиш креми	soqol olish kremi
zich scheren (ww)	соқол олмоқ	soqol olmoq

zeep (de)	совун	sovun
shampoo (de)	шампун	shampun
schaar (de)	қайчи	qaychi

nagelvijl (de)	тирноқ егови	tirnoq egovi
nagelknipper (de)	тирноқ омбири	tirnoq ombiri
pincet (het)	пинцет	pintset

cosmetica (de)	косметика	kosmetika
masker (het)	ниқоб	niqob
manicure (de)	маникюр	manikyur
manicure doen	маникюрлаш	manikyurlash
pedicure (de)	педикюр	pedikyur

cosmetica tasje (het)	косметичка	kosmetichka
poeder (de/het)	упа	upa
poederdoos (de)	упадон	upadon
rouge (de)	қизил ёғупа	qizil yog'upa

parfum (de/het)	атир	atir
eau de toilet (de)	атир	atir
lotion (de)	лосон	loson
eau de cologne (de)	атир	atir

oogschaduw (de)	кўз бўёғи	ko'z bo'yog'i
oogpotlood (het)	кўз қалами	ko'z qalami
mascara (de)	киприк бўёғи	kiprik bo'yog'i

lippenstift (de)	лаб помадаси	lab pomadasi
nagellak (de)	тирноқ учун лок	tirnoq uchun lok
haarlak (de)	соч учун лок	soch uchun lok
deodorant (de)	дезодорант	dezodorant

crème (de)	крем	krem
gezichtscrème (de)	юз учун крем	yuz uchun krem
handcrème (de)	қўл учун крем	qo'l uchun krem
antirimpelcrème (de)	ажинга қарши крем	ajinga qarshi krem
dag- (abn)	кундузги	kunduzgi
nacht- (abn)	тунги	tungi

tampon (de)	тампон	tampon
toiletpapier (het)	туалет қоғози	tualet qog'ozi
föhn (de)	фен	fen

42. Juwelen

sieraden (mv.)	зеб-зийнат	zeb-ziynat
edel (bijv. ~ stenen)	қимматбаҳо	qimmatbaho
keurmerk (het)	проба	proba

ring (de)	узук	uzuk
trouwring (de)	никоҳ узуги	nikoh uzugi
armband (de)	билакузук	bilakuzuk

oorringen (mv.)	зирак	zirak
halssnoer (het)	маржон	marjon
kroon (de)	тож	toj
kralen snoer (het)	мунчоқ	munchoq

diamant (de)	бриллиант	brilliant
smaragd (de)	зумрад	zumrad
robijn (de)	ёқут	yoqut
saffier (de)	зангори ёқут	zangori yoqut
parel (de)	марварид	marvarid
barnsteen (de)	қаҳрабо	qahrabo

43. Horloges. Klokken

polshorloge (het)	соат	soat
wijzerplaat (de)	сиферблат	siferblat
wijzer (de)	мил, стрелка	mil, strelka
metalen horlogeband (de)	браслет	braslet
horlogebandje (het)	тасмача	tasmacha
batterij (de)	батарейка	batareyka
leeg zijn (ww)	ўтириб қолмоқ	o'tirib qolmoq
batterij vervangen	батарейка алмаштирмоқ	batareyka almashtirmoq
voorlopen (ww)	шошмоқ	shoshmoq
achterlopen (ww)	кечикмоқ	kechikmoq
wandklok (de)	девор соати	devor soati
zandloper (de)	қум соати	qum soati
zonnewijzer (de)	қуёш соати	quyosh soati
wekker (de)	будилник	budilnik
horlogemaker (de)	соатсоз	soatsoz
repareren (ww)	таъмирламоқ	ta'mirlamoq

Voedsel. Voeding

44. Voedsel

vlees (het)	гўшт	go'sht
kip (de)	товук	tovuq
kuiken (het)	жўжа	jo'ja
eend (de)	ўрдак	o'rdak
gans (de)	ғоз	g'oz
wild (het)	илвасин	ilvasin
kalkoen (de)	курка	kurka
varkensvlees (het)	чўчқа гўшти	cho'chqa go'shti
kalfsvlees (het)	бузоқ гўшти	buzoq go'shti
schapenvlees (het)	қўй гўшти	qo'y go'shti
rundvlees (het)	мол гўшти	mol go'shti
konijnenvlees (het)	қуён	quyon
worst (de)	колбаса	kolbasa
saucijs (de)	сосиска	sosiska
spek (het)	бекон	bekon
ham (de)	ветчина	vetchina
gerookte achterham (de)	сон гўшти	son go'shti
paté, pastei (de)	паштет	pashtet
lever (de)	жигар	jigar
gehakt (het)	қийма	qiyma
tong (de)	тил	til
ei (het)	тухум	tuxum
eieren (mv.)	тухумлар	tuxumlar
eiwit (het)	тухумни оқи	tuxumni oqi
eigeel (het)	тухумни сариғи	tuxumni sarig'i
vis (de)	балиқ	baliq
zeevruchten (mv.)	денгиз маҳсулоти	dengiz mahsuloti
schaaldieren (mv.)	қисқичбақасимонлар	qisqichbaqasimonlar
kaviaar (de)	увилдириқ	uvildiriq
krab (de)	қисқичбақа	qisqichbaqa
garnaal (de)	креветка	krevetka
oester (de)	устрица	ustritsa
langoest (de)	лангуст	langust
octopus (de)	саккизоёқ	sakkizoyoq
inktvis (de)	калмар	kalmar
steur (de)	осётр гўшти	osyotr go'shti
zalm (de)	лосос	losos
heilbot (de)	палтус	paltus
kabeljauw (de)	треска	treska

makreel (de)	скумбрия	skumbriya
tonijn (de)	тунец	tunets
paling (de)	илонбалиқ	ilonbaliq
forel (de)	форел	forel
sardine (de)	сардина	sardina
snoek (de)	чўртанбалиқ	cho'rtanbaliq
haring (de)	селд	seld
brood (het)	нон	non
kaas (de)	пишлоқ	pishloq
suiker (de)	қанд	qand
zout (het)	туз	tuz
rijst (de)	гуруч	guruch
pasta (de)	макарон	makaron
noedels (mv.)	угра	ugra
boter (de)	сариёғ	sariyog'
plantaardige olie (de)	ўсимлик ёғи	o'simlik yog'i
zonnebloemolie (de)	кунгабоқар ёғи	kungaboqar yog'i
margarine (de)	маргарин	margarin
olijven (mv.)	зайтун	zaytun
olijfolie (de)	зайтун ёғи	zaytun yog'i
melk (de)	сут	sut
gecondenseerde melk (de)	қуйилтирилган сут	quyiltirilgan sut
yoghurt (de)	ёғурт	yogurt
zure room (de)	сметана	smetana
room (de)	қаймоқ	qaymoq
mayonaise (de)	маёнез	mayonez
crème (de)	крем	krem
graan (het)	ёрма	yorma
meel (het), bloem (de)	ун	un
conserven (mv.)	консерва	konserva
maïsvlokken (mv.)	маккажўхори бодроқ	makkajo'xori bodroq
honing (de)	асал	asal
jam (de)	жем	jem
kauwgom (de)	чайналадиган резинка	chaynaladigan rezinka

45. Drankjes

water (het)	сув	suv
drinkwater (het)	ичимлик сув	ichimlik suv
mineraalwater (het)	минерал сув	mineral suv
zonder gas	газсиз	gazsiz
koolzuurhoudend (bn)	газланган	gazlangan
bruisend (bn)	газли	gazli
IJs (het)	муз	muz

met ijs	музли	muzli
alcohol vrij (bn)	алкоголсиз	alkogolsiz
alcohol vrije drank (de)	алкоголсиз ичимлик	alkogolsiz ichimlik
frisdrank (de)	салқин ичимлик	salqin ichimlik
limonade (de)	лимонад	limonad

alcoholische dranken (mv.)	спиртли ичимликлар	spirtli ichimliklar
wijn (de)	вино	vino
witte wijn (de)	оқ вино	oq vino
rode wijn (de)	қизил вино	qizil vino

likeur (de)	ликёр	likyor
champagne (de)	шампан виноси	shampan vinosi
vermout (de)	вермут	vermut

whisky (de)	виски	viski
wodka (de)	ароқ	aroq
gin (de)	джин	djin
cognac (de)	коняк	konyak
rum (de)	ром	rom

koffie (de)	кофе	kofe
zwarte koffie (de)	қора кофе	qora kofe
koffie (de) met melk	сутли кофе	sutli kofe
cappuccino (de)	қаймоқли кофе	qaymoqli kofe
oploskoffie (de)	ерийдиган кофе	eriydigan kofe

melk (de)	сут	sut
cocktail (de)	коктейл	kokteyl
milkshake (de)	сутли коктейл	sutli kokteyl

sap (het)	шарбат	sharbat
tomatensap (het)	томат шарбати	tomat sharbati
sinaasappelsap (het)	апелсин шарбати	apelsin sharbati
vers geperst sap (het)	янги сиқилган шарбат	yangi siqilgan sharbat

bier (het)	пиво	pivo
licht bier (het)	оч ранг пиво	och rang pivo
donker bier (het)	тўқ ранг пиво	to'q rang pivo

thee (de)	чой	choy
zwarte thee (de)	қора чой	qora choy
groene thee (de)	кўк чой	ko'k choy

46. Groenten

groenten (mv.)	сабзавотлар	sabzavotlar
verse kruiden (mv.)	кўкат	ko'kat

tomaat (de)	помидор	pomidor
augurk (de)	бодринг	bodring
wortel (de)	сабзи	sabzi
aardappel (de)	картошка	kartoshka
ui (de)	пиёз	piyoz

knoflook (de)	саримсоқ	sarimsoq
kool (de)	карам	karam
bloemkool (de)	гулкарам	gulkaram
spruitkool (de)	брюссел карами	bryussel karami
broccoli (de)	брокколи карами	brokkoli karami
rode biet (de)	лавлаги	lavlagi
aubergine (de)	бақлажон	baqlajon
courgette (de)	қовоқча	qovoqcha
pompoen (de)	ошқовоқ	oshqovoq
raap (de)	шолғом	sholg'om
peterselie (de)	петрушка	petrushka
dille (de)	укроп	ukrop
sla (de)	салат	salat
selderij (de)	селдерей	selderey
asperge (de)	сарсабил	sarsabil
spinazie (de)	исмалоқ	ismaloq
erwt (de)	нўхат	no'xat
bonen (mv.)	дуккакли ўсимликлар	dukkakli o'simliklar
maïs (de)	маккажўхори	makkajo'xori
boon (de)	ловия	loviya
peper (de)	қалампир	qalampir
radijs (de)	редиска	rediska
artisjok (de)	артишок	artishok

47. Vruchten. Noten

vrucht (de)	мева	meva
appel (de)	олма	olma
peer (de)	нок	nok
citroen (de)	лимон	limon
sinaasappel (de)	апелсин	apelsin
aardbei (de)	қулупнай	qulupnay
mandarijn (de)	мандарин	mandarin
pruim (de)	олхўри	olxo'ri
perzik (de)	шафтоли	shaftoli
abrikoos (de)	ўрик	o'rik
framboos (de)	малина	malina
ananas (de)	ананас	ananas
banaan (de)	банан	banan
watermeloen (de)	тарвуз	tarvuz
druif (de)	узум	uzum
zure kers (de)	олча	olcha
zoete kers (de)	гилос	gilos
meloen (de)	қовун	qovun
grapefruit (de)	грейпфрут	greypfrut
avocado (de)	авокадо	avokado
papaja (de)	папайя	papayya

| mango (de) | манго | mango |
| granaatappel (de) | анор | anor |

rode bes (de)	қизил смородина	qizil smorodina
zwarte bes (de)	қора смородина	qora smorodina
kruisbes (de)	крижовник	krijovnik
bosbes (de)	черника	chernika
braambes (de)	маймунжон	maymunjon

rozijn (de)	майиз	mayiz
vijg (de)	анжир	anjir
dadel (de)	хурмо	xurmo

pinda (de)	ерёнгоқ	eryong'oq
amandel (de)	бодом	bodom
walnoot (de)	ёнгоқ	yong'oq
hazelnoot (de)	ўрмон ёнгоги	o'rmon yong'og'i
kokosnoot (de)	кокос ёнгоги	kokos yong'og'i
pistaches (mv.)	писта	pista

48. Brood. Snoep

suikerbakkerij (de)	қандолат маҳсулотлари	qandolat mahsulotlari
brood (het)	нон	non
koekje (het)	печене	pechene

chocolade (de)	шоколад	shokolad
chocolade- (abn)	шоколадли	shokoladli
snoepje (het)	конфет	konfet
cakeje (het)	пирожное	pirojnoe
taart (bijv. verjaardags~)	торт	tort

| pastei (de) | пирог | pirog |
| vulling (de) | начинка | nachinka |

confituur (de)	мураббо	murabbo
marmelade (de)	мармелад	marmelad
wafel (de)	вафли	vafli
IJsje (het)	музқаймоқ	muzqaymoq
pudding (de)	пудинг	puding

49. Bereide gerechten

gerecht (het)	таом	taom
keuken (bijv. Franse ~)	ошхона	oshxona
recept (het)	рецепт	retsept
portie (de)	порция	portsiya

salade (de)	салат	salat
soep (de)	шўрва	sho'rva
bouillon (de)	қуруқ қайнатма шўрва	quruq qaynatma sho'rva
boterham (de)	бутерброд	buterbrod

spiegelei (het)	тухум куймок	tuxum quymoq
hamburger (de)	гамбургер	gamburger
biefstuk (de)	бифштекс	bifshteks

garnering (de)	гарнир	garnir
spaghetti (de)	спагетти	spagetti
aardappelpuree (de)	картошка пюреси	kartoshka pyuresi
pizza (de)	пицца	pitstsa
pap (de)	бўтқа	bo'tqa
omelet (de)	куймок	quymoq

gekookt (in water)	пиширилган	pishirilgan
gerookt (bn)	дудланган	dudlangan
gebakken (bn)	ковурилган	qovurilgan
gedroogd (bn)	куритилган	quritilgan
diepvries (bn)	музлатилган	muzlatilgan
gemarineerd (bn)	маринадланган	marinadlangan

zoet (bn)	ширин	shirin
gezouten (bn)	тузланган	tuzlangan
koud (bn)	совук	sovuq
heet (bn)	иссик	issiq
bitter (bn)	аччик	achchiq
lekker (bn)	мазали	mazali

koken (in kokend water)	пиширмок	pishirmoq
bereiden (avondmaaltijd ~)	тайёрламок	tayyorlamoq
bakken (ww)	ковурмок	qovurmoq
opwarmen (ww)	иситмок	isitmoq

zouten (ww)	тузламок	tuzlamoq
peperen (ww)	мурч сепмок	murch sepmoq
raspen (ww)	киргичда кирмок	qirg'ichda qirmoq
schil (de)	пўст	po'st
schillen (ww)	тозаламок	tozalamoq

50. Kruiden

zout (het)	туз	tuz
gezouten (bn)	тузли	tuzli
zouten (ww)	тузламок	tuzlamoq

zwarte peper (de)	кора мурч	qora murch
rode peper (de)	кизил калампир	qizil qalampir
mosterd (de)	горчица	gorchitsa
mierikswortel (de)	хрен	xren

condiment (het)	зиравор	ziravor
specerij , kruiderij (de)	доривор	dorivor
saus (de)	кайла	qayla
azijn (de)	сирка	sirka

anijs (de)	анис	anis
basilicum (de)	райхон	rayhon

kruidnagel (de)	қалампирмунчоқ	qalampirmunchoq
gember (de)	занжабил	zanjabil
koriander (de)	кашнич	kashnich
kaneel (de/het)	долчин	dolchin

sesamzaad (het)	кунжут	kunjut
laurierblad (het)	лавр япроғи	lavr yaprog'i
paprika (de)	гармдори	garmdori
komijn (de)	зира	zira
saffraan (de)	заъфарон	za'faron

51. Maaltijden

eten (het)	таом	taom
eten (ww)	йемоқ	yemoq

ontbijt (het)	нонушта	nonushta
ontbijten (ww)	нонушта қилмоқ	nonushta qilmoq
lunch (de)	тушлик	tushlik
lunchen (ww)	тушлик қилмоқ	tushlik qilmoq
avondeten (het)	кечки овқат	kechki ovqat
souperen (ww)	кечки овқатни емоқ	kechki ovqatni emoq

eetlust (de)	иштаҳа	ishtaha
Eet smakelijk!	Ёқимли иштаҳа!	Yoqimli ishtaha!

openen (een fles ~)	очмоқ	ochmoq
morsen (koffie, enz.)	тўкмоқ	to'kmoq
zijn gemorst	тўкилмоқ	to'kilmoq

koken (water kookt bij 100°C)	қайнамоқ	qaynamoq
koken (Hoe om water te ~)	қайнатмоқ	qaynatmoq
gekookt (~ water)	қайнатилган	qaynatilgan

afkoelen (koeler maken)	совутмоқ	sovutmoq
afkoelen (koeler worden)	совутилмоқ	sovutilmoq

smaak (de)	таъм	ta'm
nasmaak (de)	қўшимча таъм	qo'shimcha ta'm

volgen een dieet	озмоқ	ozmoq
dieet (het)	парҳез	parhez
vitamine (de)	витамин	vitamin
calorie (de)	калория	kaloriya

vegetariër (de)	вегетариан	vegetarian
vegetarisch (bn)	вегетарианча	vegetariancha

vetten (mv.)	ёғлар	yog'lar
eiwitten (mv.)	оқсиллар	oqsillar
koolhydraten (mv.)	углеводлар	uglevodlar
snede (de)	тилимча	tilimcha
stuk (bijv. een ~ taart)	бўлак	bo'lak
kruimel (de)	урвоқ	urvoq

52. Tafelschikking

lepel (de)	қошиқ	qoshiq
mes (het)	пичоқ	pichoq
vork (de)	санчқи	sanchqi
kopje (het)	косача	kosacha
bord (het)	тарелка	tarelka
schoteltje (het)	ликопча	likopcha
servet (het)	қўл сочиқ	qo'l sochiq
tandenstoker (de)	тиш кавлагич	tish kavlagich

53. Restaurant

restaurant (het)	ресторан	restoran
koffiehuis (het)	кофехона	kofexona
bar (de)	бар	bar
tearoom (de)	чой салони	choy saloni
kelner, ober (de)	официант	ofitsiant
serveerster (de)	официантка	ofitsiantka
barman (de)	бармен	barmen
menu (het)	таомнома	taomnoma
wijnkaart (de)	винолар рўйхати	vinolar ro'yxati
een tafel reserveren	столни банд қилмоқ	stolni band qilmoq
gerecht (het)	таом	taom
bestellen (eten ~)	буюртма қилмоқ	buyurtma qilmoq
een bestelling maken	буюртма бермоқ	buyurtma bermoq
aperitief (de/het)	аперитив	aperitiv
voorgerecht (het)	газак	gazak
dessert (het)	десерт	desert
rekening (de)	ҳисоб	hisob
de rekening betalen	ҳисоб бўйича тўламоқ	hisob bo'yicha to'lamoq
wisselgeld teruggeven	қайтим бермоқ	qaytim bermoq
fooi (de)	чойчақа	choychaqa

Familie, verwanten en vrienden

54. Persoonlijke informatie. Formulieren

naam (de)	исм	ism
achternaam (de)	фамилия	familiya
geboortedatum (de)	туғилган сана	tug'ilgan sana
geboorteplaats (de)	туғилган жойи	tug'ilgan joyi
nationaliteit (de)	миллати	millati
woonplaats (de)	турар жойи	turar joyi
land (het)	мамлакат	mamlakat
beroep (het)	касб	kasb
geslacht (ov. het vrouwelijk ~)	жинс	jins
lengte (de)	бўй	bo'y
gewicht (het)	вазн	vazn

55. Familieleden. Verwanten

moeder (de)	она	ona
vader (de)	ота	ota
zoon (de)	ўғли	o'g'li
dochter (de)	қиз	qiz
jongste dochter (de)	кичик қиз	kichik qiz
jongste zoon (de)	кичик ўғил	kichik o'g'il
oudste dochter (de)	катта қизи	katta qizi
oudste zoon (de)	катта ўғли	katta o'g'li
neef (zoon van oom, tante)	амакивачча, холавачча	amakivachcha, xolavachcha
nicht (dochter van oom, tante)	амакивачча, холавачча	amakivachcha, xolavachcha
mama (de)	ойи	oyi
papa (de)	дада	dada
ouders (mv.)	ота-она	ota-ona
kind (het)	бола	bola
kinderen (mv.)	болалар	bolalar
oma (de)	буви	buvi
opa (de)	бобо	bobo
kleinzoon (de)	невара	nevara
kleindochter (de)	набира	nabira
kleinkinderen (mv.)	невaралар	nevaralar
oom (de)	амаки	amaki
tante (de)	хола	xola
neef (zoon van broer, zus)	жиян	jiyan

nicht (dochter van broer ,zus)	жиян	jiyan
schoonmoeder (de)	қайнона	qaynona
schoonvader (de)	қайнота	qaynota
schoonzoon (de)	куёв	kuyov
stiefmoeder (de)	ўгай она	o'gay ona
stiefvader (de)	ўгай ота	o'gay ota
zuigeling (de)	гўдак	go'dak
wiegenkind (het)	чақалоқ	chaqaloq
kleuter (de)	кичкинтой	kichkintoy
vrouw (de)	хотин	xotin
man (de)	ер	er
echtgenoot (de)	рафиқ	rafiq
echtgenote (de)	рафиқа	rafiqa
gehuwd (mann.)	уйланган	uylangan
gehuwd (vrouw.)	турмушга чиққан	turmushga chiqqan
ongehuwd (mann.)	бўйдоқ	bo'ydoq
vrijgezel (de)	бўйдоқ	bo'ydoq
gescheiden (bn)	ажрашган	ajrashgan
weduwe (de)	бева аёл	beva ayol
weduwnaar (de)	бева еркак	beva erkak
familielid (het)	қариндош	qarindosh
dichte familielid (het)	яқин қариндош	yaqin qarindosh
verre familielid (het)	узоқ қариндош	uzoq qarindosh
familieleden (mv.)	қариндошлар	qarindoshlar
wees (de), weeskind (het)	йетим	yetim
voogd (de)	васий	vasiy
adopteren (een jongen te ~)	ўгил қилиб олиш	o'g'il qilib olish
adopteren (een meisje te ~)	қиз қилиб олиш	qiz qilib olish

56. Vrienden. Collega's

vriend (de)	дўст	do'st
vriendin (de)	дугона	dugona
vriendschap (de)	дўстлик	do'stlik
bevriend zijn (ww)	дўстлашмоқ	do'stlashmoq
makker (de)	огайни	og'ayni
vriendin (de)	дугона	dugona
partner (de)	шерик	sherik
chef (de)	раҳбар	rahbar
baas (de)	бошлиқ	boshliq
ondergeschikte (de)	бўйсунувчи	bo'ysunuvchi
collega (de)	ҳамкасб	hamkasb
kennis (de)	таниш	tanish
medereiziger (de)	йўловчи	yo'lovchi
klasgenoot (de)	синфдош	sinfdosh
buurman (de)	қўшни еркак	qo'shni erkak

| buurvrouw (de) | қўшни аёл | qo'shni ayol |
| buren (mv.) | қўшнилар | qo'shnilar |

57. Man. Vrouw

vrouw (de)	аёл	ayol
meisje (het)	қиз	qiz
bruid (de)	келин	kelin

mooi(e) (vrouw, meisje)	чиройли	chiroyli
groot, grote (vrouw, meisje)	баланд	baland
slank(e) (vrouw, meisje)	хушбичим	xushbichim
korte, kleine (vrouw, meisje)	пакана	pakana

| blondine (de) | оқ-сариқ соч | oq-sariq soch |
| brunette (de) | қора соч | qora soch |

dames- (abn)	аёлларга хос	ayollarga xos
maagd (de)	маъсума	ma'suma
zwanger (bn)	ҳомиладор	homilador

man (de)	эркак	erkak
blonde man (de)	оқ-сариқ соч	oq-sariq soch
bruinharige man (de)	қора соч	qora soch
groot (bn)	баланд	baland
klein (bn)	пакана	pakana

onbeleefd (bn)	қўпол	qo'pol
gedrongen (bn)	чорпахил	chorpaxil
robuust (bn)	бақувват	baquvvat
sterk (bn)	кучли	kuchli
sterkte (de)	куч	kuch

mollig (bn)	семиз	semiz
getaand (bn)	қорача	qoracha
slank (bn)	хушбичим	xushbichim
elegant (bn)	башанг	bashang

58. Leeftijd

leeftijd (de)	ёши	yoshi
jeugd (de)	ёшлик	yoshlik
jong (bn)	ёш	yosh

| jonger (bn) | ёшроқ | yoshroq |
| ouder (bn) | каттароқ | kattaroq |

jongen (de)	ёш йигит	yosh yigit
tiener, adolescent (de)	ўспирин	o'spirin
kerel (de)	йигит	yigit
oude man (de)	чол	chol
oude vrouw (de)	кампир	kampir

volwassen (bn)	катта ёшли	katta yoshli
van middelbare leeftijd (bn)	ўрта ёшли	o'rta yoshli
bejaard (bn)	кексайган	keksaygan
oud (bn)	кекса	keksa

| met pensioen gaan | нафақага чиқиш | nafaqaga chiqish |
| gepensioneerde (de) | нафақахўр | nafaqaxo'r |

59. Kinderen

kind (het)	бола	bola
kinderen (mv.)	болалар	bolalar
tweeling (de)	егизаклар	egizaklar

wieg (de)	бешик	beshik
rammelaar (de)	шиқилдоқ	shiqildoq
luier (de)	таглик	taglik

speen (de)	сўргич	so'rgich
kinderwagen (de)	аравача	aravacha
kleuterschool (de)	болалар боғчаси	bolalar bog'chasi
babysitter (de)	енага	enaga

kindertijd (de)	болалик	bolalik
pop (de)	қўғирчоқ	qo'g'irchoq
speelgoed (het)	ўйинчоқ	o'yinchoq
bouwspeelgoed (het)	конструктор	konstruktor

welopgevoed (bn)	тарбияли	tarbiyali
onopgevoed (bn)	тарбиясиз	tarbiyasiz
verwend (bn)	ерка	erka

stout zijn (ww)	шўхлик қилмоқ	sho'xlik qilmoq
stout (bn)	шўх	sho'x
stoutheid (de)	шўхлик	sho'xlik
stouterd (de)	шумтака	shumtaka

| gehoorzaam (bn) | итоаткор | itoatkor |
| ongehoorzaam (bn) | итоациз | itoatsiz |

braaf (bn)	если	esli
slim (verstandig)	ақлли	aqlli
wonderkind (het)	вундеркинд	vunderkind

60. Gehuwde paren. Gezinsleven

kussen (een kus geven)	ўпмоқ	o'pmoq
elkaar kussen (ww)	ўпишмоқ	o'pishmoq
gezin (het)	оила	oila
gezins- (abn)	оилавий	oilaviy
paar (het)	ер-хотин	er-xotin
huwelijk (het)	никоҳ	nikoh

thuis (het)	ўз уйи	o'z uyi
dynastie (de)	сулола	sulola
date (de)	учрашув	uchrashuv
zoen (de)	ўпич	o'pich
liefde (de)	севги	sevgi
liefhebben (ww)	севмоқ	sevmoq
geliefde (bn)	севикли	sevikli
tederheid (de)	меҳрибонлик	mehribonlik
teder (bn)	мулойим	muloyim
trouw (de)	садоқат	sadoqat
trouw (bn)	садоқатли	sadoqatli
zorg (bijv. bejaarden~)	ғамхўрлик	g'amxo'rlik
zorgzaam (bn)	ғамхўр	g'amxo'r
jonggehuwden (mv.)	ёш келин-куёв	yosh kelin-kuyov
wittebroodsweken (mv.)	асал ойи	asal oyi
trouwen (vrouw)	турмушга чиқмоқ	turmushga chiqmoq
trouwen (man)	уйланмоқ	uylanmoq
bruiloft (de)	никоҳ тўйи	nikoh to'yi
gouden bruiloft (de)	олтин тўй	oltin to'y
verjaardag (de)	йиллик	yillik
minnaar (de)	жазман	jazman
minnares (de)	жазман	jazman
overspel (het)	хиёнат	xiyonat
overspel plegen (ww)	хиёнат қилмоқ	xiyonat qilmoq
jaloers (bn)	рашкчи	rashkchi
jaloers zijn (echtgenoot, enz.)	рашк қилмоқ	rashk qilmoq
echtscheiding (de)	ажралиш	ajralish
scheiden (ww)	ажралишмоқ	ajralishmoq
ruzie hebben (ww)	уришиб қолмоқ	urishib qolmoq
vrede sluiten (ww)	ярашмоқ	yarashmoq
samen (bw)	бирга	birga
seks (de)	секс	seks
geluk (het)	бахт	baxt
gelukkig (bn)	бахтли	baxtli
ongeluk (het)	бахцизлик	baxtsizlik
ongelukkig (bn)	бахциз	baxtsiz

57

Karakter. Gevoelens. Emoties

61. Gevoelens. Emoties

gevoel (het)	туйғу	tuyg'u
gevoelens (mv.)	туйғулар	tuyg'ular
voelen (ww)	ҳис қилмоқ	his qilmoq
honger (de)	очлик	ochlik
honger hebben (ww)	ейишни истамоқ	eyishni istamoq
dorst (de)	чанқов	chanqov
dorst hebben	чанқамоқ	chanqamoq
slaperigheid (de)	уйқучилик	uyquchilik
willen slapen	уйқуни истамоқ	uyquni istamoq
moeheid (de)	чарчоқ	charchoq
moe (bn)	чарчаган	charchagan
vermoeid raken (ww)	чарчамоқ	charchamoq
stemming (de)	кайфият	kayfiyat
verveling (de)	зерикиш	zerikish
zich vervelen (ww)	зерикмоқ	zerikmoq
afzondering (de)	ёлғизлик	yolg'izlik
zich afzonderen (ww)	ёлғиз бўлмоқ	yolg'iz bo'lmoq
bezorgd maken (ww)	хавотир қилмоқ	xavotir qilmoq
zich bezorgd maken	хавотирланмоқ	xavotirlanmoq
zorg (bijv. geld~en)	безовталик	bezovtalik
ongerustheid (de)	хавотирлик	xavotirlik
ongerust (bn)	ташвишланган	tashvishlangan
zenuwachtig zijn (ww)	асабийлашмоқ	asabiylashmoq
in paniek raken	ваҳимага тушмоқ	vahimaga tushmoq
hoop (de)	умид	umid
hopen (ww)	умид қилмоқ	umid qilmoq
zekerheid (de)	дадиллик	dadillik
zeker (bn)	дадил	dadil
onzekerheid (de)	дадилсизлик	dadilsizlik
onzeker (bn)	дадил емас	dadil emas
dronken (bn)	маст	mast
nuchter (bn)	хушёр	xushyor
zwak (bn)	заиф	zaif
gelukkig (bn)	бахтли, омадли	baxtli, omadli
doen schrikken (ww)	қўрқитмоқ	qo'rqitmoq
toorn (de)	қутуриш	quturish
woede (de)	қаттиқ ғазаб	qattiq g'azab
depressie (de)	руҳий сиқилиш	ruhiy siqilish
ongemak (het)	дискомфорт	diskomfort

gemak, comfort (het)	комфорт	komfort
spijt hebben (ww)	афсусланмоқ	afsuslanmoq
spijt (de)	афсус	afsus
pech (de)	омадсизлик	omadsizlik
bedroefdheid (de)	хафалик	xafalik

schaamte (de)	уят	uyat
pret (de), plezier (het)	ўйин-кулги	o'yin-kulgi
enthousiasme (het)	ташаббус	tashabbus
enthousiasteling (de)	ташаббускор	tashabbuskor
enthousiasme vertonen	ташаббус кўрсатмоқ	tashabbus ko'rsatmoq

62. Karakter. Persoonlijkheid

karakter (het)	феъл-атвор	fe'l-atvor
karakterfout (de)	нуқсон	nuqson
verstand (het)	ақл	aql
rede (de)	идрок	idrok

geweten (het)	виждон	vijdon
gewoonte (de)	одат	odat
bekwaamheid (de)	қобилият	qobiliyat
kunnen (bijv., ~ zwemmen)	уддаламоқ	uddalamoq

geduldig (bn)	сабрли	sabrli
ongeduldig (bn)	сабрсиз	sabrsiz
nieuwsgierig (bn)	қизиқувчан	qiziquvchan
nieuwsgierigheid (de)	қизиқувчанлик	qiziquvchanlik

bescheidenheid (de)	камтарлик	kamtarlik
bescheiden (bn)	камтар	kamtar
onbescheiden (bn)	мақтанчоқ	maqtanchoq

| lui (bn) | дангаса | dangasa |
| luiwammes (de) | дангаса | dangasa |

sluwheid (de)	айёрлик	ayyorlik
sluw (bn)	айёр	ayyor
wantrouwen (het)	ишонмаслик	ishonmaslik
wantrouwig (bn)	ишонмайдиган	ishonmaydigan

gulheid (de)	сахийлик	saxiylik
gul (bn)	сахий	saxiy
talentrijk (bn)	истеъдодли	iste'dodli
talent (het)	истеъдод	iste'dod

moedig (bn)	жасур	jasur
moed (de)	жасурлик	jasurlik
eerlijk (bn)	ростгўй	rostgo'y
eerlijkheid (de)	ростгўйлик	rostgo'ylik

voorzichtig (bn)	эҳтиёткор	ehtiyotkor
manhaftig (bn)	довюрак	dovyurak
ernstig (bn)	жиддий	jiddiy

streng (bn)	қаттиққўл	qattiqqo'l
resoluut (bn)	дадил	dadil
onzeker, irresoluut (bn)	қатъияциз	qat'iyatsiz
schuchter (bn)	тортинчоқ	tortinchoq
schuchterheid (de)	тортинчоқлик	tortinchoqlik

vertrouwen (het)	ишонч	ishonch
vertrouwen (ww)	ишонмоқ	ishonmoq
goedgelovig (bn)	ишонувчан	ishonuvchan

oprecht (bw)	самимият билан	samimiyat bilan
oprecht (bn)	самимий	samimiy
oprechtheid (de)	самимият	samimiyat
open (bn)	самимий	samimiy

rustig (bn)	ювош	yuvosh
openhartig (bn)	очиқ	ochiq
naïef (bn)	содда	sodda
verstrooid (bn)	паришонхотир	parishonxotir
leuk, grappig (bn)	кулгили	kulgili

gierigheid (de)	очкўзлик	ochko'zlik
gierig (bn)	очкўз	ochko'z
inhalig (bn)	хасис	xasis
kwaad (bn)	ёвуз	yovuz
koppig (bn)	қайсар	qaysar
onaangenaam (bn)	ёқимсиз	yoqimsiz

egoïst (de)	худбин	xudbin
egoïstisch (bn)	худбинлик	xudbinlik
lafaard (de)	қўрқоқ	qo'rqoq
laf (bn)	қўрқоқ	qo'rqoq

63. Slaap. Dromen

slapen (ww)	ухламоқ	uxlamoq
slaap (in ~ vallen)	уйқу	uyqu
droom (de)	туш	tush
dromen (in de slaap)	туш кўрмоқ	tush ko'rmoq
slaperig (bn)	уйқусираган	uyqusiragan

bed (het)	каравот	karavot
matras (de)	тўшак	to'shak
deken (de)	адёл	adyol
kussen (het)	ёстиқ	yostiq
laken (het)	чойшаб	choyshab

slapeloosheid (de)	уйқусизлик	uyqusizlik
slapeloos (bn)	уйқусиз	uyqusiz
slaapmiddel (het)	уйқу дори	uyqu dori
slaapmiddel innemen	уйқу дори ичмоқ	uyqu dori ichmoq

willen slapen	уйқуни истамоқ	uyquni istamoq
geeuwen (ww)	еснамоқ	esnamoq

gaan slapen	ухлашга кетмоқ	uxlashga ketmoq
het bed opmaken	кўрпа-ёстиқни тўшамоқ	ko'rpa-yostiqni to'shamoq
inslapen (ww)	уйқуга кетмоқ	uyquga ketmoq
nachtmerrie (de)	босинқираш	bosinqirash
gesnurk (het)	хуррак	xurrak
snurken (ww)	хуррак отмоқ	xurrak otmoq
wekker (de)	будилник	budilnik
wekken (ww)	уйғотмоқ	uyg'otmoq
wakker worden (ww)	уйғонмоқ	uyg'onmoq
opstaan (ww)	тўшакдан турмоқ	to'shakdan turmoq
zich wassen (ww)	ювинмоқ	yuvinmoq

64. Humor. Gelach. Blijdschap

humor (de)	юмор	yumor
gevoel (het) voor humor	юмор туйғуси	yumor tuyg'usi
plezier hebben (ww)	қувнамоқ	quvnamoq
vrolijk (bn)	қувноқ	quvnoq
pret (de), plezier (het)	қувноқлик	quvnoqlik
glimlach (de)	табассум	tabassum
glimlachen (ww)	жилмаймоқ	jilmaymoq
beginnen te lachen (ww)	кулиб юбормоқ	kulib yubormoq
lachen (ww)	кулмоқ	kulmoq
lach (de)	кулги	kulgi
mop (de)	латифа	latifa
grappig (een ~ verhaal)	кулгили	kulgili
grappig (~e clown)	кулгили	kulgili
grappen maken (ww)	ҳазиллашмоқ	hazillashmoq
grap (de)	ҳазил	hazil
blijheid (de)	қувонч	quvonch
blij zijn (ww)	қувонмоқ	quvonmoq
blij (bn)	қувончли	quvonchli

65. Discussie, conversatie. Deel 1

communicatie (de)	мулоқот	muloqot
communiceren (ww)	мулоқотда бўлмоқ	muloqotda bo'lmoq
conversatie (de)	суҳбат	suhbat
dialoog (de)	диалог	dialog
discussie (de)	мунозара	munozara
debat (het)	баҳс	bahs
debatteren, twisten (ww)	баҳслашмоқ	bahslashmoq
gesprekspartner (de)	ҳамсуҳбат	hamsuhbat
thema (het)	мавзу	mavzu
standpunt (het)	нуқтаи назар	nuqtai nazar

| mening (de) | фикр | fikr |
| toespraak (de) | нутқ | nutq |

bespreking (de)	муҳокама	muhokama
bespreken (spreken over)	муҳокама қилмоқ	muhokama qilmoq
gesprek (het)	суҳбат	suhbat
spreken (converseren)	суҳбатлашмоқ	suhbatlashmoq
ontmoeting (de)	учрашув	uchrashuv
ontmoeten (ww)	учрашмоқ	uchrashmoq

spreekwoord (het)	мақол	maqol
gezegde (het)	матал	matal
raadsel (het)	топишмоқ	topishmoq
een raadsel opgeven	топишмоқ айтмоқ	topishmoq aytmoq
wachtwoord (het)	парол	parol
geheim (het)	сир	sir

eed (de)	қасам	qasam
zweren (een eed doen)	қасам ичмоқ	qasam ichmoq
belofte (de)	ваъда	va'da
beloven (ww)	ваъда бермоқ	va'da bermoq

advies (het)	маслаҳат	maslahat
adviseren (ww)	маслаҳат бермоқ	maslahat bermoq
luisteren (gehoorzamen)	қулоқ солмоқ	quloq solmoq

nieuws (het)	янгилик	yangilik
sensatie (de)	шов-шув	shov-shuv
informatie (de)	маълумот	ma'lumot
conclusie (de)	хулоса	xulosa
stem (de)	товуш	tovush
compliment (het)	хушомад	xushomad
vriendelijk (bn)	илтифот	iltifot

woord (het)	сўз	so'z
zin (de), zinsdeel (het)	жумла	jumla
antwoord (het)	жавоб	javob

| waarheid (de) | ҳақиқат | haqiqat |
| leugen (de) | ёлғон | yolg'on |

gedachte (de)	тафаккур	tafakkur
idee (de/het)	фикр	fikr
fantasie (de)	хомхаёл	xomxayol

66. Discussie, conversatie. Deel 2

gerespecteerd (bn)	ҳурматли	hurmatli
respecteren (ww)	ҳурмат қилмоқ	hurmat qilmoq
respect (het)	ҳурмат	hurmat
Geachte ... (brief)	Муҳтарам ...	Muhtaram ...

| voorstellen (Mag ik jullie ~) | таништирмоқ | tanishtirmoq |
| intentie (de) | ният | niyat |

intentie hebben (ww)	ният қилмоқ	niyat qilmoq
wens (de)	тилак	tilak
wensen (ww)	тиламоқ	tilamoq
verbazing (de)	ажабланиш	ajablanish
verbazen (verwonderen)	ажаблантирмоқ	ajablantirmoq
verbaasd zijn (ww)	ажабланмоқ	ajablanmoq
geven (ww)	бермоқ	bermoq
nemen (ww)	олмоқ	olmoq
teruggeven (ww)	қайтариб бермоқ	qaytarib bermoq
retourneren (ww)	қайтариб бермоқ	qaytarib bermoq
zich verontschuldigen	кечирим сўрамоқ	kechirim so'ramoq
verontschuldiging (de)	узр	uzr
vergeven (ww)	кечирмоқ	kechirmoq
spreken (ww)	гаплашмоқ	gaplashmoq
luisteren (ww)	ешитмоқ	eshitmoq
aanhoren (ww)	тингламоқ	tinglamoq
begrijpen (ww)	тушунмоқ	tushunmoq
tonen (ww)	кўрсатмоқ	ko'rsatmoq
kijken naar ...	... га қарамоқ	... ga qaramoq
roepen (vragen te komen)	чақирмоқ	chaqirmoq
storen (lastigvallen)	халақит бермоқ	xalaqit bermoq
doorgeven (ww)	бериб қўймоқ	berib qo'ymoq
verzoek (het)	илтимос	iltimos
verzoeken (ww)	сўрамоқ	so'ramoq
eis (de)	талаб	talab
eisen (met klem vragen)	талаб қилмоқ	talab qilmoq
beledigen	тегажаклик қилмоқ	tegajaklik qilmoq
(beledigende namen geven)		
uitlachen (ww)	масхара қилмоқ	masxara qilmoq
spot (de)	масхара қилиш	masxara qilish
bijnaam (de)	лақаб	laqab
zinspeling (de)	ишора	ishora
zinspelen (ww)	ишора қилмоқ	ishora qilmoq
impliceren (duiden op)	назарда тутмоқ	nazarda tutmoq
beschrijving (de)	таъриф	ta'rif
beschrijven (ww)	таърифламоқ	ta'riflamoq
lof (de)	мақтов	maqtov
loven (ww)	мақтамоқ	maqtamoq
teleurstelling (de)	кўнгил қолиш	ko'ngil qolish
teleurstellen (ww)	кўнгилни қолдирмоқ	ko'ngilni qoldirmoq
teleurgesteld zijn (ww)	кўнгил қолиши	ko'ngil qolishi
veronderstelling (de)	фараз	faraz
veronderstellen (ww)	фараз қилмоқ	faraz qilmoq
waarschuwing (de)	огоҳлантириш	ogohlantirish
waarschuwen (ww)	огоҳлантирмоқ	ogohlantirmoq

67. Discussie, conversatie. Deel 3

aanpraten (ww)	кўндирмоқ	ko'ndirmoq
kalmeren (kalm maken)	тинчлантирмоқ	tinchlantirmoq
stilte (de)	сукут сақлаш	sukut saqlash
zwijgen (ww)	индамай турмоқ	indamay turmoq
fluisteren (ww)	пичирламоқ	pichirlamoq
gefluister (het)	пичирлаш	pichirlash
open, eerlijk (bw)	очиқчасига	ochiqchasiga
volgens mij ...	менинг фикримча ...	mening fikrimcha ...
detail (het)	батафсиллик	batafsillik
gedetailleerd (bn)	батафсил	batafsil
gedetailleerd (bw)	батафсил	batafsil
hint (de)	ишора	ishora
een hint geven	ишора қилмоқ	ishora qilmoq
blik (de)	нигоҳ	nigoh
een kijkje nemen	қараб қўймоқ	qarab qo'ymoq
strak (een ~ke blik)	қотиб қолган	qotib qolgan
knipperen (ww)	кўз учирмоқ	ko'z uchirmoq
knipogen (ww)	кўз қисмоқ	ko'z qismoq
knikken (ww)	бош силкимоқ	bosh silkimoq
zucht (de)	хўрсиниш	xo'rsinish
zuchten (ww)	хўрсинмоқ	xo'rsinmoq
huiveren (ww)	сесканмоқ	seskanmoq
gebaar (het)	имо-ишора	imo-ishora
aanraken (ww)	тегиб кетмоқ	tegib ketmoq
grijpen (ww)	ушламоқ	ushlamoq
een schouderklopje geven	қоқмоқ	qoqmoq
Kijk uit!	Эҳтиёт бўлинг!	Ehtiyot bo'ling!
Echt?	Наҳотки?	Nahotki?
Bent je er zeker van?	Ишончинг комилми?	Ishonching komilmi?
Succes!	Омад ёр бўлсин!	Omad yor bo'lsin!
Juist, ja!	Тушунарли!	Tushunarli!
Wat jammer!	Афсус!	Afsus!

68. Overeenstemming. Weigering

instemming (het)	розилик	rozilik
instemmen (akkoord gaan)	рози бўлмоқ	rozi bo'lmoq
goedkeuring (de)	маъқуллаш	ma'qullash
goedkeuren (ww)	маъқулламоқ	ma'qullamoq
weigering (de)	рад қилиш	rad qilish
weigeren (ww)	рад қилмоқ	rad qilmoq
Geweldig!	Аъло!	A'lo!
Goed!	Яхши!	Yaxshi!

Akkoord!	Майли!	Mayli!
verboden (bn)	тақиқланган	taqiqlangan
het is verboden	ман етилган	man etilgan
het is onmogelijk	имкони йўқ	imkoni yo'q
onjuist (bn)	янглиш	yanglish
afwijzen (ww)	рад етмоқ	rad etmoq
steunen	қувватламоқ	quvvatlamoq
(een goed doel, enz.)		
aanvaarden (excuses ~)	қабул қилмоқ	qabul qilmoq
bevestigen (ww)	тасдиқламоқ	tasdiqlamoq
bevestiging (de)	тасдиқ	tasdiq
toestemming (de)	ижозат	ijozat
toestaan (ww)	рухсат бермоқ	ruxsat bermoq
beslissing (de)	қарор	qaror
z'n mond houden (ww)	индамай турмоқ	indamay turmoq
voorwaarde (de)	шарт	shart
smoes (de)	баҳона	bahona
lof (de)	мақтов	maqtov
loven (ww)	мақтамоқ	maqtamoq

69. Succes. Veel geluk. Mislukking

succes (het)	муваффақият	muvaffaqiyat
succesvol (bw)	муваффақиятли	muvaffaqiyatli
succesvol (bn)	муваффақиятли	muvaffaqiyatli
geluk (het)	ютуқ	yutuq
Succes!	Омад ёр бўлсин!	Omad yor bo'lsin!
geluks- (bn)	омадли	omadli
gelukkig (fortuinlijk)	омадли	omadli
mislukking (de)	муваффақияцизлик	muvaffaqiyatsizlik
tegenslag (de)	омадсизлик	omadsizlik
pech (de)	омадсизлик	omadsizlik
zonder succes (bn)	омадсиз	omadsiz
catastrofe (de)	ҳалокат	halokat
fierheid (de)	ғурур	g'urur
fier (bn)	ғурурли	g'ururli
fier zijn (ww)	ғурурланмоқ	g'ururlanmoq
winnaar (de)	ғолиб	g'olib
winnen (ww)	ғолиб бўлмоқ	g'olib bo'lmoq
verliezen (ww)	ютқизмоқ	yutqizmoq
poging (de)	уриниш	urinish
pogen, proberen (ww)	уринмоқ	urinmoq
kans (de)	имконият	imkoniyat

70. Ruzies. Negatieve emoties

schreeuw (de)	бақириқ	baqiriq
schreeuwen (ww)	бақирмоқ	baqirmoq
beginnen te schreeuwen	бақириб юбормоқ	baqirib yubormoq

ruzie (de)	жанжал	janjal
ruzie hebben (ww)	уришиб қолмоқ	urishib qolmoq
schandaal (het)	жанжал	janjal
schandaal maken (ww)	жанжаллашмоқ	janjallashmoq
conflict (het)	низо	nizo
misverstand (het)	келишмовчилик	kelishmovchilik

belediging (de)	ҳақорат	haqorat
beledigen	ҳақоратламоқ	haqoratlamoq
(met scheldwoorden)		
beledigd (bn)	ҳақоратланган	haqoratlangan
krenking (de)	ранж-алам	ranj-alam
krenken (beledigen)	ранжитмоқ	ranjitmoq
gekwetst worden (ww)	ранжимоқ	ranjimoq

verontwaardiging (de)	норозилик	norozilik
verontwaardigd zijn (ww)	ғазабланмоқ	g'azablanmoq
klacht (de)	шикоят	shikoyat
klagen (ww)	шикоят қилмоқ	shikoyat qilmoq

verontschuldiging (de)	узр	uzr
zich verontschuldigen	узр сўрамоқ	uzr so'ramoq
excuus vragen	кечирим сўрамоқ	kechirim so'ramoq

kritiek (de)	танқид	tanqid
bekritiseren (ww)	танқид қилмоқ	tanqid qilmoq
beschuldiging (de)	айблов	ayblov
beschuldigen (ww)	айбламоқ	ayblamoq

wraak (de)	қасос	qasos
wreken (ww)	қасос олмоқ	qasos olmoq
wraak nemen (ww)	аламини олмоқ	alamini olmoq

minachting (de)	жирканиш	jirkanish
minachten (ww)	жирканмоқ	jirkanmoq
haat (de)	нафрат	nafrat
haten (ww)	нафратланмоқ	nafratlanmoq

zenuwachtig (bn)	асабий	asabiy
zenuwachtig zijn (ww)	асабийлашмоқ	asabiylashmoq
boos (bn)	баджаҳл	badjahl
boos maken (ww)	жаҳлини чиқармоқ	jahlini chiqarmoq

vernedering (de)	таҳқирланиш	tahqirlanish
vernederen (ww)	таҳқирламоқ	tahqirlamoq
zich vernederen (ww)	ўзини хўрламоқ	o'zini xo'rlamoq

schok (de)	руҳий таъсирланмоқ	ruhiy ta'sirlanmoq
schokken (ww)	хижолатда қолдирмоқ	xijolatda qoldirmoq

| onaangenaamheid (de) | кўнгилсизлик | ko'ngilsizlik |
| onaangenaam (bn) | кўнгилсиз | ko'ngilsiz |

vrees (de)	қўрқув	qo'rquv
vreselijk (bijv. ~ onweer)	қаттиқ	qattiq
eng (bn)	қўрқинчли	qo'rqinchli
gruwel (de)	даҳшат	dahshat
vreselijk (~ nieuws)	даҳшатли	dahshatli

beginnen te beven	титрамоқ	titramoq
huilen (wenen)	йиғламоқ	yig'lamoq
beginnen te huilen (wenen)	йиғлаб юбормоқ	yig'lab yubormoq
traan (de)	кўз томчиси	ko'z tomchisi

schuld (~ geven aan)	гуноҳ	gunoh
schuldgevoel (het)	айб	ayb
schande (de)	иснод	isnod
protest (het)	қатъий норозилик	qat'iy norozilik
stress (de)	қаттиқ ҳаяжон	qattiq hayajon

storen (lastigvallen)	безовта қилмоқ	bezovta qilmoq
kwaad zijn (ww)	аччиқланмоқ	achchiqlanmoq
kwaad (bn)	жаҳлдор	jahldor
beëindigen (een relatie ~)	тўхтатмоқ	to'xtatmoq
vloeken (ww)	урушмоқ	urushmoq

schrikken (schrik krijgen)	чўчимоқ	cho'chimoq
slaan (iemand ~)	урмоқ	urmoq
vechten (ww)	муштлашмоқ	mushtlashmoq

regelen (conflict)	келиштирмоқ	kelishtirmoq
ontevreden (bn)	норози	norozi
woedend (bn)	ғазабли	g'azabli

| Dat is niet goed! | Бу яхши емас! | Bu yaxshi emas! |
| Dat is slecht! | Бу ёмон! | Bu yomon! |

Geneeskunde

71. Ziekten

ziekte (de)	касаллик	kasallik
ziek zijn (ww)	касал бўлмоқ	kasal bo'lmoq
gezondheid (de)	саломатлик	salomatlik
snotneus (de)	тумов	tumov
angina (de)	ангина	angina
verkoudheid (de)	шамоллаш	shamollash
verkouden raken (ww)	шамолламоқ	shamollamoq
bronchitis (de)	бронхит	bronxit
longontsteking (de)	ўпка яллигланиши	o'pka yalliglanishi
griep (de)	грипп	gripp
bijziend (bn)	узоқни кўролмайдиган	uzoqni ko'rolmaydigan
verziend (bn)	узоқни кўрувчи	uzoqni ko'ruvchi
scheelheid (de)	ғилайлик	g'ilaylik
scheel (bn)	ғилай	g'ilay
grauwe staar (de)	катаракта	katarakta
glaucoom (het)	глаукома	glaukoma
beroerte (de)	инсулт	insult
hartinfarct (het)	инфаркт	infarkt
myocardiaal infarct (het)	миоакард инфаркти	mioakard infarkti
verlamming (de)	фалажлик	falajlik
verlammen (ww)	фалажламоқ	falajlamoq
allergie (de)	аллергия	allergiya
astma (de/het)	астма	astma
diabetes (de)	диабет	diabet
tandpijn (de)	тиш оғриғи	tish og'rig'i
tandbederf (het)	кариес	karies
diarree (de)	диарея	diareya
constipatie (de)	қабзият	qabziyat
maagstoornis (de)	меъда бузилиши	me'da buzilishi
voedselvergiftiging (de)	захарланиш	zaharlanish
voedselvergiftiging oplopen	захарланмоқ	zaharlanmoq
artritis (de)	артрит	artrit
rachitis (de)	рахит	raxit
reuma (het)	бод	bod
arteriosclerose (de)	атеросклероз	ateroskleroz
gastritis (de)	гастрит	gastrit
blindedarmontsteking (de)	аппендецин	appendetsin

| galblaasontsteking (de) | холецистит | xoletsistit |
| zweer (de) | ошқозон яраси | oshqozon yarasi |

mazelen (mv.)	қизамиқ	qizamiq
rodehond (de)	қизилча	qizilcha
geelzucht (de)	сариқ касали	sariq kasali
leverontsteking (de)	гепатит	gepatit

schizofrenie (de)	шизофрения	shizofreniya
dolheid (de)	қутуриш	quturish
neurose (de)	невроз	nevroz
hersenschudding (de)	миянинг чайқалиши	miyaning chayqalishi

kanker (de)	саратон	saraton
sclerose (de)	склероз	skleroz
multiple sclerose (de)	паришонхотир склероз	parishonxotir skleroz

alcoholisme (het)	алкоголизм	alkogolizm
alcoholicus (de)	алкоголик	alkogolik
syfilis (de)	сифилис	sifilis
AIDS (de)	ОИТС	OITS

tumor (de)	ўсма	o'sma
koorts (de)	иситмали қалтироқ	isitmali qaltiroq
malaria (de)	безгак	bezgak
gangreen (het)	қорасон	qorason
zeeziekte (de)	денгиз касали	dengiz kasali
epilepsie (de)	тутқаноқ	tutqanoq

epidemie (de)	епидемия	epidemiya
tyfus (de)	терлама	terlama
tuberculose (de)	сил	sil
cholera (de)	вабо	vabo
pest (de)	ўлат	o'lat

72. Symptomen. Behandelingen. Deel 1

symptoom (het)	симптом	simptom
temperatuur (de)	ҳарорат	harorat
verhoogde temperatuur (de)	юқори ҳарорат	yuqori harorat
polsslag (de)	пулс	puls

duizeling (de)	бош айланиши	bosh aylanishi
heet (erg warm)	иссиқ	issiq
koude rillingen (mv.)	қалтироқ	qaltiroq
bleek (bn)	рангпар	rangpar

hoest (de)	йўтал	yo'tal
hoesten (ww)	йўталмоқ	yo'talmoq
niezen (ww)	аксирмоқ	aksirmoq
flauwte (de)	беҳушлик	behushlik
flauwvallen (ww)	ҳушидан кетиб қолмоқ	hushidan ketib qolmoq
blauwe plek (de)	мўматалоқ	mo'mataloq
buil (de)	ғурра	g'urra

zich stoten (ww)	урилмоқ	urilmoq
kneuzing (de)	урилган жой	urilgan joy
kneuzen (gekneusd zijn)	уриб олмоқ	urib olmoq

hinken (ww)	чўлоқланиш	cho'loqlanish
verstuiking (de)	чиқиқ	chiqiq
verstuiken (enkel, enz.)	чиқармоқ	chiqarmoq
breuk (de)	синдириш	sindirish
een breuk oplopen	синдириб олмоқ	sindirib olmoq

snijwond (de)	кесилган жой	kesilgan joy
zich snijden (ww)	кесиб олиш	kesib olish
bloeding (de)	қон кетиш	qon ketish

| brandwond (de) | куйиш | kuyish |
| zich branden (ww) | куймоқ | kuymoq |

prikken (ww)	санчмоқ	sanchmoq
zich prikken (ww)	санчиб олмоқ	sanchib olmoq
blesseren (ww)	яраламоқ	yaralamoq
blessure (letsel)	жароҳат	jarohat
wond (de)	яра	yara
trauma (het)	жароҳатланиш	jarohatlanish

IJlen (ww)	алаҳламоқ	alahlamoq
stotteren (ww)	дудуқланмоқ	duduqlanmoq
zonnesteek (de)	қуёш уриши	quyosh urishi

73. Symptomen. Behandelingen. Deel 2

| pijn (de) | оғриқ | og'riq |
| splinter (de) | зирапча | zirapcha |

zweet (het)	тер	ter
zweten (ww)	терламоқ	terlamoq
braking (de)	қайт қилиш	qayt qilish
stuiptrekkingen (mv.)	томир тортишиш	tomir tortishish

zwanger (bn)	ҳомиладор	homilador
geboren worden (ww)	туғилмоқ	tug'ilmoq
geboorte (de)	туғиш	tug'ish
baren (ww)	туғмоқ	tug'moq
abortus (de)	аборт	abort

ademhaling (de)	нафас	nafas
inademing (de)	нафас олиш	nafas olish
uitademing (de)	нафас чиқариш	nafas chiqarish
uitademen (ww)	нафас чиқармоқ	nafas chiqarmoq
inademen (ww)	нафас олмоқ	nafas olmoq

invalide (de)	ногирон	nogiron
gehandicapte (de)	мажруҳ	majruh
drugsverslaafde (de)	гиёҳванд	giyohvand
doof (bn)	кар	kar

| stom (bn) | соқов | soqov |
| doofstom (bn) | кар-соқов | kar-soqov |

krankzinnig (bn)	жинни	jinni
krankzinnige (man)	жинни еркак	jinni erkak
krankzinnige (vrouw)	жинни аёл	jinni ayol
krankzinnig worden	ақлдан озиш	aqldan ozish

gen (het)	ген	gen
immuniteit (de)	иммунитет	immunitet
erfelijk (bn)	ирсий	irsiy
aangeboren (bn)	туғма	tug'ma

virus (het)	вирус	virus
microbe (de)	микроб	mikrob
bacterie (de)	бактерия	bakteriya
infectie (de)	инфекция	infektsiya

74. Symptomen. Behandelingen. Deel 3

| ziekenhuis (het) | касалхона | kasalxona |
| patiënt (de) | даволанувчи | davolanuvchi |

diagnose (de)	ташхис	tashxis
genezing (de)	даволаниш	davolanish
medische behandeling (de)	даволаш	davolash
onder behandeling zijn	даволанмоқ	davolanmoq
behandelen (ww)	даволамоқ	davolamoq
zorgen (zieken ~)	қарамоқ	qaramoq
ziekenzorg (de)	муолажа	muolaja

operatie (de)	операция	operatsiya
verbinden (een arm ~)	ярани боғламоқ	yarani bog'lamoq
verband (het)	ярани боғлаш	yarani bog'lash

vaccin (het)	емлаш	emlash
inenten (vaccineren)	емламоқ	emlamoq
injectie (de)	укол	ukol
een injectie geven	укол қилмоқ	ukol qilmoq

amputatie (de)	кесиб ташлаш	kesib tashlash
amputeren (ww)	кесиб ташламоқ	kesib tashlamoq
coma (het)	кома	koma
in coma liggen	кома ҳолатида бўлмоқ	koma holatida bo'lmoq
intensieve zorg, ICU (de)	реанимация	reanimatsiya

zich herstellen (ww)	соғайиш	sog'ayish
toestand (de)	аҳвол	ahvol
bewustzijn (het)	ҳуш	hush
geheugen (het)	хотира	xotira

trekken (een kies ~)	суғурмоқ	sug'urmoq
vulling (de)	пломба	plomba
vullen (ww)	пломбаламоқ	plombalamoq

| hypnose (de) | гипноз | gipnoz |
| hypnotiseren (ww) | гипноз қилмоқ | gipnoz qilmoq |

75. Artsen

dokter, arts (de)	шифокор	shifokor
ziekenzuster (de)	тиббий ҳамшира	tibbiy hamshira
lijfarts (de)	шахсий шифокор	shaxsiy shifokor

tandarts (de)	тиш шифокори	tish shifokori
oogarts (de)	кўз шифокори	ko'z shifokori
therapeut (de)	терапевт	terapevt
chirurg (de)	жарроҳ	jarroh

psychiater (de)	психиатр	psixiatr
pediater (de)	педиатр	pediatr
psycholoog (de)	психолог	psixolog
gynaecoloog (de)	гинеколог	ginekolog
cardioloog (de)	кардиолог	kardiolog

76. Geneeskunde. Medicijnen. Accessoires

geneesmiddel (het)	дори-дармон	dori-darmon
middel (het)	даволаш воситалари	davolash vositalari
voorschrijven (ww)	ёзиб бермоқ	yozib bermoq
recept (het)	рецепт	retsept

tablet (de/het)	таблетка дори	tabletka dori
zalf (de)	малҳам дори	malham dori
ampul (de)	ампула	ampula
drank (de)	суюқ дори	suyuq dori
siroop (de)	қиём	qiyom
pil (de)	ҳапдори	hapdori
poeder (de/het)	кукун дори	kukun dori

verband (het)	бинт	bint
watten (mv.)	пахта	paxta
jodium (het)	ёд	yod

pleister (de)	пластир	plastir
pipet (de)	доритомизгич	doritomizgich
thermometer (de)	тиббий термометр	tibbiy termometr
spuit (de)	шприц	shprits

| rolstoel (de) | аравача | aravacha |
| krukken (mv.) | қўлтиқтаёқ | qo'ltiqtayoq |

pijnstiller (de)	оғриқсизлантирувчи	og'riqsizlantiruvchi
laxeermiddel (het)	сурги дори	surgi dori
spiritus (de)	спирт	spirt
medicinale kruiden (mv.)	доривор ўт	dorivor o't
kruiden- (abn)	ўтли	o'tli

77. Roken. Tabaksproducten

tabak (de)	тамаки	tamaki
sigaret (de)	сигарета	sigareta
sigaar (de)	сигара	sigara
pijp (de)	трубка	trubka
pakje (~ sigaretten)	қути	quti

lucifers (mv.)	гугурт	gugurt
luciferdoosje (het)	гугурт қутиси	gugurt qutisi
aansteker (de)	зажигалка	zajigalka
asbak (de)	кулдон	kuldon
sigarettendoosje (het)	порцигар	portsigar

sigarettenpijpje (het)	мундштук	mundshtuk
filter (de/het)	филтр	filtr

roken (ww)	чекмоқ	chekmoq
een sigaret opsteken	чека бошламоқ	cheka boshlamoq
roken (het)	чекиш	chekish
roker (de)	кашанда одам	kashanda odam

peuk (de)	чекиб ташланган сигарета	chekib tashlangan sigareta
rook (de)	тутун	tutun
as (de)	кул	kul

73

HET MENSELIJKE LEEFGEBIED

Stad

78. Stad. Het leven in de stad

stad (de)	шаҳар	shahar
hoofdstad (de)	пойтахт	poytaxt
dorp (het)	қишлоқ	qishloq
plattegrond (de)	шаҳар чизмаси	shahar chizmasi
centrum (ov. een stad)	шаҳар маркази	shahar markazi
voorstad (de)	шаҳарга туташ худуд	shaharga tutash hudud
voorstads- (abn)	шаҳар атрофидаги	shahar atrofidagi
randgemeente (de)	чекка	chekka
omgeving (de)	теварак атрофдаги худудлар	tevarak atrofdagi hududlar
blok (huizenblok)	даҳа	daha
woonwijk (de)	турар-жой даҳаси	turar-joy dahasi
verkeer (het)	ҳаракат	harakat
verkeerslicht (het)	светофор	svetofor
openbaar vervoer (het)	шаҳар транспорти	shahar transporti
kruispunt (het)	чорраҳа	chorraha
zebrapad (oversteekplaats)	ўтиш йўли	o'tish yo'li
onderdoorgang (de)	ер ости ўтиш йўли	er osti o'tish yo'li
oversteken (de straat ~)	ўтиш	o'tish
voetganger (de)	йўловчи	yo'lovchi
trottoir (het)	йўлка	yo'lka
brug (de)	кўприк	ko'prik
dijk (de)	сув бўйидаги кўча	suv bo'yidagi ko'cha
allee (de)	хиёбон	xiyobon
park (het)	боғ	bog'
boulevard (de)	булвар	bulvar
plein (het)	майдон	maydon
laan (de)	шоҳ кўча	shoh ko'cha
straat (de)	кўча	ko'cha
zijstraat (de)	тор кўча	tor ko'cha
doodlopende straat (de)	боши берк кўча	boshi berk ko'cha
huis (het)	уй	uy
gebouw (het)	бино	bino
wolkenkrabber (de)	осмонўпар бино	osmono'par bino
gevel (de)	фасад	fasad
dak (het)	том	tom

venster (het)	дераза	deraza
boog (de)	равоқ	ravoq
pilaar (de)	устун	ustun
hoek (ov. een gebouw)	бурчак	burchak

vitrine (de)	витрина	vitrina
gevelreclame (de)	вивеска	viveska
affiche (de/het)	афиша	afisha
reclameposter (de)	реклама плакати	reklama plakati
aanplakbord (het)	реклама шчити	reklama shchiti

vuilnis (de/het)	ахлат	axlat
vuilnisbak (de)	ахлатдон	axlatdon
afval weggooien (ww)	ифлос қилмоқ	iflos qilmoq
stortplaats (de)	ахлатхона	axlatxona

telefooncel (de)	телефон будкаси	telefon budkasi
straatlicht (het)	фонар осиладиган столба	fonar osiladigan stolba
bank (de)	скамейка	skameyka

politieagent (de)	полициячи	politsiyachi
politie (de)	полиция	politsiya
zwerver (de)	гадой	gadoy
dakloze (de)	бошпанасиз	boshpanasiz

79. Stedelijke instellingen

winkel (de)	дўкон	do'kon
apotheek (de)	дорихона	dorixona
optiek (de)	оптика	optika
winkelcentrum (het)	савдо маркази	savdo markazi
supermarkt (de)	супермаркет	supermarket

bakkerij (de)	нон дўкони	non do'koni
bakker (de)	новвой	novvoy
banketbakkerij (de)	қандолат дўкони	qandolat do'koni
kruidenier (de)	баққоллик	baqqollik
slagerij (de)	гўшт дўкони	go'sht do'koni

groentewinkel (de)	сабзавот дўкони	sabzavot do'koni
markt (de)	бозор	bozor

koffiehuis (het)	кафе	kafe
restaurant (het)	ресторан	restoran
bar (de)	пивохона	pivoxona
pizzeria (de)	пиццерия	pitstseriya

kapperssalon (de/het)	сартарошхона	sartaroshxona
postkantoor (het)	почта	pochta
stomerij (de)	химчистка	ximchistka
fotostudio (de)	фотоателе	fotoatele

schoenwinkel (de)	пояфзал дўкони	poyafzal do'koni
boekhandel (de)	китоб дўкони	kitob do'koni

sportwinkel (de)	спорт анжомлари дўкони	sport anjomlari do'koni
kledingreparatie (de)	кийим таъмири	kiyim ta'miri
kledingverhuur (de)	кийимни ижарага бериш	kiyimni ijaraga berish
videotheek (de)	филмларни ижарага бериш	filmlarni ijaraga berish

circus (de/het)	сирк	sirk
dierentuin (de)	ҳайвонот боғи	hayvonot bog'i
bioscoop (de)	кинотеатр	kinoteatr
museum (het)	музей	muzey
bibliotheek (de)	кутубхона	kutubxona

theater (het)	театр	teatr
opera (de)	опера	opera
nachtclub (de)	тунги клуб	tungi klub
casino (het)	казино	kazino

moskee (de)	мачит	machit
synagoge (de)	синагога	sinagoga
kathedraal (de)	бош черков	bosh cherkov
tempel (de)	ибодатхона	ibodatxona
kerk (de)	черков	cherkov

instituut (het)	институт	institut
universiteit (de)	университет	universitet
school (de)	мактаб	maktab

gemeentehuis (het)	префектура	prefektura
stadhuis (het)	мерия	meriya
hotel (het)	меҳмонхона	mehmonxona
bank (de)	банк	bank

ambassade (de)	елчихона	elchixona
reisbureau (het)	сайёҳлик агентлиги	sayyohlik agentligi
informatieloket (het)	маълумотхона	ma'lumotxona
wisselkantoor (het)	алмаштириш шохобчаси	almashtirish shoxobchasi

metro (de)	метро	metro
ziekenhuis (het)	касалхона	kasalxona

benzinestation (het)	бензин қуйиш шохобчаси	benzin quyish shoxobchasi
parking (de)	тўхташ жойи	to'xtash joyi

80. Borden

gevelreclame (de)	вивеска	viveska
opschrift (het)	ёзув	yozuv
poster (de)	плакат	plakat
wegwijzer (de)	кўрсаткич	ko'rsatkich
pijl (de)	мил	mil

waarschuwing (verwittiging)	огоҳлантириш	ogohlantirish
waarschuwingsbord (het)	огоҳлантириш	ogohlantirish
waarschuwen (ww)	огоҳлантирмоқ	ogohlantirmoq

vrije dag (de)	дам олиш куни	dam olish kuni
dienstregeling (de)	жадвал	jadval
openingsuren (mv.)	иш соатлари	ish soatlari
WELKOM!	ХУСХ КЕЛИБСИЗ!	XUSH KELIBSIZ!
INGANG	КИРИСХ	KIRISH
UITGANG	СХИҚИСХ	CHIQISH
DUWEN	ЎЗИДАН НАРИГА	O'ZIDAN NARIGA
TREKKEN	ЎЗИГА	O'ZIGA
OPEN	ОСХИҚ	OCHIQ
GESLOTEN	ЙОПИҚ	YOPIQ
DAMES	АЙОЛЛАР УСХУН	AYOLLAR UCHUN
HEREN	ЕРКАКЛАР УСХУН	ERKAKLAR UCHUN
KORTING	КАМАЙТИРИЛГАН НАРХЛАР	KAMAYTIRILGAN NARXLAR
UITVERKOOP	АРЗОН СОТИБ ТУГАТИСХ	ARZON SOTIB TUGATISH
NIEUW!	ЙАНГИЛИК!	YANGILIK!
GRATIS	БЕПУЛ	BEPUL
PAS OP!	ДИҚҚАТ!	DIQQAT!
VOLGEBOEKT	ЖОЙ ЙЎҚ	JOY YO'Q
GERESERVEERD	БАНД ҚИЛИНГАН	BAND QILINGAN
ADMINISTRATIE	МАЪМУРИЙАТ	MA'MURIYAT
ALLEEN VOOR	ФАҚАТ ХОДИМЛАР	FAQAT XODIMLAR
PERSONEEL	УСХУН	UCHUN
GEVAARLIJKE HOND	ҚОПАҒОН ИТ	QOPAG'ON IT
VERBODEN TE ROKEN!	СХЕКИЛМАСИН!	CHEKILMASIN!
NIET AANRAKEN!	ҚЎЛ БИЛАН ТЕГИЛМАСИН!	QO'L BILAN TEGILMASIN!
GEVAARLIJK	ХАВФЛИ	XAVFLI
GEVAAR	ХАВФ	XAVF
HOOGSPANNING	ЙУҚОРИ КУСХЛАНИСХ	YUQORI KUCHLANISH
VERBODEN TE ZWEMMEN	СХЎМИЛИСХ ТАҚИҚЛАНГАН	CHO'MILISH TAQIQLANGAN
BUITEN GEBRUIK	ИСХЛАМАЙДИ	ISHLAMAYDI
ONTVLAMBAAR	ЙОНҒИНДАН ХАВФЛИ	YONG'INDAN XAVFLI
VERBODEN	ТАҚИҚЛАНГАН	TAQIQLANGAN
DOORGANG VERBODEN	ЎТИСХ ТАҚИҚЛАНГАН	O'TISH TAQIQLANGAN
OPGELET PAS GEVERFD	БЎЙАЛГАН	BO'YALGAN

81. Stedelijk vervoer

bus, autobus (de)	автобус	avtobus
tram (de)	трамвай	tramvay
trolleybus (de)	троллейбус	trolleybus
route (de)	маршрут	marshrut
nummer (busnummer, enz.)	рақам	raqam

rijden met ...	... да бормоқ	... da bormoq
stappen (in de bus ~)	ўтирмоқ	o'tirmoq
afstappen (ww)	тушиб қолмоқ	tushib qolmoq

halte (de)	бекат	bekat
volgende halte (de)	кейинги бекат	keyingi bekat
eindpunt (het)	охирги бекат	oxirgi bekat
dienstregeling (de)	жадвал	jadval
wachten (ww)	кутмоқ	kutmoq

| kaartje (het) | чипта | chipta |
| reiskosten (de) | чипта нархи | chipta narxi |

kassier (de)	кассачи	kassachi
kaartcontrole (de)	назорат	nazorat
controleur (de)	назоратчи	nazoratchi

te laat zijn (ww)	кечга қолмоқ	kechga qolmoq
missen (de bus ~)	... га кечга қолмоқ	... ga kechga qolmoq
zich haasten (ww)	шошмоқ	shoshmoq

taxi (de)	такси	taksi
taxichauffeur (de)	таксичи	taksichi
met de taxi (bw)	таксида	taksida
taxistandplaats (de)	такси тўхташ жойи	taksi to'xtash joyi
een taxi bestellen	такси чақирмоқ	taksi chaqirmoq
een taxi nemen	такси олмоқ	taksi olmoq

verkeer (het)	кўча ҳаракати	ko'cha harakati
file (de)	тирбандлик	tirbandlik
spitsuur (het)	тиғиз пайт	tig'iz payt
parkeren (on.ww.)	жойлаштирмоқ	joylashtirmoq
parkeren (ov.ww.)	жойлаштирмоқ	joylashtirmoq
parking (de)	тўхташ жойи	to'xtash joyi

metro (de)	метро	metro
halte (bijv. kleine treinhalte)	станция	stantsiya
de metro nemen	метрода юрмоқ	metroda yurmoq
trein (de)	поезд	poezd
station (treinstation)	вокзал	vokzal

82. Bezienswaardigheden

monument (het)	ҳайкал	haykal
vesting (de)	қалъа	qal'a
paleis (het)	сарой	saroy
kasteel (het)	қаср	qasr
toren (de)	минора	minora
mausoleum (het)	мақбара	maqbara

architectuur (de)	меъморчилик	me'morchilik
middeleeuws (bn)	ўрта асрларга оид	o'rta asrlarga oid
oud (bn)	қадимги	qadimgi
nationaal (bn)	миллий	milliy

bekend (bn)	таниқли	taniqli
toerist (de)	сайёҳ	sayyoh
gids (de)	гид	gid
rondleiding (de)	екскурсия	ekskursiya
tonen (ww)	кўрсатмоқ	ko'rsatmoq
vertellen (ww)	сўзлаб бермоқ	so'zlab bermoq

vinden (ww)	топмоқ	topmoq
verdwalen (de weg kwijt zijn)	йўқолмоқ	yo'qolmoq
plattegrond (~ van de metro)	схема	sxema
plattegrond (~ van de stad)	чизма	chizma

souvenir (het)	ёдгорлик	yodgorlik
souvenirwinkel (de)	ёдгорликлар дўкони	yodgorliklar do'koni
een foto maken (ww)	фотосурат олмоқ	fotosurat olmoq
zich laten fotograferen	суратга тушмоқ	suratga tushmoq

83. Winkelen

kopen (ww)	харид қилмоқ	xarid qilmoq
aankoop (de)	харид	xarid
winkelen (ww)	буюмларни харид қилмоқ	buyumlarni xarid qilmoq
winkelen (het)	шоппинг	shopping

| open zijn (ov. een winkel, enz.) | ишламоқ | ishlamoq |
| gesloten zijn (ww) | ёпилмоқ | yopilmoq |

schoeisel (het)	пояфзал	poyafzal
kleren (mv.)	кийим	kiyim
cosmetica (de)	косметика	kosmetika
voedingswaren (mv.)	маҳсулотлар	mahsulotlar
geschenk (het)	совға	sovg'a

| verkoper (de) | сотувчи | sotuvchi |
| verkoopster (de) | сотувчи | sotuvchi |

kassa (de)	касса	kassa
spiegel (de)	кўзгу	ko'zgu
toonbank (de)	пештахта	peshtaxta
paskamer (de)	кийиб кўриш кабинаси	kiyib ko'rish kabinasi

aanpassen (ww)	кийиб кўриш	kiyib ko'rish
passen (ov. kleren)	лойиқ келмоқ	loyiq kelmoq
bevallen (prettig vinden)	ёқмоқ	yoqmoq

prijs (de)	нарх	narx
prijskaartje (het)	нархкўрсаткич	narxko'rsatkich
kosten (ww)	нархга ега бўлмоқ	narxga ega bo'lmoq
Hoeveel?	Қанча?	Qancha?
korting (de)	нархни камайтириш	narxni kamaytirish

| niet duur (bn) | қиммат емас | qimmat emas |
| goedkoop (bn) | арзон | arzon |

duur (bn)   қиммат   qimmat
Dat is duur.   Бу қиммат.   Bu qimmat.

verhuur (de)   ижарага олиш   ijaraga olish
huren (smoking, enz.)   ижарага олмоқ   ijaraga olmoq
krediet (het)   кредит   kredit
op krediet (bw)   кредитга олиш   kreditga olish

84. Geld

geld (het)   пул   pul
ruil (de)   алмаштириш   almashtirish
koers (de)   курс   kurs
geldautomaat (de)   банкомат   bankomat
muntstuk (de)   танга   tanga

dollar (de)   доллар   dollar
euro (de)   евро   evro

lire (de)   лира   lira
Duitse mark (de)   марка   marka
frank (de)   франк   frank
pond sterling (het)   фунт стерлинг   funt sterling
yen (de)   йена   yena

schuld (geldbedrag)   қарз   qarz
schuldenaar (de)   қарздор   qarzdor
uitlenen (ww)   қарз бермоқ   qarz bermoq
lenen (geld ~)   қарз олмоқ   qarz olmoq

bank (de)   банк   bank
bankrekening (de)   ҳисоб рақам   hisob raqam
op rekening storten   ҳисоб-рақамга қўймоқ hisob-raqamga qo'ymoq
opnemen (ww)   ҳисоб-рақамдан олмоқ hisob-raqamdan olmoq

kredietkaart (de)   кредит картаси   kredit kartasi
baar geld (het)   нақд пул   naqd pul
cheque (de)   чек   chek
een cheque uitschrijven   чек ёзиб бермоқ   chek yozib bermoq
chequeboekje (het)   чек дафтарчаси   chek daftarchasi

portefeuille (de)   кармон   karmon
geldbeugel (de)   ҳамён   hamyon
safe (de)   сейф   seyf

erfgenaam (de)   меросхўр   merosxo'r
erfenis (de)   мерос   meros
fortuin (het)   бойлик   boylik

huur (de)   ижара   ijara
huurprijs (de)   турар-жой ҳақи   turar-joy haqi
huren (huis, kamer)   ижарага олмоқ   ijaraga olmoq
prijs (de)   нарх   narx
kostprijs (de)   қиймат   qiymat

som (de)	сумма	summa
uitgeven (geld besteden)	сарфламоқ	sarflamoq
kosten (mv.)	харажатлар	xarajatlar
bezuinigen (ww)	тежамоқ	tejamoq
zuinig (bn)	тежамкор	tejamkor

betalen (ww)	тўламоқ	to'lamoq
betaling (de)	тўлов	to'lov
wisselgeld (het)	қайтим	qaytim

belasting (de)	солиқ	soliq
boete (de)	жарима	jarima
beboeten (bekeuren)	жарима солмоқ	jarima solmoq

85. Post. Postkantoor

postkantoor (het)	почта	pochta
post (de)	почта	pochta
postbode (de)	хат ташувчи	xat tashuvchi
openingsuren (mv.)	иш соатлари	ish soatlari

brief (de)	хат	xat
aangetekende brief (de)	буюртма хат	buyurtma xat
briefkaart (de)	откритка	otkritka
telegram (het)	телеграмма	telegramma
postpakket (het)	посилка	posilka
overschrijving (de)	пул ўтказиш	pul o'tkazish

ontvangen (ww)	олмоқ	olmoq
sturen (zenden)	жўнатмоқ	jo'natmoq
verzending (de)	жўнатиш	jo'natish

adres (het)	манзил	manzil
postcode (de)	индекс	indeks
verzender (de)	юборувчи	yuboruvchi
ontvanger (de)	олувчи	oluvchi

naam (de)	исм	ism
achternaam (de)	фамилия	familiya

tarief (het)	тариф	tarif
standaard (bn)	оддий	oddiy
zuinig (bn)	тежамли	tejamli

gewicht (het)	вазн	vazn
afwegen (op de weegschaal)	вазн ўлчамоқ	vazn o'lchamoq
envelop (de)	конверт	konvert
postzegel (de)	марка	marka

Woning. Huis. Thuis

86. Huis. Woning

huis (het)	уй	uy
thuis (bw)	уйида	uyida
cour (de)	ховли	hovli
omheining (de)	панжара	panjara
baksteen (de)	ғишт	g'isht
van bakstenen	ғиштин	g'ishtin
steen (de)	тош	tosh
stenen (bn)	тош	tosh
beton (het)	бетон	beton
van beton	бетондан қилинган	betondan qilingan
nieuw (bn)	янги	yangi
oud (bn)	ески	eski
vervallen (bn)	кўхна	ko'hna
modern (bn)	замонавий	zamonaviy
met veel verdiepingen	кўп қаватли	ko'p qavatli
hoog (bn)	баланд	baland
verdieping (de)	қават	qavat
met een verdieping	бир қаватли	bir qavatli
laagste verdieping (de)	қуйи қават	quyi qavat
bovenverdieping (de)	юқори қават	yuqori qavat
dak (het)	том	tom
schoorsteen (de)	қувур	quvur
dakpan (de)	черепица	cherepitsa
pannen- (abn)	черепицали	cherepitsali
zolder (de)	чердак	cherdak
venster (het)	дераза	deraza
glas (het)	ойна	oyna
vensterbank (de)	токча	tokcha
luiken (mv.)	дераза эшиги	deraza eshigi
muur (de)	девор	devor
balkon (het)	балкон	balkon
regenpijp (de)	тарнов	tarnov
boven (bw)	юқорида	yuqorida
naar boven gaan (ww)	кўтарилмоқ	ko'tarilmoq
afdalen (on.ww.)	тушмоқ	tushmoq
verhuizen (ww)	кўчиб ўтмоқ	ko'chib o'tmoq

87. Huis. Ingang. Lift

ingang (de)	подъезд	pod'ezd
trap (de)	зинапоя	zinapoya
treden (mv.)	пиллапоялар	pillapoyalar
trapleuning (de)	тўсиқ-панжара	to'siq-panjara
hal (de)	холл	xoll
postbus (de)	почта қутиси	pochta qutisi
vuilnisbak (de)	ахлат қутиси	axlat qutisi
vuilniskoker (de)	ахлат тортадиган қувур	axlat tortadigan quvur
lift (de)	лифт	lift
goederenlift (de)	юк кўтарувчи лифт	yuk ko'taruvchi lift
liftcabine (de)	кабина	kabina
de lift nemen	лифтда юрмоқ	liftda yurmoq
appartement (het)	хонадон	xonadon
bewoners (mv.)	истиқомат қилувчилар	istiqomat qiluvchilar
buren (mv.)	қўшнилар	qo'shnilar

88. Huis. Elektriciteit

elektriciteit (de)	електр	elektr
lamp (de)	лампочка	lampochka
schakelaar (de)	улатгич	ulatgich
zekering (de)	пробка	probka
draad (de)	сим	sim
bedrading (de)	електр сими	elektr simi
elektriciteitsmeter (de)	ҳисоблагич	hisoblagich
gegevens (mv.)	кўрсатиш	ko'rsatish

89. Huis. Deuren. Sloten

deur (de)	ешик	eshik
toegangspoort (de)	дарвоза	darvoza
deurkruk (de)	тутқич	tutqich
ontsluiten (ontgrendelen)	очмоқ	ochmoq
openen (ww)	очмоқ	ochmoq
sluiten (ww)	ёпмоқ	yopmoq
sleutel (de)	калит	kalit
sleutelbos (de)	даста	dasta
knarsen (bijv. scharnier)	ғижирламоқ	g'ijirlamoq
knarsgeluid (het)	ғижирлаш	g'ijirlash
scharnier (het)	ошиқ-мошиқ	oshiq-moshiq
deurmat (de)	гиламча	gilamcha
slot (het)	қулф	qulf
sleutelgat (het)	қулф тешиги	qulf teshigi

grendel (de)	лўкидон	lo'kidon
schuif (de)	зулфин	zulfin
hangslot (het)	осма қулф	osma qulf

aanbellen (ww)	кўнғироқ қилмоқ	qo'ng'iroq qilmoq
bel (geluid)	кўнғироқ	qo'ng'iroq
deurbel (de)	кўнғироқ	qo'ng'iroq
belknop (de)	тугма	tugma
geklop (het)	тақиллаш	taqillash
kloppen (ww)	тақиллатмоқ	taqillatmoq

code (de)	код	kod
cijferslot (het)	кодли қулф	kodli qulf
parlofoon (de)	домофон	domofon
nummer (het)	тартиб рақами	tartib raqami
naambordje (het)	тахтача	taxtacha
deurspion (de)	туйнукча	tuynukcha

90. Huis op het platteland

dorp (het)	қишлоқ	qishloq
moestuin (de)	полиз	poliz
hek (het)	тўсиқ	to'siq
houten hekwerk (het)	шох девор	shox devor
tuinpoortje (het)	боғ ешиги	bog' eshigi

graanschuur (de)	омбор	ombor
wortelkelder (de)	ертўла	erto'la
schuur (de)	омборхона	omborxona
waterput (de)	қудуқ	quduq

kachel (de)	печка	pechka
de kachel stoken	ўт ёқмоқ	o't yoqmoq
brandhout (het)	ўтин	o'tin
houtblok (het)	тараша	tarasha

veranda (de)	айвон	ayvon
terras (het)	айвон	ayvon
bordes (het)	ешик олди	eshik oldi
schommel (de)	арғимчоқ	arg'imchoq

91. Villa. Herenhuis

landhuisje (het)	шаҳар ташқарисидаги уй	shahar tashqarisidagi uy
villa (de)	вилла	villa
vleugel (de)	қанот	qanot

tuin (de)	боғ	bog'
park (het)	боғ	bog'
oranjerie (de)	оранжерея	oranjereya
onderhouden (tuin, enz.)	парвариш қилмоқ	parvarish qilmoq
zwembad (het)	ҳовуз	hovuz

gym (het)	спорт зали	sport zali
tennisveld (het)	теннис корти	tennis korti
bioscoopkamer (de)	кинотеатр	kinoteatr
garage (de)	гараж	garaj
privé-eigendom (het)	хусусий мулк	xususiy mulk
eigen terrein (het)	хусусий мулк	xususiy mulk
waarschuwing (de)	огоҳлантириш	ogohlantirish
waarschuwingsbord (het)	огоҳлантирувчи ёзув	ogohlantiruvchi yozuv
bewaking (de)	қўриқлаш	qo'riqlash
bewaker (de)	соқчи	soqchi
inbraakalarm (het)	сигнализация	signalizatsiya

92. Kasteel. Paleis

kasteel (het)	қаср	qasr
paleis (het)	сарой	saroy
vesting (de)	қалъа	qal'a
ringmuur (de)	девор	devor
toren (de)	минора	minora
donjon (de)	бош минора	bosh minora
valhek (het)	кўтарма дарвоза	ko'tarma darvoza
onderaardse gang (de)	ерости йўли	erosti yo'li
slotgracht (de)	хандақ	xandaq
ketting (de)	занжир	zanjir
schietgat (het)	туйнук	tuynuk
prachtig (bn)	дабдабали	dabdabali
majestueus (bn)	маҳобатли	mahobatli
onneembaar (bn)	мустаҳкам	mustahkam
middeleeuws (bn)	ўрта асрларга оид	o'rta asrlarga oid

93. Appartement

appartement (het)	хонадон	xonadon
kamer (de)	хона	xona
slaapkamer (de)	ётоқхона	yotoqxona
eetkamer (de)	йемакхона	yemakxona
salon (de)	меҳмонхона	mehmonxona
studeerkamer (de)	кабинет	kabinet
gang (de)	даҳлиз	dahliz
badkamer (de)	ваннахона	vannaxona
toilet (het)	ҳожатхона	hojatxona
plafond (het)	шип	ship
vloer (de)	пол	pol
hoek (de)	бурчак	burchak

94. Appartement. Schoonmaken

schoonmaken (ww)	йиғиштирмоқ	yig'ishtirmoq
opbergen (in de kast, enz.)	олиб қўймоқ	olib qo'ymoq
stof (het)	чанг	chang
stoffig (bn)	чанг босган	chang bosgan
stoffen (ww)	чангни артмоқ	changni artmoq
stofzuiger (de)	чангютгич	changyutgich
stofzuigen (ww)	чангютгич билан	changyutgich bilan
	чанг ютмоқ	chang yutmoq
vegen (de vloer ~)	супурмоқ	supurmoq
veegsel (het)	ахлат	axlat
orde (de)	саранжомлик	saranjomlik
wanorde (de)	бетартиблик	betartiblik
zwabber (de)	швабра	shvabra
poetsdoek (de)	латта	latta
veger (de)	супурги	supurgi
stofblik (het)	хокандоз	xokandoz

95. Meubels. Interieur

meubels (mv.)	мебел	mebel
tafel (de)	стол	stol
stoel (de)	стул	stul
bed (het)	каравот	karavot
bankstel (het)	диван	divan
fauteuil (de)	кресло	kreslo
boekenkast (de)	жавон	javon
boekenrek (het)	полка	polka
kledingkast (de)	шкаф	shkaf
kapstok (de)	кийим илгич	kiyim ilgich
staande kapstok (de)	кийим илгич	kiyim ilgich
commode (de)	комод	komod
salontafeltje (het)	журнал столи	jurnal stoli
spiegel (de)	кўзгу	ko'zgu
tapijt (het)	гилам	gilam
tapijtje (het)	гиламча	gilamcha
haard (de)	камин	kamin
kaars (de)	шам	sham
kandelaar (de)	шамдон	shamdon
gordijnen (mv.)	дарпарда	darparda
behang (het)	гулқоғоз	gulqog'oz
jaloezie (de)	дарпарда	darparda
bureaulamp (de)	стол чироғи	stol chirog'i
wandlamp (de)	чироқ	chiroq

staande lamp (de)	торшер	torsher
luchter (de)	қандил	qandil

poot (ov. een tafel, enz.)	оёқ	oyoq
armleuning (de)	тирсаклагич	tirsaklagich
rugleuning (de)	суянчиқ	suyanchiq
la (de)	ғаладон	g'aladon

96. Beddengoed

beddengoed (het)	чойшаб	choyshab
kussen (het)	ёстиқ	yostiq
kussenovertrek (de)	ёстиқ жилди	yostiq jildi
deken (de)	адёл	adyol
laken (het)	чойшаб	choyshab
sprei (de)	ўрин ёпингичи	o'rin yoping'ichi

97. Keuken

keuken (de)	ошхона	oshxona
gas (het)	газ	gaz
gasfornuis (het)	газ плитаси	gaz plitasi
elektrisch fornuis (het)	електр плитаси	elektr plitasi
oven (de)	духовка	duxovka
magnetronoven (de)	микротўлқин печи	mikroto'lqin pechi

koelkast (de)	совутгич	sovutgich
diepvriezer (de)	музлатгич	muzlatgich
vaatwasmachine (de)	идиш-товоқ	idish-tovoq
	ювиш машинаси	yuvish mashinasi

vleesmolen (de)	гўштқиймалагич	go'shtqiymalagich
vruchtenpers (de)	шарбациққич	sharbatsiqqich
toaster (de)	тостер	toster
mixer (de)	миксер	mikser

koffiemachine (de)	кофе қайнатадиган асбоб	kofe qaynatadigan asbob
koffiepot (de)	кофе қайнатадиган идиш	kofe qaynatadigan idish
koffiemolen (de)	кофе туядиган асбоб	kofe tuyadigan asbob

fluitketel (de)	чойнак	choynak
theepot (de)	чойнак	choynak
deksel (de/het)	қопқоқ	qopqoq
theezeefje (het)	сузгич	suzgich

lepel (de)	қошиқ	qoshiq
theelepeltje (het)	чой қошиғи	choy qoshig'i
eetlepel (de)	ош қошиғи	osh qoshig'i
vork (de)	санчқи	sanchqi
mes (het)	пичоқ	pichoq
vaatwerk (het)	идиш-товоқ	idish-tovoq
bord (het)	тарелка	tarelka

schoteltje (het)	ликопча	likopcha
likeurglas (het)	қадаҳ	qadah
glas (het)	стакан	stakan
kopje (het)	косача	kosacha
suikerpot (de)	қанддон	qanddon
zoutvat (het)	туздон	tuzdon
pepervat (het)	мурчдон	murchdon
boterschaaltje (het)	мой идиши	moy idishi
steelpan (de)	кастрюл	kastryul
bakpan (de)	това	tova
pollepel (de)	чўмич	cho'mich
vergiet (de/het)	човли	chovli
dienblad (het)	патнис	patnis
fles (de)	бутилка	butilka
glazen pot (de)	банка	banka
blik (conserven~)	банка	banka
flesopener (de)	очқич	ochqich
blikopener (de)	очқич	ochqich
kurkentrekker (de)	штопор	shtopor
filter (de/het)	филтр	filtr
filteren (ww)	филтрлаш	filtrlash
huisvuil (het)	ахлат	axlat
vuilnisemmer (de)	ахлат челак	axlat chelak

98. Badkamer

badkamer (de)	ваннахона	vannaxona
water (het)	сув	suv
kraan (de)	жўмрак	jo'mrak
warm water (het)	иссиқ сув	issiq suv
koud water (het)	совуқ сув	sovuq suv
tandpasta (de)	тиш пастаси	tish pastasi
tanden poetsen (ww)	тиш тозаламоқ	tish tozalamoq
zich scheren (ww)	соқол олмоқ	soqol olmoq
scheercrème (de)	соқол олиш учун кўпик	soqol olish uchun ko'pik
scheermes (het)	устара	ustara
wassen (ww)	ювмоқ	yuvmoq
een bad nemen	ювинмоқ	yuvinmoq
douche (de)	душ	dush
een douche nemen	душ қабул қилиш	dush qabul qilish
bad (het)	ванна	vanna
toiletpot (de)	унитаз	unitaz
wastafel (de)	раковина	rakovina
zeep (de)	совун	sovun
zeepbakje (het)	совун қути	sovun quti

spons (de)	губка	gubka
shampoo (de)	шампун	shampun
handdoek (de)	сочиқ	sochiq
badjas (de)	халат	xalat

was (bijv. handwas)	кир ювиш	kir yuvish
wasmachine (de)	кир ювиш машинаси	kir yuvish mashinasi
de was doen	кир ювмоқ	kir yuvmoq
waspoeder (de)	кир ювиш порошоги	kir yuvish poroshogi

99. Huishoudelijke apparaten

televisie (de)	телевизор	televizor
cassettespeler (de)	магнитофон	magnitofon
videorecorder (de)	видеомагнитофон	videomagnitofon
radio (de)	приёмник	priyomnik
speler (de)	плеер	pleer

videoprojector (de)	видеопроектор	videoproektor
home theater systeem (het)	уй кинотеатри	uy kinoteatri
DVD-speler (de)	ДВД проигриватели	DVD proigrivateli
versterker (de)	кучайтиргич	kuchaytirgich
spelconsole (de)	ўйин приставкаси	o'yin pristavkasi

videocamera (de)	видеокамера	videokamera
fotocamera (de)	фотоаппарат	fotoapparat
digitale camera (de)	рақамли фотоаппарат	raqamli fotoapparat

stofzuiger (de)	чангютгич	changyutgich
strijkijzer (het)	дазмол	dazmol
strijkplank (de)	дазмол тахта	dazmol taxta

telefoon (de)	телефон	telefon
mobieltje (het)	мобил телефон	mobil telefon
schrijfmachine (de)	ёзув машинкаси	yozuv mashinkasi
naaimachine (de)	тикув машинкаси	tikuv mashinkasi

microfoon (de)	микрофон	mikrofon
koptelefoon (de)	наушниклар	naushniklar
afstandsbediening (de)	пулт	pult

CD (de)	СД-диск	CD-disk
cassette (de)	кассета	kasseta
vinylplaat (de)	пластинка	plastinka

100. Reparaties. Renovatie

renovatie (de)	таъмир	ta'mir
renoveren (ww)	таъмир қилмоқ	ta'mir qilmoq
repareren (ww)	таъмирламоқ	ta'mirlamoq
op orde brengen	тартибга келтирмоқ	tartibga keltirmoq
overdoen (ww)	қайтадан қилмоқ	qaytadan qilmoq

verf (de)	бўёқ	bo'yoq
verven (muur ~)	бўямоқ	bo'yamoq
schilder (de)	бўёқчи	bo'yoqchi
kwast (de)	чўтка	cho'tka

kalk (de)	оҳак	ohak
kalken (ww)	оҳаклаш	ohaklash

behang (het)	гулқоғоз	gulqog'oz
behangen (ww)	гулқоғоз ёпиштирмоқ	gulqog'oz yopishtirmoq
lak (de/het)	лок	lok
lakken (ww)	локламоқ	loklamoq

101. Loodgieterswerk

water (het)	сув	suv
warm water (het)	иссиқ сув	issiq suv
koud water (het)	совуқ сув	sovuq suv
kraan (de)	жўмрак	jo'mrak

druppel (de)	томчи	tomchi
druppelen (ww)	томчиламоқ	tomchilamoq
lekken (een lek hebben)	оқиб кетмоқ	oqib ketmoq
lekkage (de)	оқиб кетиш	oqib ketish
plasje (het)	кўлмак	ko'lmak

buis, leiding (de)	қувур	quvur
stopkraan (de)	вентил	ventil
verstopt raken (ww)	тиқилиб қолмоқ	tiqilib qolmoq

gereedschap (het)	асбоблар	asboblar
Engelse sleutel (de)	кериладиган ключ	keriladigan klyuch
losschroeven (ww)	бураб чиқармоқ	burab chiqarmoq
aanschroeven (ww)	бураб қотирмоқ	burab qotirmoq

ontstoppen (riool, enz.)	тозаламоқ	tozalamoq
loodgieter (de)	сантехник	santexnik
kelder (de)	ертўла	erto'la
riolering (de)	канализация	kanalizatsiya

102. Brand. Vuurzee

vuur (het)	олов	olov
vlam (de)	аланга	alanga
vonk (de)	учқун	uchqun
rook (de)	тутун	tutun
fakkel (de)	машъал	mash'al
kampvuur (het)	гулхан	gulxan

benzine (de)	бензин	benzin
kerosine (de)	керосин	kerosin
brandbaar (bn)	ёнувчан	yonuvchan

ontplofbaar (bn) VERBODEN TE ROKEN!	портлаш хавфи бўлган СҲЕКИЛМАСИН!	portlash xavfi bo'lgan CHEKILMASIN!

veiligheid (de)	хавфсизлик	xavfsizlik
gevaar (het)	хавф	xavf
gevaarlijk (bn)	хавфли	xavfli

in brand vliegen (ww)	ёна бошламоқ	yona boshlamoq
explosie (de)	портлаш	portlash
in brand steken (ww)	ёндирмоқ	yondirmoq
brandstichter (de)	қасддан ўт қўйган одам	qasddan o't qo'ygan odam
brandstichting (de)	қасддан ўт қўйиш	qasddan o't qo'yish

vlammen (ww)	ловуллаб ёнмоқ	lovullab yonmoq
branden (ww)	ёнмоқ	yonmoq
afbranden (ww)	ёниб кетмоқ	yonib ketmoq

de brandweer bellen	ўт ўчирувчиларни чақирмоқ	o't o'chiruvchilarni chaqirmoq
brandweerman (de)	ўт ўчирувчи	o't o'chiruvchi
brandweerwagen (de)	ўт ўчириш машинаси	o't o'chirish mashinasi
brandweer (de)	ўт ўчириш командаси	o't o'chirish komandasi
uitschuifbare ladder (de)	ўт ўчирувчилар нарвони	o't o'chiruvchilar narvoni

brandslang (de)	шланг	shlang
brandblusser (de)	ўтўчиргич	o'to'chirgich
helm (de)	каска	kaska
sirene (de)	сирена	sirena

roepen (ww)	бақирмоқ	baqirmoq
hulp roepen	ёрдамга чақирмоқ	yordamga chaqirmoq
redder (de)	қутқарувчи	qutqaruvchi
redden (ww)	қутқармоқ	qutqarmoq

aankomen (per auto, enz.)	етиб келмоқ	etib kelmoq
blussen (ww)	ўчирмоқ	o'chirmoq
water (het)	сув	suv
zand (het)	қум	qum

ruïnes (mv.)	харобалар	xarobalar
instorten (gebouw, enz.)	ағдарилмоқ	ag'darilmoq
ineenstorten (ww)	қуламоқ	qulamoq
inzakken (ww)	ўпирилиб тушмоқ	o'pirilib tushmoq

| brokstuk (het) | синган бўлак | singan bo'lak |
| as (de) | кул | kul |

| verstikken (ww) | бўғилмоқ | bo'g'ilmoq |
| omkomen (ww) | ҳалок бўлмоқ | halok bo'lmoq |

MENSELIJKE ACTIVITEITEN

Baan. Business. Deel 1

103. Kantoor. Op kantoor werken

kantoor (het)	офис	ofis
kamer (de)	кабинет	kabinet
receptie (de)	ресепшн	resepshn
secretaris (de)	котиб	kotib
directeur (de)	директор	direktor
manager (de)	менежер	menejer
boekhouder (de)	бухгалтер	buxgalter
werknemer (de)	ходим	xodim
meubilair (het)	мебел	mebel
tafel (de)	стол	stol
bureaustoel (de)	кресло	kreslo
ladeblok (het)	жовонча	jovoncha
kapstok (de)	кийим илгич	kiyim ilgich
computer (de)	компютер	kompyuter
printer (de)	принтер	printer
fax (de)	факс	faks
kopieerapparaat (het)	нусха кўпайтирувчи аппарат	nusxa ko'paytiruvchi apparat
papier (het)	қоғоз	qog'oz
kantoorartikelen (mv.)	канцелярия буюмлари	kantselyariya buyumlari
muismat (de)	гиламча	gilamcha
blad (het)	варақ	varaq
ordner (de)	папка	papka
catalogus (de)	каталог	katalog
telefoongids (de)	маълумотнома	ma'lumotnoma
documentatie (de)	хужжатлар	hujjatlar
brochure (de)	рисола	risola
flyer (de)	варақа	varaqa
monster (het), staal (de)	намуна	namuna
training (de)	тренинг	trening
vergadering (de)	кенгаш	kengash
lunchpauze (de)	тушлик танаффуси	tushlik tanaffusi
een kopie maken	нусха кўчирмоқ	nusxa ko'chirmoq
de kopieën maken	кўпайтирмоқ	ko'paytirmoq
een fax ontvangen	факс олмоқ	faks olmoq
een fax versturen	факс юбормоқ	faks yubormoq

opbellen (ww)	кўнғироқ қилмоқ	qo'ng'iroq qilmoq
antwoorden (ww)	жавоб бермоқ	javob bermoq
doorverbinden (ww)	уламоқ	ulamoq

afspreken (ww)	тайинламоқ	tayinlamoq
demonstreren (ww)	намойиш қилмоқ	namoyish qilmoq
absent zijn (ww)	йўқ бўлмоқ	yo'q bo'lmoq
afwezigheid (de)	йўқлик, қолдириш	yo'qlik, qoldirish

104. Bedrijfsprocessen. Deel 1

zaak (de), beroep (het)	иш	ish
firma (de)	фирма	firma
bedrijf (maatschap)	компания	kompaniya
corporatie (de)	корпорация	korporatsiya
onderneming (de)	корхона	korxona
agentschap (het)	агентлик	agentlik

overeenkomst (de)	шартнома	shartnoma
contract (het)	контракт	kontrakt
transactie (de)	битим	bitim
bestelling (de)	буюртма	buyurtma
voorwaarde (de)	шарт	shart

in het groot (bw)	улгуржи	ulgurji
groothandels- (abn)	улгуржи	ulgurji
groothandel (de)	улгуржи савдо	ulgurji savdo
kleinhandels- (abn)	чакана	chakana
kleinhandel (de)	чакана савдо	chakana savdo

concurrent (de)	рақобатчи	raqobatchi
concurrentie (de)	рақобат	raqobat
concurreren (ww)	рақобат қилмоқ	raqobat qilmoq

| partner (de) | ҳамкор | hamkor |
| partnerschap (het) | ҳамкорлик | hamkorlik |

crisis (de)	инқироз	inqiroz
bankroet (het)	банкротлик	bankrotlik
bankroet gaan (ww)	банкрот бўлмоқ	bankrot bo'lmoq
moeilijkheid (de)	қийинчилик	qiyinchilik
probleem (het)	муаммо	muammo
catastrofe (de)	ҳалокат	halokat

economie (de)	иқтисод	iqtisod
economisch (bn)	иқтисодий	iqtisodiy
economische recessie (de)	иқтисодий инқироз	iqtisodiy inqiroz

| doel (het) | мақсад | maqsad |
| taak (de) | масала | masala |

handelen (handel drijven)	савдо қилмоқ	savdo qilmoq
netwerk (het)	тармоқ	tarmoq
voorraad (de)	омбор	ombor

assortiment (het)	ассортимент	assortiment
leider (de)	етакчи	etakchi
groot (bn)	йирик	yirik
monopolie (het)	монополия	monopoliya

theorie (de)	назария	nazariya
praktijk (de)	амалиёт	amaliyot
ervaring (de)	тажриба	tajriba
tendentie (de)	тенденция	tendentsiya
ontwikkeling (de)	ривожланиш	rivojlanish

105. Bedrijfsprocessen. Deel 2

| voordeel (het) | фойда | foyda |
| voordelig (bn) | фойдали | foydali |

delegatie (de)	делегация	delegatsiya
salaris (het)	иш ҳақи	ish haqi
corrigeren (fouten ~)	тузатмоқ	tuzatmoq
zakenreis (de)	хизмат сафари	xizmat safari
commissie (de)	комиссия	komissiya

controleren (ww)	назорат қилмоқ	nazorat qilmoq
conferentie (de)	конференция	konferentsiya
licentie (de)	лицензия	litsenziya
betrouwbaar (partner, enz.)	ишончли	ishonchli

aanzet (de)	ташаббус	tashabbus
norm (bijv. ~ stellen)	меъёр	me'yor
omstandigheid (de)	вазият	vaziyat
taak, plicht (de)	мажбурият	majburiyat

organisatie (bedrijf, zaak)	ташкилот	tashkilot
organisatie (proces)	ташкиллаштириш	tashkillashtirish
georganiseerd (bn)	ташкил қилинган	tashkil qilingan
afzegging (de)	бекор қилиш	bekor qilish
afzeggen (ww)	бекор қилмоқ	bekor qilmoq
verslag (het)	ҳисобот	hisobot

patent (het)	патент	patent
patenteren (ww)	патентлаш	patentlash
plannen (ww)	режаламоқ	rejalamoq

premie (de)	мукофот	mukofot
professioneel (bn)	профессионал	professional
procedure (de)	бажариладиган иш тартиби	bajariladigan ish tartibi

onderzoeken (contract, enz.)	кўриб чиқмоқ	ko'rib chiqmoq
berekening (de)	ҳисоб-китоб	hisob-kitob
reputatie (de)	обрў	obro'
risico (het)	таваккал	tavakkal
beheren (managen)	бошқармоқ	boshqarmoq
informatie (de)	маълумотлар	ma'lumotlar

eigendom (bezit)	мулк	mulk
unie (de)	иттифоқ	ittifoq

levensverzekering (de)	ҳаётни суғурта қилиш	hayotni sug'urta qilish
verzekeren (ww)	суғурта қилиш	sug'urta qilish
verzekering (de)	суғурта	sug'urta

veiling (de)	ким ошди савдоси	kim oshdi savdosi
verwittigen (ww)	билдирмоқ	bildirmoq
beheer (het)	бошқарув	boshqaruv
dienst (de)	хизмат	xizmat

forum (het)	форум	forum
functioneren (ww)	ишламоқ	ishlamoq
stap, etappe (de)	босқич	bosqich
juridisch (bn)	ҳуқуқий	huquqiy
jurist (de)	ҳуқуқшунос	huquqshunos

106. Productie. Werken

industriële installatie (fabriek)	завод	zavod
fabriek (de)	фабрика	fabrika
werkplaatsruimte (de)	сех	sex
productielocatie (de)	ишлаб чиқариш	ishlab chiqarish

industrie (de)	саноат	sanoat
industrieel (bn)	саноат	sanoat
zware industrie (de)	оғир саноат	og'ir sanoat
lichte industrie (de)	енгил саноат	engil sanoat

productie (de)	маҳсулот	mahsulot
produceren (ww)	ишлаб чиқармоқ	ishlab chiqarmoq
grondstof (de)	хомашё	xomashyo

voorman, ploegbaas (de)	бригада бошлиғи	brigada boshlig'i
ploeg (de)	бригада	brigada
arbeider (de)	ишчи	ishchi

werkdag (de)	иш куни	ish kuni
pauze (de)	танаффус	tanaffus
samenkomst (de)	мажлис	majlis
bespreken (spreken over)	муҳокама қилмоқ	muhokama qilmoq

plan (het)	режа	reja
het plan uitvoeren	режани бажармоқ	rejani bajarmoq
productienorm (de)	меъёр	me'yor
kwaliteit (de)	сифат	sifat
controle (de)	назорат	nazorat
kwaliteitscontrole (de)	сифат назорати	sifat nazorati

arbeidsveiligheid (de)	меҳнат хавфсизлиги	mehnat xavfsizligi
discipline (de)	интизом	intizom
overtreding (de)	бузиш	buzish
overtreden (ww)	бузмоқ	buzmoq

staking (de)	иш ташлаш	ish tashlash
staker (de)	иш ташловчи	ish tashlovchi
staken (ww)	иш ташламоқ	ish tashlamoq
vakbond (de)	касаба уюшмаси	kasaba uyushmasi

uitvinden (machine, enz.)	ихтиро қилмоқ	ixtiro qilmoq
uitvinding (de)	ихтиро	ixtiro
onderzoek (het)	тадқиқот	tadqiqot
verbeteren (beter maken)	яхшиламоқ	yaxshilamoq
technologie (de)	технология	texnologiya
technische tekening (de)	чизма	chizma

vracht (de)	юк	yuk
lader (de)	юкчи	yukchi
laden (vrachtwagen)	юкламоқ	yuklamoq
laden (het)	юклаш	yuklash
lossen (ww)	юк туширмоқ	yuk tushirmoq
lossen (het)	юк тушириш	yuk tushirish

transport (het)	транспорт	transport
transportbedrijf (de)	транспорт компанияси	transport kompaniyasi
transporteren (ww)	транпортда ташимоқ	tranportda tashimoq

goederenwagon (de)	вагон	vagon
tank (bijv. ketelwagen)	систерна	sisterna
vrachtwagen (de)	юк машинаси	yuk mashinasi

machine (de)	дастгоҳ	dastgoh
mechanisme (het)	механизм	mexanizm

industrieel afval (het)	чиқиндилар	chiqindilar
verpakking (de)	жойлаш	joylash
verpakken (ww)	жойламоқ	joylamoq

107. Contract. Overeenstemming

contract (het)	контракт	kontrakt
overeenkomst (de)	келишув	kelishuv
bijlage (de)	илова	ilova

een contract sluiten	контракт тузмоқ	kontrakt tuzmoq
handtekening (de)	имзо	imzo
ondertekenen (ww)	имзоламоқ	imzolamoq
stempel (de)	муҳр	muhr

voorwerp (het) van de overeenkomst	шартнома мавзуи	shartnoma mavzui
clausule (de)	модда, банд	modda, band
partijen (mv.)	томонлар	tomonlar
vestigingsadres (het)	юридик манзил	yuridik manzil

het contract verbreken (overtreden)	контрактни бузмоқ	kontraktni buzmoq
verplichting (de)	мажбурият	majburiyat

verantwoordelijkheid (de)	масъулият	mas'uliyat
overmacht (de)	форс-мажор	fors-major
geschil (het)	баҳс	bahs
sancties (mv.)	жарима санкциялари	jarima sanktsiyalari

108. Import & Export

import (de)	импорт	import
importeur (de)	импортчи	importchi
importeren (ww)	импорт қилмоқ	import qilmoq
import- (abn)	импорт қилинган	import qilingan

| exporteur (de) | експортчи | eksportchi |
| exporteren (ww) | експорт қилмоқ | eksport qilmoq |

| goederen (mv.) | товар | tovar |
| partij (de) | партия | partiya |

gewicht (het)	вазн	vazn
volume (het)	ҳажм	hajm
kubieke meter (de)	куб метр	kub metr

producent (de)	ишлаб чиқарувчи	ishlab chiqaruvchi
transportbedrijf (de)	транспорт компанияси	transport kompaniyasi
container (de)	контейнер	konteyner

grens (de)	чегара	chegara
douane (de)	божхона	bojxona
douanerecht (het)	божхона божи	bojxona boji
douanier (de)	божхона ходими	bojxona xodimi
smokkelen (het)	контрабанда	kontrabanda
smokkelwaar (de)	контрабанда	kontrabanda

109. Financiën

aandeel (het)	акция	aktsiya
obligatie (de)	облигация	obligatsiya
wissel (de)	вексел	veksel

| beurs (de) | биржа | birja |
| aandelenkoers (de) | акциялар курси | aktsiyalar kursi |

| dalen (ww) | арзонлашмоқ | arzonlashmoq |
| stijgen (ww) | қимматлашмоқ | qimmatlashmoq |

meerderheidsbelang (het)	назорат пакети	nazorat paketi
investeringen (mv.)	инвестициялар	investitsiyalar
investeren (ww)	инвестиция қилмоқ	investitsiya qilmoq
procent (het)	фоиз	foiz
rente (de)	процент, фойда	protsent, foyda
winst (de)	фойда	foyda
winstgevend (bn)	фойдали	foydali

belasting (de)	солиқ	soliq
valuta (vreemde ~)	валюта	valyuta
nationaal (bn)	миллий	milliy
ruil (de)	алмаштириш	almashtirish

boekhouder (de)	бухгалтер	buxgalter
boekhouding (de)	бухгалтерия	buxgalteriya

bankroet (het)	банкротлик	bankrotlik
ondergang (de)	барбод бўлиш	barbod bo'lish
faillissement (het)	хонавайрон бўлиш	xonavayron bo'lish
geruïneerd zijn (ww)	хонавайрон бўлмоқ	xonavayron bo'lmoq
inflatie (de)	инфляция	inflyatsiya
devaluatie (de)	девалвация	devalvatsiya

kapitaal (het)	сармоя	sarmoya
inkomen (het)	даромад	daromad
omzet (de)	айланма	aylanma
middelen (mv.)	ресурслар	resurslar
financiële middelen (mv.)	пул маблағлари	pul mablag'lari
operationele kosten (mv.)	қўшимча харажатлар	qo'shimcha xarajatlar
reduceren (kosten ~)	қисқартирмоқ	qisqartirmoq

110. Marketing

marketing (de)	маркетинг	marketing
markt (de)	бозор	bozor
marktsegment (het)	бозор сегменти	bozor segmenti
product (het)	маҳсулот	mahsulot
goederen (mv.)	товар	tovar

handelsmerk (het)	савдо белгиси	savdo belgisi
beeldmerk (het)	фирма белгиси	firma belgisi
logo (het)	логотип	logotip

vraag (de)	талаб	talab
aanbod (het)	таклиф	taklif
behoefte (de)	эҳтиёж	ehtiyoj
consument (de)	истеъмолчи	iste'molchi
analyse (de)	таҳлил	tahlil
analyseren (ww)	таҳлил қилмоқ	tahlil qilmoq
positionering (de)	позициялаш	pozitsiyalash
positioneren (ww)	позицияламоқ	pozitsiyalamoq

prijs (de)	нарх	narx
prijspolitiek (de)	нарх-наво сиёсати	narx-navo siyosati
prijsvorming (de)	нархнинг белгиланиши	narxning belgilanishi

111. Reclame

reclame (de)	реклама	reklama
adverteren (ww)	реклама қилмоқ	reklama qilmoq

budget (het)	бюджет	byudjet
advertentie, reclame (de)	реклама	reklama
TV-reclame (de)	телереклама	telereklama
radioreclame (de)	радиода реклама бериш	radioda reklama berish
buitenreclame (de)	ташқи реклама	tashqi reklama

massamedia (de)	оммавий ахборот воситалари	ommaviy axborot vositalari
periodiek (de)	даврий нашрлар	davriy nashrlar
imago (het)	имиж	imij

| slagzin (de) | шиор | shior |
| motto (het) | шиор, девиз | shior, deviz |

campagne (de)	кампания	kampaniya
reclamecampagne (de)	реклама кампанияси	reklama kampaniyasi
doelpubliek (het)	мақсадли аудитория	maqsadli auditoriya

visitekaartje (het)	визит карточкаси	vizit kartochkasi
flyer (de)	варақа	varaqa
brochure (de)	рисола	risola
folder (de)	буклет	buklet
nieuwsbrief (de)	бюллетен	byulleten

gevelreclame (de)	вивеска	viveska
poster (de)	плакат	plakat
aanplakbord (het)	шчит	shchit

112. Bankieren

| bank (de) | банк | bank |
| bankfiliaal (het) | бўлим | bo'lim |

| bankbediende (de) | маслаҳатчи | maslahatchi |
| manager (de) | бошқарувчи | boshqaruvchi |

bankrekening (de)	ҳисоб рақам	hisob raqam
rekeningnummer (het)	ҳисоб-рақам сони	hisob-raqam soni
lopende rekening (de)	жорий ҳисоб-рақами	joriy hisob-raqami
spaarrekening (de)	жамғарма ҳисоб-рақами	jamg'arma hisob-raqami

een rekening openen	ҳисоб-рақамни очмоқ	hisob-raqamni ochmoq
de rekening sluiten	ҳисоб-рақамни ёпмоқ	hisob-raqamni yopmoq
op rekening storten	ҳисоб-рақамга қўймоқ	hisob-raqamga qo'ymoq
opnemen (ww)	ҳисоб-рақамдан олмоқ	hisob-raqamdan olmoq

storting (de)	омонат	omonat
een storting maken	омонат қўймоқ	omonat qo'ymoq
overschrijving (de)	ўтказиш	o'tkazish
een overschrijving maken	ўтказмоқ	o'tkazmoq

som (de)	сумма	summa
Hoeveel?	Қанча?	Qancha?
handtekening (de)	имзо	imzo

ondertekenen (ww)	имзоламоқ	imzolamoq
kredietkaart (de)	кредит картаси	kredit kartasi
code (de)	код	kod
kredietkaartnummer (het)	кредит картасининг тартиб рақами	kredit kartasining tartib raqami
geldautomaat (de)	банкомат	bankomat

cheque (de)	чек	chek
een cheque uitschrijven	чек ёзиб бермоқ	chek yozib bermoq
chequeboekje (het)	чек дафтарчаси	chek daftarchasi

lening, krediet (de)	кредит	kredit
een lening aanvragen	кредит олиш учун мурожаат қилмоқ	kredit olish uchun murojaat qilmoq
een lening nemen	кредит олмоқ	kredit olmoq
een lening verlenen	кредит бермоқ	kredit bermoq
garantie (de)	кафолат	kafolat

113. Telefoon. Telefoongesprek

telefoon (de)	телефон	telefon
mobieltje (het)	мобил телефон	mobil telefon
antwoordapparaat (het)	автоматик жавоб берувчи	avtomatik javob beruvchi

bellen (ww)	қўнғироқ қилмоқ	qo'ng'iroq qilmoq
belletje (telefoontje)	қўнғироқ	qo'ng'iroq

een nummer draaien	рақам термоқ	raqam termoq
Hallo!	Алло!	Allo!
vragen (ww)	сўрамоқ	so'ramoq
antwoorden (ww)	жавоб бермоқ	javob bermoq

horen (ww)	эшитмоқ	eshitmoq
goed (bw)	яхши	yaxshi
slecht (bw)	ёмон	yomon
storingen (mv.)	халал берувчи шовқин	xalal beruvchi shovqin
hoorn (de)	трубка	trubka
opnemen (ww)	трубкани олмоқ	trubkani olmoq
ophangen (ww)	трубкани қўймоқ	trubkani qo'ymoq

bezet (bn)	банд	band
overgaan (ww)	жирингламоқ	jiringlamoq
telefoonboek (het)	телефон китоби	telefon kitobi

lokaal (bn)	маҳаллий	mahalliy
interlokaal (bn)	шаҳарлараро	shaharlararo
buitenlands (bn)	халқаро	xalqaro

114. Mobiele telefoon

mobieltje (het)	мобил телефон	mobil telefon
scherm (het)	дисплей	displey

toets, knop (de)	тугма	tugma
simkaart (de)	СИМ-карта	SIM-karta

batterij (de)	батарея	batareya
leeg zijn (ww)	разрядка бўлмоқ	razryadka bo'lmoq
acculader (de)	заряд қилиш мосламаси	zaryad qilish moslamasi

menu (het)	меню	menyu
instellingen (mv.)	созлашлар	sozlashlar
melodie (beltoon)	мелодия	melodiya
selecteren (ww)	танламоқ	tanlamoq

rekenmachine (de)	калкулятор	kalkulyator
voicemail (de)	автоматик жавоб берувчи	avtomatik javob beruvchi
wekker (de)	будилник	budilnik
contacten (mv.)	телефон китоби	telefon kitobi

SMS-bericht (het)	СМС-хабар	SMS-xabar
abonnee (de)	абонент	abonent

115. Schrijfbehoeften

balpen (de)	ручка	ruchka
vulpen (de)	пероли ручка	peroli ruchka

potlood (het)	қалам	qalam
marker (de)	маркер	marker
viltstift (de)	фломастер	flomaster

notitieboekje (het)	ён дафтарча	yon daftarcha
agenda (boekje)	кундалик	kundalik

liniaal (de/het)	чизгич	chizg'ich
rekenmachine (de)	калкулятор	kalkulyator
gom (de)	ўчиргич	o'chirg'ich
punaise (de)	кнопка	knopka
paperclip (de)	қисқич	qisqich

lijm (de)	елим	elim
nietmachine (de)	степлер	stepler
perforator (de)	тешгич	teshgich
potloodslijper (de)	точилка	tochilka

116. Verschillende soorten documenten

verslag (het)	ҳисобот	hisobot
overeenkomst (de)	келишув	kelishuv
aanvraagformulier (het)	талабнома	talabnoma
origineel, authentiek (bn)	ҳақиқий	haqiqiy
badge, kaart (de)	бедж	bedj
visitekaartje (het)	визит карточкаси	vizit kartochkasi
certificaat (het)	сертификат	sertifikat

cheque (de)	чек	chek
rekening (in restaurant)	ҳисоб	hisob
grondwet (de)	конституция	konstitutsiya
contract (het)	шартнома	shartnoma
kopie (de)	нусха	nusxa
exemplaar (het)	нусха	nusxa
douaneaangifte (de)	декларация	deklaratsiya
document (het)	ҳужжат	hujjat
rijbewijs (het)	ҳайдовчилик гувоҳномаси	haydovchilik guvohnomasi
bijlage (de)	илова	ilova
formulier (het)	анкета	anketa
identiteitskaart (de)	тасдиқлаш	tasdiqlash
aanvraag (de)	расмий талаб	rasmiy talab
uitnodigingskaart (de)	таклифнома	taklifnoma
factuur (de)	ҳисоб	hisob
wet (de)	қонун	qonun
brief (de)	хат	xat
briefhoofd (het)	бланк	blank
lijst (de)	рўйхат	ro'yxat
manuscript (het)	қўлёзма	qo'lyozma
nieuwsbrief (de)	бюллетен	byulleten
briefje (het)	расмий маълумот	rasmiy ma'lumot
pasje (voor personeel, enz.)	рухсатнома	ruxsatnoma
paspoort (het)	паспорт	pasport
vergunning (de)	рухсат қоғози	ruxsat qog'ozi
CV, curriculum vitae (het)	резюме	rezyume
schuldbekentenis (de)	тилхат	tilxat
kwitantie (de)	квитанция	kvitantsiya
bon (kassabon)	чек	chek
rapport (het)	рапорт	raport
tonen (paspoort, enz.)	кўрсатмоқ	ko'rsatmoq
ondertekenen (ww)	имзоламоқ	imzolamoq
handtekening (de)	имзо	imzo
stempel (de)	муҳр	muhr
tekst (de)	матн	matn
biljet (het)	чипта	chipta
doorhalen (doorstrepen)	ўчирмоқ	o'chirmoq
invullen (een formulier ~)	тўлдирмоқ	to'ldirmoq
vrachtbrief (de)	юк хати	yuk xati
testament (het)	васиятнома	vasiyatnoma

117. Soorten bedrijven

uitzendbureau (het)	кадрлар агентлиги	kadrlar agentligi
bewakingsfirma (de)	соқчилик агентлиги	soqchilik agentligi

| persbureau (het) | ахборот агентлиги | axborot agentligi |
| reclamebureau (het) | реклама агентлиги | reklama agentligi |

antiek (het)	антиквариат	antikvariat
verzekering (de)	суғурта	sug'urta
naaiatelier (het)	ателе	atele

banken (mv.)	банк бизнеси	bank biznesi
bar (de)	бар	bar
bouwbedrijven (mv.)	қурилиш	qurilish
juwelen (mv.)	заргарлик буюмлари	zargarlik buyumlari
juwelier (de)	заргар	zargar

wasserette (de)	кир ювиш ишхонаси	kir yuvish ishxonasi
alcoholische dranken (mv.)	спиртли ичимликлар	spirtli ichimliklar
nachtclub (de)	тунги клуб	tungi klub
handelsbeurs (de)	биржа	birja
bierbrouwerij (de)	пиво заводи	pivo zavodi
uitvaartcentrum (het)	дафн бюроси	dafn byurosi

casino (het)	казино	kazino
zakencentrum (het)	бизнес-марказ	biznes-markaz
bioscoop (de)	кинотеатр	kinoteatr
airconditioning (de)	кондиционерлар	konditsionerlar

handel (de)	савдо	savdo
luchtvaartmaatschappij (de)	авиакомпания	aviakompaniya
adviesbureau (het)	консалтинг	konsalting
koerierdienst (de)	курерлик хизмати	kurerlik xizmati

tandheelkunde (de)	стоматология	stomatologiya
design (het)	дизайн	dizayn
business school (de)	бизнес-мактаб	biznes-maktab
magazijn (het)	омбор	ombor
kunstgalerie (de)	галерея	galereya
IJsje (het)	музқаймоқ	muzqaymoq
hotel (het)	меҳмонхона	mehmonxona

vastgoed (het)	кўчмас мулк	ko'chmas mulk
drukkerij (de)	полиграфия	poligrafiya
industrie (de)	саноат	sanoat
Internet (het)	интернет	internet
investeringen (mv.)	инвестициялар	investitsiyalar

krant (de)	газета	gazeta
boekhandel (de)	китоб дўкони	kitob do'koni
lichte industrie (de)	енгил саноат	engil sanoat

winkel (de)	дўкон	do'kon
uitgeverij (de)	нашриёт	nashriyot
medicijnen (mv.)	медицина	meditsina
meubilair (het)	мебел	mebel
museum (het)	музей	muzey

| olie (aardolie) | нефт | neft |
| apotheek (de) | дорихона | dorixona |

geneesmiddelen (mv.)	фармацевтика	farmatsevtika
zwembad (het)	ховуз	hovuz
stomerij (de)	химчистка	ximchistka
voedingswaren (mv.)	озиқ-овқат маҳсулотлари	oziq-ovqat mahsulotlari
reclame (de)	реклама	reklama

radio (de)	радио	radio
afvalinzameling (de)	ахлатни чиқариш	axlatni chiqarish
restaurant (het)	ресторан	restoran
tijdschrift (het)	журнал	jurnal

schoonheidssalon (de/het)	гўзаллик салони	go'zallik saloni
financiële diensten (mv.)	молиявий хизматлар	moliyaviy xizmatlar
juridische diensten (mv.)	юридик хизматлар	yuridik xizmatlar
boekhouddiensten (mv.)	бухгалтерлик хизматлари	buxgalterlik xizmatlari
audit diensten (mv.)	аудиторлик хизматлари	auditorlik xizmatlari
sport (de)	спорт	sport
supermarkt (de)	супермаркет	supermarket

televisie (de)	телевидение	televidenie
theater (het)	театр	teatr
toerisme (het)	туризм	turizm
transport (het)	ташишлар	tashishlar

postorderbedrijven (mv.)	каталог бойича савдо	katalog boyicha savdo
kleding (de)	кийим	kiyim
dierenarts (de)	ветеринар	veterinar

Baan. Business. Deel 2

118. Show. Tentoonstelling

beurs (de)	кўргазма	ko'rgazma
vakbeurs, handelsbeurs (de)	савдо кўргазмаси	savdo ko'rgazmasi
deelneming (de)	иштирок етиш	ishtirok etish
deelnemen (ww)	иштирок етмоқ	ishtirok etmoq
deelnemer (de)	иштирокчи	ishtirokchi
directeur (de)	директор	direktor
organisatiecomité (het)	ташкилий қумита дирекцияси	tashkiliy qumita direktsiyasi
organisator (de)	ташкилотчи	tashkilotchi
organiseren (ww)	ташкил қилмоқ	tashkil qilmoq
deelnemingsaanvraag (de)	иштирок талабномаси	ishtirok talabnomasi
invullen (een formulier ~)	тўлдирмоқ	to'ldirmoq
details (mv.)	тафсилотлар	tafsilotlar
informatie (de)	маълумот	ma'lumot
prijs (de)	нарх	narx
inclusief (bijv. ~ BTW)	қўшиб	qo'shib
inbegrepen (alles ~)	қўшмоқ	qo'shmoq
betalen (ww)	тўламоқ	to'lamoq
registratietarief (het)	рўйхатга олиш бадали	ro'yxatga olish badali
ingang (de)	кириш	kirish
paviljoen (het), hal (de)	павилон	pavilon
registreren (ww)	рўйхатга олмоқ	ro'yxatga olmoq
badge, kaart (de)	бедж	bedj
beursstand (de)	стенд	stend
reserveren (een stand ~)	захира қилиб қўймоқ	zaxira qilib qo'ymoq
vitrine (de)	витрина	vitrina
licht (het)	чироқ	chiroq
design (het)	дизайн	dizayn
plaatsen (ww)	жойлаштирмоқ	joylashtirmoq
geplaatst zijn (ww)	жолашмоқ	jolashmoq
distributeur (de)	дистрибютор	distribyutor
leverancier (de)	етказиб берувчи	etkazib beruvchi
leveren (ww)	етказиб бермоқ	etkazib bermoq
land (het)	мамлакат	mamlakat
buitenlands (bn)	чет ел	chet el
product (het)	маҳсулот	mahsulot
associatie (de)	ассоциация	assotsiatsiya

conferentiezaal (de)	конференц-зал	konferents-zal
congres (het)	конгресс	kongress
wedstrijd (de)	конкурс	konkurs

bezoeker (de)	келувчи	keluvchi
bezoeken (ww)	келиб кўрмоқ	kelib ko'rmoq
afnemer (de)	буюртмачи	buyurtmachi

119. Massamedia

krant (de)	газета	gazeta
tijdschrift (het)	журнал	jurnal
pers (gedrukte media)	матбуот	matbuot
radio (de)	радио	radio
radiostation (het)	радиостанция	radiostantsiya
televisie (de)	телевидение	televidenie

presentator (de)	бошловчи	boshlovchi
nieuwslezer (de)	диктор	diktor
commentator (de)	шарҳловчи	sharhlovchi

journalist (de)	журналист	jurnalist
correspondent (de)	мухбир	muxbir
fotocorrespondent (de)	фотомухбир	fotomuxbir
reporter (de)	репортёр	reportyor

| redacteur (de) | муҳаррир | muharrir |
| chef-redacteur (de) | бош муҳаррир | bosh muharrir |

zich abonneren op	обуна бўлмоқ	obuna bo'lmoq
abonnement (het)	обуна	obuna
abonnee (de)	обуначи	obunachi
lezen (ww)	ўқимоқ	o'qimoq
lezer (de)	газетхон	gazetxon

oplage (de)	тираж	tiraj
maand-, maandelijks (bn)	ойлик	oylik
wekelijks (bn)	ҳафталик	haftalik
nummer (het)	сон	son
vers (~ van de pers)	янги	yangi

kop (de)	сарлавҳа	sarlavha
korte artikel (het)	хабар	xabar
rubriek (de)	рубрика	rubrika
artikel (het)	мақола	maqola
pagina (de)	саҳифа	sahifa

reportage (de)	репортаж	reportaj
gebeurtenis (de)	ходиса	xodisa
sensatie (de)	шов-шув	shov-shuv
schandaal (het)	жанжал	janjal
schandalig (bn)	жанжалли	janjalli
groot (~ schandaal, enz.)	овозали	ovozali
programma (het)	кўрсатув	ko'rsatuv

interview (het)	интервю	intervyu
live uitzending (de)	тўғридан-тўғри трансляция	to'g'ridan-to'g'ri translyatsiya
kanaal (het)	канал	kanal

120. Landbouw

landbouw (de)	қишлоқ хўжалиги	qishloq xo'jaligi
boer (de)	деҳқон	dehqon
boerin (de)	деҳқон аёл	dehqon ayol
landbouwer (de)	фермер	fermer

| tractor (de) | трактор | traktor |
| maaidorser (de) | комбайн | kombayn |

ploeg (de)	плуг	plug
ploegen (ww)	ер ҳайдамоқ	er haydamoq
akkerland (het)	шудгор	shudgor
voor (de)	егат	egat

zaaien (ww)	екмоқ	ekmoq
zaaimachine (de)	сеялка	seyalka
zaaien (het)	екиш	ekish

| zeis (de) | белўроқ | belo'roq |
| maaien (ww) | ўрамоқ | o'ramoq |

| schop (de) | белкурак | belkurak |
| spitten (ww) | қазимоқ | qazimoq |

schoffel (de)	чопқи	chopqi
wieden (ww)	ўтамоқ	o'tamoq
onkruid (het)	бегона ўт	begona o't

gieter (de)	гулчелак	gulchelak
begieten (water geven)	суғормоқ	sug'ormoq
bewatering (de)	суғориш	sug'orish

| riek, hooivork (de) | паншаха | panshaxa |
| hark (de) | хаскаш | xaskash |

meststof (de)	ўғит	o'g'it
bemesten (ww)	ўғитламоқ	o'g'itlamoq
mest (de)	гўнг	go'ng

veld (het)	дала	dala
wei (de)	ўтлоқ	o'tloq
moestuin (de)	полиз	poliz
boomgaard (de)	боғ	bog'

weiden (ww)	ўтлатмоқ	o'tlatmoq
herder (de)	чўпон	cho'pon
weiland (de)	яйлов	yaylov
veehouderij (de)	чорвачилик	chorvachilik

schapenteelt (de)	қўйчилик	qo'ychilik
plantage (de)	плантация	plantatsiya
rijtje (het)	жўяк	jo'yak
broeikas (de)	иссиқхона	issiqxona
droogte (de)	қурғоқчилик	qurg'oqchilik
droog (bn)	қуруқ	quruq
graangewassen (mv.)	ғалла	g'alla
oogsten (ww)	ўриб олмоқ	o'rib olmoq
molenaar (de)	тегирмончи	tegirmonchi
molen (de)	тегирмон	tegirmon
malen (graan ~)	дон туймоқ	don tuymoq
bloem (bijv. tarwebloem)	ун	un
stro (het)	сомон	somon

121. Gebouw. Bouwproces

bouwplaats (de)	қурилиш	qurilish
bouwen (ww)	қурмоқ	qurmoq
bouwvakker (de)	қурувчи	quruvchi
project (het)	лойиҳа	loyiha
architect (de)	меъмор	me'mor
arbeider (de)	ишчи	ishchi
fundering (de)	пойдевор	poydevor
dak (het)	том	tom
heipaal (de)	қозиқоёқ	qoziqoyoq
muur (de)	девор	devor
betonstaal (het)	арматура	armatura
steigers (mv.)	қурилиш ҳавозалари	qurilish havozalari
beton (het)	бетон	beton
graniet (het)	гранит	granit
steen (de)	тош	tosh
baksteen (de)	ғишт	g'isht
zand (het)	қум	qum
cement (de/het)	семент	sement
pleister (het)	сувоқ	suvoq
pleisteren (ww)	сувамоқ	suvamoq
verf (de)	бўёқ	bo'yoq
verven (muur ~)	бўямоқ	bo'yamoq
ton (de)	бочка	bochka
kraan (de)	кран	kran
heffen, hijsen (ww)	кўтармоқ	ko'tarmoq
neerlaten (ww)	туширмоқ	tushirmoq
bulldozer (de)	булдозер	buldozer
graafmachine (de)	екскаватор	ekskavator

graafbak (de)	ковш	kovsh
graven (tunnel, enz.)	қазимоқ	qazimoq
helm (de)	каска	kaska

122. Wetenschap. Onderzoek. Wetenschappers

wetenschap (de)	илм-фан	ilm-fan
wetenschappelijk (bn)	илмий	ilmiy
wetenschapper (de)	олим	olim
theorie (de)	назария	nazariya

axioma (het)	аксиома	aksioma
analyse (de)	таҳлил	tahlil
analyseren (ww)	таҳлил қилмоқ	tahlil qilmoq
argument (het)	далил	dalil
substantie (de)	модда	modda

hypothese (de)	фараз	faraz
dilemma (het)	дилемма	dilemma
dissertatie (de)	диссертация	dissertatsiya
dogma (het)	ақида	aqida

doctrine (de)	таълимот	ta'limot
onderzoek (het)	тадқиқот	tadqiqot
onderzoeken (ww)	тадқиқ қилмоқ	tadqiq qilmoq
toetsing (de)	синовлар	sinovlar
laboratorium (het)	лаборатория	laboratoriya

methode (de)	метод	metod
molecule (de/het)	молекула	molekula
monitoring (de)	мониторинг	monitoring
ontdekking (de)	кашфиёт	kashfiyot

postulaat (het)	постулат	postulat
principe (het)	тамойил	tamoyil
voorspelling (de)	олдиндан айтиш	oldindan aytish
een prognose maken	олдиндан айтмоқ	oldindan aytmoq

synthese (de)	синтез	sintez
tendentie (de)	тенденция	tendentsiya
theorema (het)	теорема	teorema

| leerstellingen (mv.) | таълимот | ta'limot |
| feit (het) | далил | dalil |

| expeditie (de) | експедиция | ekspeditsiya |
| experiment (het) | експеримент | eksperiment |

academicus (de)	академик	akademik
bachelor (bijv. BA, LLB)	бакалавр	bakalavr
doctor (de)	доктор	doktor
universitair docent (de)	доцент	dotsent
master, magister (de)	магистр	magistr
professor (de)	профессор	professor

Beroepen en ambachten

123. Zoeken naar werk. Ontslag

baan (de)	иш	ish
personeel (het)	штат	shtat
carrière (de)	еришиладиган мавқе	erishiladigan mavqe
vooruitzichten (mv.)	истиқбол	istiqbol
meesterschap (het)	маҳорат	mahorat
keuze (de)	танлаш	tanlash
uitzendbureau (het)	кадрлар агентлиги	kadrlar agentligi
CV, curriculum vitae (het)	резюме	rezyume
sollicitatiegesprek (het)	суҳбатлашиш	suhbatlashish
vacature (de)	бўш ўрин	bo'sh o'rin
salaris (het)	иш ҳақи	ish haqi
vaste salaris (het)	маош	maosh
loon (het)	ҳақ	haq
betrekking (de)	лавозим	lavozim
taak, plicht (de)	вазифа	vazifa
takenpakket (het)	доира	doira
bezig (~ zijn)	банд	band
ontslagen (ww)	ишдан бўшатмоқ	ishdan bo'shatmoq
ontslag (het)	ишдан бўшаш	ishdan bo'shash
werkloosheid (de)	ишсизлик	ishsizlik
werkloze (de)	ишсиз	ishsiz
pensioen (het)	нафақа	nafaqa
met pensioen gaan	нафақага чиқиш	nafaqaga chiqish

124. Zakenmensen

directeur (de)	директор	direktor
beheerder (de)	бошқарувчи	boshqaruvchi
hoofd (het)	раҳбар	rahbar
baas (de)	бошлиқ	boshliq
superieuren (mv.)	бошлиқлар	boshliqlar
president (de)	президент	prezident
voorzitter (de)	раис	rais
adjunct (de)	ўринбосар	o'rinbosar
assistent (de)	ёрдамчи	yordamchi
secretaris (de)	котиб	kotib

persoonlijke assistent (de)	шахсий котиб	shaxsiy kotib
zakenman (de)	бизнесмен	biznesmen
ondernemer (de)	тадбиркор	tadbirkor
oprichter (de)	асосчи	asoschi
oprichten	асос солмоқ	asos solmoq
(een nieuw bedrijf ~)		

stichter (de)	таъсисчи	ta'sischi
partner (de)	ҳамкор	hamkor
aandeelhouder (de)	акциядор	aktsiyador

miljonair (de)	миллионер	millioner
miljardair (de)	миллиардер	milliarder
eigenaar (de)	ега	ega
landeigenaar (de)	ер егаси	er egasi

klant (de)	мижоз	mijoz
vaste klant (de)	доимий мижоз	doimiy mijoz
koper (de)	харидор	xaridor
bezoeker (de)	келувчи	keluvchi

professioneel (de)	профессионал	professional
expert (de)	експерт	ekspert
specialist (de)	мутахассис	mutaxassis

| bankier (de) | банкир | bankir |
| makelaar (de) | брокер | broker |

kassier (de)	кассачи	kassachi
boekhouder (de)	бухгалтер	buxgalter
bewaker (de)	соқчи	soqchi

investeerder (de)	инвестор	investor
schuldenaar (de)	қарздор	qarzdor
crediteur (de)	кредитор	kreditor
lener (de)	қарз олувчи	qarz oluvchi

| importeur (de) | импортчи | importchi |
| exporteur (de) | експортчи | eksportchi |

producent (de)	ишлаб чиқарувчи	ishlab chiqaruvchi
distributeur (de)	дистрибютор	distribyutor
bemiddelaar (de)	воситачи	vositachi

adviseur, consulent (de)	маслаҳатчи	maslahatchi
vertegenwoordiger (de)	вакил	vakil
agent (de)	агент	agent
verzekeringsagent (de)	суғурта агенти	sug'urta agenti

125. Dienstverlenende beroepen

kok (de)	ошпаз	oshpaz
chef-kok (de)	бош ошпаз	bosh oshpaz
bakker (de)	новвой	novvoy

barman (de)	бармен	barmen
kelner, ober (de)	официант	ofitsiant
serveerster (de)	официантка	ofitsiantka

advocaat (de)	адвокат	advokat
jurist (de)	хуқуқшунос	huquqshunos
notaris (de)	нотариус	notarius

elektricien (de)	монтёр	montyor
loodgieter (de)	сантехник	santexnik
timmerman (de)	дурадгор	duradgor

masseur (de)	массажчи	massajchi
masseuse (de)	массажчи аёл	massajchi ayol
dokter, arts (de)	шифокор	shifokor

taxichauffeur (de)	таксичи	taksichi
chauffeur (de)	шофёр	shofyor
koerier (de)	курер	kurer

kamermeisje (het)	ходима	xodima
bewaker (de)	соқчи	soqchi
stewardess (de)	стюардесса	styuardessa

meester (de)	ўқитувчи	o'qituvchi
bibliothecaris (de)	кутубхоначи	kutubxonachi
vertaler (de)	таржимон	tarjimon
tolk (de)	таржимон	tarjimon
gids (de)	гид	gid

kapper (de)	сартарош	sartarosh
postbode (de)	почтачи	pochtachi
verkoper (de)	сотувчи	sotuvchi

tuinman (de)	боғбон	bog'bon
huisbediende (de)	хизматкор	xizmatkor
dienstmeisje (het)	хизматкор аёл	xizmatkor ayol
schoonmaakster (de)	фаррош	farrosh

126. Militaire beroepen en rangen

soldaat (rang)	оддий аскар	oddiy askar
sergeant (de)	сержант	serjant
luitenant (de)	лейтенант	leytenant
kapitein (de)	капитан	kapitan

majoor (de)	маёр	mayor
kolonel (de)	полковник	polkovnik
generaal (de)	генерал	general
maarschalk (de)	маршал	marshal
admiraal (de)	адмирал	admiral

militair (de)	ҳарбий	harbiy
soldaat (de)	аскар	askar

| officier (de) | зобит | zobit |
| commandant (de) | командир | komandir |

grenswachter (de)	чегарачи	chegarachi
marconist (de)	радист	radist
verkenner (de)	разведкачи	razvedkachi
sappeur (de)	сапёр	sapyor
schutter (de)	ўқчи	o'qchi
stuurman (de)	штурман	shturman

127. Ambtenaren. Priesters

| koning (de) | қирол | qirol |
| koningin (de) | қиролича | qirolicha |

| prins (de) | шаҳзода | shahzoda |
| prinses (de) | малика | malika |

| tsaar (de) | подшо | podsho |
| tsarina (de) | малика | malika |

president (de)	президент	prezident
minister (de)	министр	ministr
eerste minister (de)	бош вазир	bosh vazir
senator (de)	сенатор	senator

diplomaat (de)	дипломат	diplomat
consul (de)	консул	konsul
ambassadeur (de)	елчи	elchi
adviseur (de)	маслаҳатчи	maslahatchi

ambtenaar (de)	амалдор	amaldor
prefect (de)	префект	prefekt
burgemeester (de)	мер	mer

| rechter (de) | судя | sudya |
| aanklager (de) | прокурор | prokuror |

missionaris (de)	миссионер	missioner
monnik (de)	монах	monax
abt (de)	аббат	abbat
rabbi, rabbijn (de)	раввин	ravvin

vizier (de)	вазир	vazir
sjah (de)	шоҳ	shoh
sjeik (de)	шайх	shayx

128. Agrarische beroepen

imker (de)	асаларичи	asalarichi
herder (de)	чўпон	cho'pon
landbouwkundige (de)	агроном	agronom

| veehouder (de) | чорвадор | chorvador |
| dierenarts (de) | ветеринар | veterinar |

landbouwer (de)	фермер	fermer
wijnmaker (de)	винопаз	vinopaz
zoöloog (de)	зоолог	zoolog
cowboy (de)	ковбой	kovboy

129. Kunst beroepen

| acteur (de) | актёр | aktyor |
| actrice (de) | актриса | aktrisa |

| zanger (de) | хонанда | xonanda |
| zangeres (de) | хонанда | xonanda |

| danser (de) | раққос | raqqos |
| danseres (de) | раққоса | raqqosa |

| artiest (mann.) | артист | artist |
| artiest (vrouw.) | артистка | artistka |

muzikant (de)	мусиқачи	musiqachi
pianist (de)	пианиночи	pianinochi
gitarist (de)	гитарачи	gitarachi

orkestdirigent (de)	дирижёр	dirijyor
componist (de)	композитор	kompozitor
impresario (de)	импресарио	impresario

filmregisseur (de)	режиссёр	rejissyor
filmproducent (de)	продюсер	prodyuser
scenarioschrijver (de)	сценарийчи	stsenariychi
criticus (de)	танқидчи	tanqidchi

schrijver (de)	ёзувчи	yozuvchi
dichter (de)	шоир	shoir
beeldhouwer (de)	ҳайкалтарош	haykaltarosh
kunstenaar (de)	рассом	rassom

jongleur (de)	жонглёр	jonglyor
clown (de)	масхарабоз	masxaraboz
acrobaat (de)	акробат	akrobat
goochelaar (de)	фокусчи	fokuschi

130. Verschillende beroepen

dokter, arts (de)	шифокор	shifokor
ziekenzuster (de)	тиббий ҳамшира	tibbiy hamshira
psychiater (de)	психиатр	psixiatr
tandarts (de)	стоматолог	stomatolog
chirurg (de)	жарроҳ	jarroh

astronaut (de)	астронавт	astronavt
astronoom (de)	астроном	astronom
piloot (de)	учувчи	uchuvchi
chauffeur (de)	ҳайдовчи	haydovchi
machinist (de)	машинист	mashinist
mecanicien (de)	механик	mexanik
mijnwerker (de)	кончи	konchi
arbeider (de)	ишчи	ishchi
bankwerker (de)	чилангар	chilangar
houtbewerker (de)	дурадгор	duradgor
draaier (de)	токар	tokar
bouwvakker (de)	қурувчи	quruvchi
lasser (de)	пайвандчи	payvandchi
professor (de)	профессор	professor
architect (de)	меъмор	me'mor
historicus (de)	тарихшунос	tarixshunos
wetenschapper (de)	олим	olim
fysicus (de)	физик	fizik
scheikundige (de)	кимёгар	kimyogar
archeoloog (de)	археолог	arxeolog
geoloog (de)	геолог	geolog
onderzoeker (de)	тадқиқотчи	tadqiqotchi
babysitter (de)	енага	enaga
leraar, pedagoog (de)	педагог	pedagog
redacteur (de)	муҳаррир	muharrir
chef-redacteur (de)	бош муҳаррир	bosh muharrir
correspondent (de)	мухбир	muxbir
typiste (de)	машинистка	mashinistka
designer (de)	дизайнер	dizayner
computerexpert (de)	компютерчи	kompyuterchi
programmeur (de)	дастурчи	dasturchi
ingenieur (de)	муҳандис	muhandis
matroos (de)	денгизчи	dengizchi
zeeman (de)	матрос	matros
redder (de)	қутқарувчи	qutqaruvchi
brandweerman (de)	ўт ўчирувчи	o't o'chiruvchi
politieagent (de)	полициячи	politsiyachi
nachtwaker (de)	қоровул	qorovul
detective (de)	изқувар	izquvar
douanier (de)	божхона ходими	bojxona xodimi
lijfwacht (de)	шахсий соқчи	shaxsiy soqchi
gevangenisbewaker (de)	назоратчи	nazoratchi
inspecteur (de)	инспектор	inspektor
sportman (de)	спортчи	sportchi
trainer (de)	тренер	trener

slager, beenhouwer (de)	қассоб	qassob
schoenlapper (de)	етикдўз	etikdo'z
handelaar (de)	тижоратчи	tijoratchi
lader (de)	юкчи	yukchi

| kledingstilist (de) | моделер | modeler |
| model (het) | модел | model |

131. Beroepen. Sociale status

| scholier (de) | ўқувчи | o'quvchi |
| student (de) | талаба | talaba |

filosoof (de)	файласуф	faylasuf
econoom (de)	иқтисодчи	iqtisodchi
uitvinder (de)	ихтирочи	ixtirochi

werkloze (de)	ишсиз	ishsiz
gepensioneerde (de)	нафақахўр	nafaqaxo'r
spion (de)	жосус	josus

gedetineerde (de)	маҳбус	mahbus
staker (de)	иш ташловчи	ish tashlovchi
bureaucraat (de)	бюрократ	byurokrat
reiziger (de)	саёҳатчи	sayohatchi

homoseksueel (de)	гомосексуалчи	gomoseksualchi
hacker (computerkraker)	хакер	xaker
hippie (de)	хиппи	xippi

bandiet (de)	босқинчи	bosqinchi
huurmoordenaar (de)	ёлланма қотил	yollanma qotil
drugsverslaafde (de)	гиёҳванд	giyohvand
drugshandelaar (de)	наркотик моддаларни сотувчи	narkotik moddalarni sotuvchi
prostituee (de)	фоҳиша	fohisha
pooier (de)	даюс	dayus

tovenaar (de)	жодугар	jodugar
tovenares (de)	жодугар аёл	jodugar ayol
piraat (de)	денгиз қароқчиси	dengiz qaroqchisi
slaaf (de)	қул	qul
samoerai (de)	самурай	samuray
wilde (de)	ёввойи одам	yovvoyi odam

Sport

132. Soorten sporten. Sporters

sportman (de)	спортчи	sportchi
soort sport (de/het)	спорт тури	sport turi
basketbal (het)	баскетбол	basketbol
basketbalspeler (de)	баскетболчи	basketbolchi
baseball (het)	бейсбол	beysbol
baseballspeler (de)	бейсболчи	beysbolchi
voetbal (het)	футбол	futbol
voetballer (de)	футболчи	futbolchi
doelman (de)	дарвозабон	darvozabon
hockey (het)	хоккей	xokkey
hockeyspeler (de)	хоккейчи	xokkeychi
volleybal (het)	волейбол	voleybol
volleybalspeler (de)	волейболчи	voleybolchi
boksen (het)	бокс	boks
bokser (de)	боксчи	bokschi
worstelen (het)	кураш	kurash
worstelaar (de)	курашчи	kurashchi
karate (de)	карате	karate
karateka (de)	каратечи	karatechi
judo (de)	дзюдо	dzyudo
judoka (de)	дзюдочи	dzyudochi
tennis (het)	теннис	tennis
tennisspeler (de)	теннисчи	tennischi
zwemmen (het)	сузиш	suzish
zwemmer (de)	сузувчи	suzuvchi
schermen (het)	қиличбозлик	qilichbozlik
schermer (de)	қиличбоз	qilichboz
schaak (het)	шахмат	shaxmat
schaker (de)	шахматчи	shaxmatchi
alpinisme (het)	алпинизм	alpinizm
alpinist (de)	алпинист	alpinist
hardlopen (het)	югуриш	yugurish

renner (de)	югурувчи	yuguruvchi
atletiek (de)	енгил атлетика	engil atletika
atleet (de)	атлет	atlet
paardensport (de)	от спорти	ot sporti
ruiter (de)	чавандоз	chavandoz
kunstschaatsen (het)	фигурали учиш	figurali uchish
kunstschaatser (de)	фигурист	figurist
kunstschaatsster (de)	фигуристка	figuristka
gewichtheffen (het)	оғир атлетика	og'ir atletika
autoraces (mv.)	автомобил пойгаси	avtomobil poygasi
coureur (de)	пойгачи	poygachi
wielersport (de)	велосипед спорти	velosiped sporti
wielrenner (de)	велосипедчи	velosipedchi
verspringen (het)	узунликка сакраш	uzunlikka sakrash
polsstokspringen (het)	лангарчўп билан сакраш	langarcho'p bilan sakrash
verspringer (de)	сакровчи	sakrovchi

133. Soorten sporten. Diversen

Amerikaans voetbal (het)	америка футболи	amerika futboli
badminton (het)	бадминтон	badminton
biatlon (de)	биатлон	biatlon
biljart (het)	билярд	bilyard
bobsleeën (het)	бобслей	bobsley
bodybuilding (de)	бодибилдинг	bodibilding
waterpolo (het)	сув полоси	suv polosi
handbal (de)	гандбол	gandbol
golf (het)	голф	golf
roeisport (de)	ешкак ешиш	eshkak eshish
duiken (het)	дайвинг	dayving
langlaufen (het)	чанги пойгаси	chang'i poygasi
tafeltennis (het)	стол тенниси	stol tennisi
zeilen (het)	елканли қайиқ спорти	elkanli qayiq sporti
rally (de)	ралли	ralli
rugby (het)	регби	regbi
snowboarden (het)	сноуборд	snoubord
boogschieten (het)	камон отиш	kamon otish

134. Fitnessruimte

lange halter (de)	штанга	shtanga
halters (mv.)	гантеллар	gantellar
training machine (de)	тренажёр	trenajyor
hometrainer (de)	велотренажёр	velotrenajyor

loopband (de)	югуриш йўлкаси	yugurish yo'lkasi
rekstok (de)	тўсин	to'sin
brug (de) gelijke leggers	параллел бруслар	parallel bruslar
paardsprong (de)	от	ot
mat (de)	мат	mat

springtouw (het)	скакалка	skakalka
aerobics (de)	аэробика	aerobika
yoga (de)	ёга	yoga

135. Hockey

hockey (het)	хоккей	xokkey
hockeyspeler (de)	хоккейчи	xokkeychi
hockey spelen	хоккей ўнамоқ	xokkey o'namoq
IJs (het)	муз	muz

puck (de)	шайба	shayba
hockeystick (de)	клюшка	klyushka
schaatsen (mv.)	конки	konki

boarding (de)	борт	bort
schot (het)	зарба	zarba

doelman (de),	дарвозабон	darvozabon
goal (de)	гол	gol
een goal scoren	гол урмоқ	gol urmoq

periode (de)	давр	davr
tweede periode (de)	иккинчи давра	ikkinchi davra
reservebank (de)	заҳира скамекаси	zahira skamekasi

136. Voetbal

voetbal (het)	футбол	futbol
voetballer (de)	футболчи	futbolchi
voetbal spelen	футбол ўйнамоқ	futbol o'ynamoq

eredivisie (de)	олий лига	oliy liga
voetbalclub (de)	футбол клуби	futbol klubi
trainer (de)	тренер	trener
eigenaar (de)	эга	ega

team (het)	жамоа	jamoa
aanvoerder (de)	жамоа сардори	jamoa sardori
speler (de)	ўйинчи	o'yinchi
reservespeler (de)	заҳира ўйинчи	zahira o'yinchi

aanvaller (de)	ҳужумчи	hujumchi
centrale aanvaller (de)	марказий ҳужумчи	markaziy hujumchi
doelpuntmaker (de)	тўпурар	to'purar
verdediger (de)	ҳимоячи	himoyachi

middenvelder (de)	ярим ҳимоячи	yarim himoyachi
match, wedstrijd (de)	матч	match
elkaar ontmoeten (ww)	учрашмоқ	uchrashmoq
finale (de)	финал	final
halve finale (de)	ярим финал	yarim final
kampioenschap (het)	чемпионат	chempionat
helft (de)	тайм	taym
eerste helft (de)	биринчи тайм	birinchi taym
pauze (de)	танаффус	tanaffus
doel (het)	дарвоза	darvoza
doelman (de)	дарвозабон	darvozabon
doelpaal (de)	устун	ustun
lat (de)	тўсин	to'sin
doelnet (het)	тўр	to'r
een goal incasseren	ўтказиб юбормоқ	o'tkazib yubormoq
bal (de)	тўп	to'p
pass (de)	тўп узатиш	to'p uzatish
schot (het), schop (de)	зарба	zarba
schieten (de bal ~)	зарба бермоқ	zarba bermoq
vrije schop (directe ~)	жарима тўпи	jarima to'pi
hoekschop, corner (de)	бурчак тўпи	burchak to'pi
aanval (de)	ҳужум	hujum
tegenaanval (de)	қарши ҳужум	qarshi hujum
combinatie (de)	комбинация	kombinatsiya
scheidsrechter (de)	ҳакам	hakam
fluiten (ww)	ҳуштак чалмоқ	hushtak chalmoq
fluitsignaal (het)	ҳуштак	hushtak
overtreding (de)	қоидани бузиш	qoidani buzish
een overtreding maken	қоидани бузмоқ	qoidani buzmoq
uit het veld te sturen	майдондан четлатиш	maydondan chetlatish
gele kaart (de)	сариқ карточка	sariq kartochka
rode kaart (de)	қизил карточка	qizil kartochka
diskwalificatie (de)	дисквалификация	diskvalifikatsiya
diskwalificeren (ww)	дисквалификация қилмоқ	diskvalifikatsiya qilmoq
strafschop, penalty (de)	пеналти	penalti
muur (de)	девор	devor
scoren (ww)	урмоқ	urmoq
goal (de), doelpunt (het)	гол	gol
een goal scoren	гол урмоқ	gol urmoq
vervanging (de)	алмаштириш	almashtirish
vervangen (ov.ww.)	алмаштирмоқ	almashtirmoq
regels (mv.)	қоидалар	qoidalar
tactiek (de)	тактика	taktika
stadion (het)	стадион	stadion
tribune (de)	трибуна	tribuna
fan, supporter (de)	ишқибоз	ishqiboz
schreeuwen (ww)	бақирмоқ	baqirmoq

| scorebord (het) | табло | tablo |
| stand (~ is 3-1) | ҳисоб | hisob |

nederlaag (de)	маглубият	mag'lubiyat
verliezen (ww)	ютқизмоқ	yutqizmoq
gelijkspel (het)	дуранг	durang
in gelijk spel eindigen	дуранг ўйнамоқ	durang o'ynamoq

overwinning (de)	ғалаба	g'alaba
overwinnen (ww)	ғалаба қозонмоқ	g'alaba qozonmoq
kampioen (de)	чемпион	chempion
best (bn)	енг яхши	eng yaxshi
feliciteren (ww)	табрикламоқ	tabriklamoq

commentator (de)	шарҳловчи	sharhlovchi
becommentariëren (ww)	шарҳламоқ	sharhlamoq
uitzending (de)	трансляция	translyatsiya

137. Alpine skiën

ski's (mv.)	чанғи	chang'i
skiën (ww)	чанғида учмоқ	chang'ida uchmoq
skigebied (het)	тоғ-чанғи курорти	tog'-chang'i kurorti
skilift (de)	юккўтаргич	yukko'targich

skistokken (mv.)	таёқчалар	tayoqchalar
helling (de)	қиялик	qiyalik
slalom (de)	слалом	slalom

138. Tennis. Golf

golf (het)	голф	golf
golfclub (de)	голф-клуб	golf-klub
golfer (de)	голф ўйинчиси	golf o'yinchisi
hole (de)	тешикча	teshikcha
golfclub (de)	клюшка	klyushka
trolley (de)	клюшкалар учун аравача	klyushkalar uchun aravacha

tennis (het)	теннис	tennis
tennisveld (het)	корт	kort
opslag (de)	узатиш	uzatish
serveren, opslaan (ww)	узатмоқ	uzatmoq
racket (het)	ракетка	raketka
net (het)	тўр	to'r
bal (de)	тўп	to'p

139. Schaken

| schaak (het) | шахмат | shaxmat |
| schaakstukken (mv.) | шахмат доналари | shaxmat donalari |

schaker (de)	шахматчи	shaxmatchi
schaakbord (het)	шахмат тахтаси	shaxmat taxtasi
schaakstuk (het)	сипоҳ	sipoh

| witte stukken (mv.) | оқлар | oqlar |
| zwarte stukken (mv.) | қоралар | qoralar |

pion (de)	пиёда	piyoda
loper (de)	фил	fil
paard (het)	асп	asp
toren (de)	рух	rux
koningin (de)	фарзин	farzin
koning (de)	шоҳ	shoh

zet (de)	юриш	yurish
zetten (ww)	юрмоқ	yurmoq
opofferen (ww)	қурбон қилмоқ	qurbon qilmoq
rokade (de)	рокировка	rokirovka
schaak (het)	шоҳ	shoh
schaakmat (het)	мот	mot

schaakwedstrijd (de)	шахмат турнири	shaxmat turniri
grootmeester (de)	гроссмейстер	grossmeyster
combinatie (de)	комбинация	kombinatsiya
partij (de)	партия	partiya
dammen (de)	шашка	shashka

140. Boksen

boksen (het)	бокс	boks
boksgevecht (het)	жанг	jang
bokswedstrijd (de)	яккама-якка олишув	yakkama-yakka olishuv
ronde (de)	раунд	raund

| ring (de) | ринг | ring |
| gong (de) | гонг | gong |

stoot (de)	зарба	zarba
knock-down (de)	нокдаун	nokdaun
knock-out (de)	нокаут	nokaut
knock-out slaan (ww)	нокаут қилмоқ	nokaut qilmoq
bokshandschoen (de)	бокс қўлқопи	boks qo'lqopi
referee (de)	рефери	referi

lichtgewicht (het)	енгил вазн	engil vazn
middengewicht (het)	ўрта вазн	o'rta vazn
zwaargewicht (het)	оғир вазн	og'ir vazn

141. Sporten. Diversen

| Olympische Spelen (mv.) | Олимпия ўйинлари | Olimpiya o'yinlari |
| winnaar (de) | ғолиб | g'olib |

| overwinnen (ww) | ғалаба қозонмоқ | g'alaba qozonmoq |
| winnen (ww) | ютмоқ | yutmoq |

| leider (de) | пешқадам | peshqadam |
| leiden (ww) | пешқадамлик қилмоқ | peshqadamlik qilmoq |

eerste plaats (de)	биринчи ўрин	birinchi o'rin
tweede plaats (de)	иккинчи ўрин	ikkinchi o'rin
derde plaats (de)	учинчи ўрин	uchinchi o'rin

medaille (de)	медал	medal
trofee (de)	соврин	sovrin
beker (de)	кубок	kubok
prijs (de)	соврин	sovrin
hoofdprijs (de)	бош соврин	bosh sovrin

| record (het) | рекорд | rekord |
| een record breken | рекорд қўймоқ | rekord qo'ymoq |

| finale (de) | финал | final |
| finale (bn) | финал, якунловчи | final, yakunlovchi |

| kampioen (de) | чемпион | chempion |
| kampioenschap (het) | чемпионат | chempionat |

stadion (het)	стадион	stadion
tribune (de)	трибуна	tribuna
fan, supporter (de)	ишқибоз	ishqiboz
tegenstander (de)	рақиб	raqib

| start (de) | старт | start |
| finish (de) | финиш | finish |

| nederlaag (de) | мағлубият | mag'lubiyat |
| verliezen (ww) | ютқизмоқ | yutqizmoq |

rechter (de)	ҳакам	hakam
jury (de)	жюри	jyuri
stand (~ is 3-1)	ҳисоб	hisob
gelijkspel (het)	дуранг	durang
in gelijk spel eindigen	дуранг ўйнамоқ	durang o'ynamoq
punt (het)	очко	ochko
uitslag (de)	натижа	natija

pauze (de)	танаффус	tanaffus
doping (de)	допинг	doping
straffen (ww)	жарима белгиламоқ	jarima belgilamoq
diskwalificeren (ww)	дисквалификация қилмоқ	diskvalifikatsiya qilmoq

toestel (het)	снаряд, анжом	snaryad, anjom
speer (de)	найза	nayza
kogel (de)	ядро	yadro
bal (de)	шар	shar

| doel (het) | мўлжал | mo'ljal |
| schietkaart (de) | нишон | nishon |

schieten (ww)	отмоқ	otmoq
precies (bijv. precieze schot)	аниқ	aniq

trainer, coach (de)	тренер	trener
trainen (ww)	машқ қилдирмоқ	mashq qildirmoq
zich trainen (ww)	машқ қилмоқ	mashq qilmoq
training (de)	машқ қилиш	mashq qilish

gymnastiekzaal (de)	спорт зали	sport zali
oefening (de)	машқ	mashq
opwarming (de)	чигил ёзиш	chigil yozish

Onderwijs

142. School

school (de)	мактаб	maktab
schooldirecteur (de)	мактаб директори	maktab direktori
leerling (de)	ўкувчи	o'quvchi
leerlinge (de)	ўкувчи қиз	o'quvchi qiz
scholier (de)	ўкувчи	o'quvchi
scholiere (de)	ўкувчи қиз	o'quvchi qiz
leren (lesgeven)	ўқитмоқ	o'qitmoq
studeren (bijv. een taal ~)	ўқимоқ	o'qimoq
van buiten leren	ёдламоқ	yodlamoq
leren (bijv. ~ tellen)	ўрганмоқ	o'rganmoq
in school zijn (schooljongen zijn)	ўқимоқ	o'qimoq
naar school gaan	мактабга бормоқ	maktabga bormoq
alfabet (het)	алифбе	alifbe
vak (schoolvak)	дарс, фан	dars, fan
klaslokaal (het)	синф	sinf
les (de)	дарс	dars
pauze (de)	танаффус	tanaffus
bel (de)	қўнғироқ	qo'ng'iroq
schooltafel (de)	парта	parta
schoolbord (het)	доска	doska
cijfer (het)	баҳо	baho
goed cijfer (het)	яхши баҳо	yaxshi baho
slecht cijfer (het)	ёмон баҳо	yomon baho
een cijfer geven	баҳо қўймоқ	baho qo'ymoq
fout (de)	хато	xato
fouten maken	хатолар қилмоқ	xatolar qilmoq
corrigeren (fouten ~)	тўғриламоқ	to'g'rilamoq
spiekbriefje (het)	шпаргалка	shpargalka
huiswerk (het)	уй вазифаси	uy vazifasi
oefening (de)	машқ	mashq
aanwezig zijn (ww)	қатнашмоқ	qatnashmoq
absent zijn (ww)	қатнашмаслик	qatnashmaslik
school verzuimen	дарсларни қолдирмоқ	darslarni qoldirmoq
bestraffen (een stout kind ~)	жазоламоқ	jazolamoq
bestraffing (de)	жазо	jazo

gedrag (het)	хулқ	xulq
cijferlijst (de)	кундалик	kundalik
potlood (het)	қалам	qalam
gom (de)	ўчирғич	o'chirg'ich
krijt (het)	бўр	bo'r
pennendoos (de)	пенал	penal

boekentas (de)	портфел	portfel
pen (de)	ручка	ruchka
schrift (de)	дафтар	daftar
leerboek (het)	дарслик	darslik
passer (de)	сиркул	sirkul

technisch tekenen (ww)	чизмоқ	chizmoq
technische tekening (de)	чизма	chizma

gedicht (het)	шеър	she'r
van buiten (bw)	ёддан	yoddan
van buiten leren	ёдламоқ	yodlamoq

vakantie (de)	таътил	ta'til
met vakantie zijn	таътилда бўлмоқ	ta'tilda bo'lmoq
vakantie doorbrengen	таътилни ўтказмоқ	ta'tilni o'tkazmoq

toets (schriftelijke ~)	назорат иши	nazorat ishi
opstel (het)	иншо	insho
dictee (het)	диктант	diktant
examen (het)	имтихон	imtihon
examen afleggen	имтихон топширмоқ	imtihon topshirmoq
experiment (het)	тажриба	tajriba

143. Hogeschool. Universiteit

academie (de)	академия	akademiya
universiteit (de)	университет	universitet
faculteit (de)	факултет	fakultet

student (de)	студент	student
studente (de)	студент	student
leraar (de)	ўқитувчи	o'qituvchi

collegezaal (de)	аудитория, дарсхона	auditoriya, darsxona
afgestudeerde (de)	битирувчи	bitiruvchi

diploma (het)	диплом	diplom
dissertatie (de)	диссертация	dissertatsiya

onderzoek (het)	тадқиқот	tadqiqot
laboratorium (het)	лаборатория	laboratoriya

college (het)	лекция	lektsiya
medestudent (de)	курсдош	kursdosh
studiebeurs (de)	стипендия	stipendiya
academische graad (de)	илмий даража	ilmiy daraja

144. Wetenschappen. Disciplines

wiskunde (de)	математика	matematika
algebra (de)	алгебра	algebra
meetkunde (de)	геометрия	geometriya
astronomie (de)	астрономия	astronomiya
biologie (de)	биология	biologiya
geografie (de)	география	geografiya
geologie (de)	геология	geologiya
geschiedenis (de)	тарих	tarix
geneeskunde (de)	медицина	meditsina
pedagogiek (de)	педагогика	pedagogika
rechten (mv.)	ҳуқуқ	huquq
fysica, natuurkunde (de)	физика	fizika
scheikunde (de)	кимё	kimyo
filosofie (de)	фалсафа	falsafa
psychologie (de)	психология	psixologiya

145. Schrift. Spelling

grammatica (de)	грамматика	grammatika
vocabulaire (het)	лексика	leksika
fonetiek (de)	фонетика	fonetika
zelfstandig naamwoord (het)	от	ot
bijvoeglijk naamwoord (het)	сифат	sifat
werkwoord (het)	феъл	fe'l
bijwoord (het)	равиш	ravish
voornaamwoord (het)	олмош	olmosh
tussenwerpsel (het)	ундов сўз	undov so'z
voorzetsel (het)	олд кўмакчи	old ko'makchi
stam (de)	сўз ўзаги	so'z o'zagi
achtervoegsel (het)	тугалланма	tugallanma
voorvoegsel (het)	олд қўшимча	old qo'shimcha
lettergreep (de)	бўғин	bo'g'in
achtervoegsel (het)	сўз ясовчи қўшимча	so'z yasovchi qo'shimcha
nadruk (de)	урғу	urg'u
afkappingsteken (het)	ажратиш белгиси	ajratish belgisi
punt (de)	нуқта	nuqta
komma (de/het)	вергул	vergul
puntkomma (de)	нуқтали вергул	nuqtali vergul
dubbelpunt (de)	қўш нуқта	qo'sh nuqta
beletselteken (het)	кўп нуқта	ko'p nuqta
vraagteken (het)	сўроқ белгиси	so'roq belgisi
uitroepteken (het)	ундов белгиси	undov belgisi

aanhalingstekens (mv.)	қўштирноқ	qo'shtirnoq
tussen aanhalingstekens (bw)	қўштирноқ ичида	qo'shtirnoq ichida
haakjes (mv.)	қавс	qavs
tussen haakjes (bw)	қавс ичида	qavs ichida

streepje (het)	дефис	defis
gedachtestreepje (het)	тире	tire
spatie	оралиқ	oraliq
(~ tussen twee woorden)		

| letter (de) | ҳарф | harf |
| hoofdletter (de) | бош ҳарф | bosh harf |

| klinker (de) | унли товуш | unli tovush |
| medeklinker (de) | ундош товуш | undosh tovush |

zin (de)	гап	gap
onderwerp (het)	ега	ega
gezegde (het)	кесим	kesim

regel (in een tekst)	сатр	satr
op een nieuwe regel (bw)	янги сатрдан	yangi satrdan
alinea (de)	абзац	abzats

woord (het)	сўз	so'z
woordgroep (de)	сўз бирикмаси	so'z birikmasi
uitdrukking (de)	ифода	ifoda
synoniem (het)	синоним	sinonim
antoniem (het)	антоним	antonim

regel (de)	қоида	qoida
uitzondering (de)	истисно	istisno
correct (bijv. ~e spelling)	тўғри	to'g'ri

vervoeging, conjugatie (de)	тусланиш	tuslanish
verbuiging, declinatie (de)	турланиш	turlanish
naamval (de)	келишик	kelishik
vraag (de)	савол	savol
onderstrepen (ww)	тагига чизмоқ	tagiga chizmoq
stippellijn (de)	пунктир	punktir

146. Vreemde talen

taal (de)	тил	til
vreemd (bn)	чет	chet
leren (bijv. van buiten ~)	ўрганмоқ	o'rganmoq
studeren (Nederlands ~)	ўрганмоқ	o'rganmoq

lezen (ww)	ўқимоқ	o'qimoq
spreken (ww)	гапирмоқ	gapirmoq
begrijpen (ww)	тушунмоқ	tushunmoq
schrijven (ww)	ёзмоқ	yozmoq
snel (bw)	тез	tez
langzaam (bw)	секин	sekin

vloeiend (bw)	еркин	erkin
regels (mv.)	қоидалар	qoidalar
grammatica (de)	грамматика	grammatika
vocabulaire (het)	лексика	leksika
fonetiek (de)	фонетика	fonetika
leerboek (het)	дарслик	darslik
woordenboek (het)	луғат	lug'at
leerboek (het) voor zelfstudie	мустақил ўрганиш учун қўлланма	mustaqil o'rganish uchun qo'llanma
taalgids (de)	сўзлашув китоби	so'zlashuv kitobi
cassette (de)	кассета	kasseta
videocassette (de)	видеокассета	videokasseta
CD (de)	СД-диск	CD-disk
DVD (de)	ДВД-диск	DVD-disk
alfabet (het)	алифбе	alifbe
spellen (ww)	ҳарфлаб гапирмоқ	harflab gapirmoq
uitspraak (de)	талаффуз	talaffuz
accent (het)	акцент	aktsent
met een accent (bw)	акценциз	aktsentsiz
zonder accent (bw)	акцент билан	aktsent bilan
woord (het)	сўз	so'z
betekenis (de)	маъно	ma'no
cursus (de)	курслар	kurslar
zich inschrijven (ww)	ёзилмоқ	yozilmoq
leraar (de)	ўқитувчи	o'qituvchi
vertaling (een ~ maken)	таржима	tarjima
vertaling (tekst)	таржима	tarjima
vertaler (de)	таржимон	tarjimon
tolk (de)	таржимон	tarjimon
polyglot (de)	полиглот	poliglot
geheugen (het)	хотира	xotira

147. Sprookjesfiguren

Sinterklaas (de)	Санта Клаус	Santa Klaus
Assepoester (de)	Золушка	Zolushka
zeemeermin (de)	сув париси	suv parisi
Neptunus (de)	Нептун	Neptun
magiër, tovenaar (de)	сеҳргар	sehrgar
goede heks (de)	сеҳргар	sehrgar
magisch (bn)	сеҳрли	sehrli
toverstokje (het)	сеҳрли таёқча	sehrli tayoqcha
sprookje (het)	ертак	ertak
wonder (het)	мўъжиза	mo'jiza

129

dwerg (de)	гном	gnom
veranderen in ...	... га айланмоқ	... ga aylanmoq
(anders worden)		

geest (de)	арвоҳ	arvoh
spook (het)	кўланка	ko'lanka
monster (het)	махлуқ	maxluq
draak (de)	аждаҳо	ajdaho
reus (de)	девқомат одам	devqomat odam

148. Dierenriem

Ram (de)	Қўй	Qo'y
Stier (de)	Бузоқ	Buzoq
Tweelingen (mv.)	Егизаклар	Egizaklar
Kreeft (de)	Қисқичбақа	Qisqichbaqa
Leeuw (de)	Шер	Sher
Maagd (de)	Паризод	Parizod

Weegschaal (de)	Тарози	Tarozi
Schorpioen (de)	Чаён	Chayon
Boogschutter (de)	ўқчи	o'qchi
Steenbok (de)	Така	Taka
Waterman (de)	Далв	Dalv
Vissen (mv.)	Балиқ	Baliq

karakter (het)	феъл-атвор	fe'l-atvor
karaktertrekken (mv.)	феъл-атвор хусусиятлари	fe'l-atvor xususiyatlari
gedrag (het)	хулқ	xulq
waarzeggen (ww)	фол очмоқ	fol ochmoq
waarzegster (de)	фолбин хотин	folbin xotin
horoscoop (de)	гороскоп	goroskop

Kunst

149. Theater

theater (het)	театр	teatr
opera (de)	опера	opera
operette (de)	оперетта	operetta
ballet (het)	балет	balet
affiche (de/het)	афиша	afisha
theatergezelschap (het)	труппа	truppa
tournee (de)	гастроллар	gastrollar
op tournee zijn	гастролга чиқмоқ	gastrolga chiqmoq
repeteren (ww)	репетиция қилмоқ	repetitsiya qilmoq
repetitie (de)	репетиция	repetitsiya
repertoire (het)	репертуар	repertuar
voorstelling (de)	томоша	tomosha
spektakel (het)	спектакл	spektakl
toneelstuk (het)	песа	pesa
biljet (het)	чипта	chipta
kassa (de)	чипта кассаси	chipta kassasi
foyer (de)	холл	xoll
garderobe (de)	гардероб	garderob
garderobe nummer (het)	рақамча	raqamcha
verrekijker (de)	дурбин	durbin
plaatsaanwijzer (de)	назоратчи	nazoratchi
parterre (de)	партер	parter
balkon (het)	балкон	balkon
gouden rang (de)	белетаж	beletaj
loge (de)	ложа	loja
rij (de)	қатор	qator
plaats (de)	ўрин	o'rin
publiek (het)	томошабинлар	tomoshabinlar
kijker (de)	томошабин	tomoshabin
klappen (ww)	қарсак чалмоқ	qarsak chalmoq
applaus (het)	қарсаклар	qarsaklar
ovatie (de)	гулдурос қарсаклар	gulduros qarsaklar
toneel (op het ~ staan)	саҳна	sahna
gordijn, doek (het)	парда	parda
toneeldecor (het)	декорация	dekoratsiya
backstage (de)	саҳнадаги ён декорация	sahnadagi yon dekoratsiya
scène (de)	кўриниш	ko'rinish
bedrijf (het)	парда	parda
pauze (de)	антракт	antrakt

150. Bioscoop

| acteur (de) | актёр | aktyor |
| actrice (de) | актриса | aktrisa |

bioscoop (de)	кино	kino
speelfilm (de)	кинофилм	kinofilm
aflevering (de)	серия	seriya

detectivefilm (de)	детектив	detektiv
actiefilm (de)	довруғи кетган кинофилм	dovrug'i ketgan kinofilm
avonturenfilm (de)	саргузашт филм	sarguzasht film
sciencefictionfilm (de)	фантастик филм	fantastik film
griezelfilm (de)	даҳшатли филм	dahshatli film

komedie (de)	кинокомедия	kinokomediya
melodrama (het)	мелодрама	melodrama
drama (het)	драма	drama

speelfilm (de)	бадиий филм	badiiy film
documentaire (de)	ҳужжатли филм	hujjatli film
tekenfilm (de)	мултфилм	multfilm
stomme film (de)	овозсиз кино	ovozsiz kino

rol (de)	рол	rol
hoofdrol (de)	бош рол	bosh rol
spelen (ww)	ўйнамоқ	o'ynamoq

filmster (de)	кино юлдузи	kino yulduzi
bekend (bn)	таниқли	taniqli
beroemd (bn)	машҳур	mashhur
populair (bn)	оммабоп	ommabop

scenario (het)	сценарий	stsenariy
scenarioschrijver (de)	сценарийчи	stsenariychi
regisseur (de)	режиссёр	rejissyor
filmproducent (de)	продюсер	prodyuser
assistent (de)	ассистент	assistent
cameraman (de)	оператор	operator
stuntman (de)	каскадёр	kaskadyor

een film maken	филмни суратга олмоқ	filmni suratga olmoq
auditie (de)	синовлар	sinovlar
opnamen (mv.)	суратга олиш	suratga olish
filmploeg (de)	суратга олиш гуруҳи	suratga olish guruhi
filmset (de)	суратга олиш майдончаси	suratga olish maydonchasi
filmcamera (de)	кинокамера	kinokamera

bioscoop (de)	кинотеатр	kinoteatr
scherm (het)	экран	ekran
een film vertonen	филмни намойиш қилмоқ	filmni namoyish qilmoq

geluidsspoor (de)	товуш йўлкачаси	tovush yo'lkachasi
speciale effecten (mv.)	махсус еффектлар	maxsus effektlar
ondertiteling (de)	субтитрлар	subtitrlar

| voortiteling, aftiteling (de) | титрлар | titrlar |
| vertaling (de) | таржима | tarjima |

151. Schilderij

kunst (de)	санъат	san'at
schone kunsten (mv.)	нафис санъат	nafis san'at
kunstgalerie (de)	галерея	galereya
kunsttentoonstelling (de)	расмлар кўргазмаси	rasmlar ko'rgazmasi
schilderkunst (de)	рассомлик	rassomlik
grafiek (de)	графика	grafika
abstracte kunst (de)	абстракционизм	abstraktsionizm
impressionisme (het)	импрессионизм	impressionizm
schilderij (het)	расм, сурат	rasm, surat
tekening (de)	расм	rasm
poster (de)	плакат	plakat
illustratie (de)	иллюстрация	illyustratsiya
miniatuur (de)	миниатюра	miniatyura
kopie (de)	нусха	nusxa
reproductie (de)	репродукция	reproduktsiya
mozaïek (het)	мозаика	mozaika
gebrandschilderd glas (het)	витраж	vitraj
fresco (het)	фреска	freska
gravure (de)	гравюра	gravyura
buste (de)	бюст	byust
beeldhouwwerk (het)	ҳайкал	haykal
beeld (bronzen ~)	ҳайкал	haykal
gips (het)	гипс	gips
gipsen (bn)	гипсдан	gipsdan
portret (het)	портрет	portret
zelfportret (het)	автопортрет	avtoportret
landschap (het)	манзара	manzara
stilleven (het)	натюрморт	natyurmort
karikatuur (de)	карикатура	karikatura
schets (de)	хомаки лойиҳа	xomaki loyiha
verf (de)	бўёқ	bo'yoq
aquarel (de)	акварел бўёқ	akvarel bo'yoq
olieverf (de)	мойбўёқ	moybo'yoq
potlood (het)	қалам	qalam
Oostindische inkt (de)	туш	tush
houtskool (de)	кўмир	ko'mir
schilderen (ww)	расм чизмоқ	rasm chizmoq
poseren (ww)	бирор қиёфада турмоқ	biror qiyofada turmoq
naaktmodel (man)	натурачи	naturachi
naaktmodel (vrouw)	натурачи	naturachi
kunstenaar (de)	рассом	rassom

133

kunstwerk (het)	асар	asar
meesterwerk (het)	шоҳ асар	shoh asar
studio, werkruimte (de)	устахона	ustaxona

schildersdoek (het)	холст	xolst
schildersezel (de)	молберт	molbert
palet (het)	палитра	palitra

lijst (een vergulde ~)	рамка	ramka
restauratie (de)	реставрация	restavratsiya
restaureren (ww)	реставрация қилмоқ	restavratsiya qilmoq

152. Literatuur & Poëzie

literatuur (de)	адабиёт	adabiyot
auteur (de)	муаллиф	muallif
pseudoniem (het)	тахаллус	taxallus

boek (het)	китоб	kitob
boekdeel (het)	жилд	jild
inhoudsopgave (de)	мундарижа	mundarija
pagina (de)	саҳифа	sahifa
hoofdpersoon (de)	бош қаҳрамон	bosh qahramon
handtekening (de)	дастхат	dastxat

verhaal (het)	ҳикоя	hikoya
novelle (de)	қисса	qissa
roman (de)	роман	roman
werk (literatuur)	асар	asar
fabel (de)	масал	masal
detectiveroman (de)	детектив	detektiv

gedicht (het)	шеър	she'r
poëzie (de)	шеърият	she'riyat
epos (het)	достон	doston
dichter (de)	шоир	shoir

fictie (de)	беллетристика	belletristika
sciencefiction (de)	илмий фантастика	ilmiy fantastika
avonturenroman (de)	саргузашт	sarguzasht
opvoedkundige literatuur (de)	ўқув адабиёти	o'quv adabiyoti
kinderliteratuur (de)	болалар адабиёти	bolalar adabiyoti

153. Circus

circus (de/het)	сирк	sirk
chapiteau circus (de/het)	сирк-шапито	sirk-shapito
programma (het)	дастур	dastur
voorstelling (de)	томоша	tomosha

| nummer (circus ~) | номер | nomer |
| arena (de) | арена | arena |

pantomime (de)	пантомима	pantomima
clown (de)	машарабоз	masharaboz
acrobaat (de)	акробат	akrobat
acrobatiek (de)	акробатика	akrobatika
gymnast (de)	гимнаст	gimnast
gymnastiek (de)	гимнастика	gimnastika
salto (de)	салто	salto
sterke man (de)	атлет	atlet
temmer (de)	бўйсиндирувчи	bo'ysindiruvchi
ruiter (de)	чавандоз	chavandoz
assistent (de)	ассистент	assistent
stunt (de)	хунар	xunar
goocheltruc (de)	фокус	fokus
goochelaar (de)	фокусчи	fokuschi
jongleur (de)	жонглёр	jonglyor
jongleren (ww)	жонглёрлик қилмоқ	jonglyorlik qilmoq
dierentrainer (de)	ҳайвонларни ўргатувчи	hayvonlarni o'rgatuvchi
dressuur (de)	ҳайвонларни ўргатиш	hayvonlarni o'rgatish
dresseren (ww)	ҳайвонларни ўргатмоқ	hayvonlarni o'rgatmoq

154. Muziek. Popmuziek

muziek (de)	мусиқа	musiqa
muzikant (de)	мусиқачи	musiqachi
muziekinstrument (het)	мусиқа асбоби	musiqa asbobi
spelen (bijv. gitaar ~)	... да ўйнамоқ	... da o'ynamoq
gitaar (de)	гитара	gitara
viool (de)	скрипка	skripka
cello (de)	виолончел	violonchel
contrabas (de)	контрабас	kontrabas
harp (de)	арфа	arfa
piano (de)	пианино	pianino
vleugel (de)	роял	royal
orgel (het)	орган	organ
blaasinstrumenten (mv.)	пуфлаб чалинадиган асбоблар	puflab chalinadigan asboblar
hobo (de)	гобой	goboy
saxofoon (de)	саксофон	saksofon
klarinet (de)	кларнет	klarnet
fluit (de)	най	nay
trompet (de)	труба	truba
accordeon (de/het)	аккордеон	akkordeon
trommel (de)	дўмбира	do'mbira
duet (het)	дует	duet
trio (het)	трио	trio

kwartet (het)	квартет	kvartet
koor (het)	хор	xor
orkest (het)	оркестр	orkestr
popmuziek (de)	поп-мусиқа	pop-musiqa
rockmuziek (de)	рок-мусиқа	rok-musiqa
rockgroep (de)	рок-гурух	rok-guruh
jazz (de)	джаз	djaz
idool (het)	санам	sanam
bewonderaar (de)	мухлис	muxlis
concert (het)	концерт	kontsert
symfonie (de)	симфония	simfoniya
compositie (de)	асар	asar
componeren (muziek ~)	ёзмоқ	yozmoq
zang (de)	қўшиқ айтиш	qo'shiq aytish
lied (het)	қўшиқ	qo'shiq
melodie (de)	мелодия	melodiya
ritme (het)	ритм	ritm
blues (de)	блюз	blyuz
bladmuziek (de)	ноталар	notalar
dirigeerstok (baton)	таёқча	tayoqcha
strijkstok (de)	камонча	kamoncha
snaar (de)	тор	tor
koffer (de)	ғилоф	g'ilof

Rusten. Entertainment. Reizen

155. Trip. Reizen

toerisme (het)	туризм	turizm
toerist (de)	сайёҳ	sayyoh
reis (de)	саёҳат	sayohat
avontuur (het)	саргузашт	sarguzasht
tocht (de)	сафарга бориб келиш	safarga borib kelish
vakantie (de)	таътил	ta'til
met vakantie zijn	таътилга чиқмоқ	ta'tilga chiqmoq
rust (de)	дам олиш	dam olish
trein (de)	поезд	poezd
met de trein	поездда	poezdda
vliegtuig (het)	самолёт	samolyot
met het vliegtuig	самолётда	samolyotda
met de auto	автомобилда	avtomobilda
per schip (bw)	кемада	kemada
bagage (de)	юк	yuk
valies (de)	чамадон	chamadon
bagagekarretje (het)	чамадон учун аравача	chamadon uchun aravacha
paspoort (het)	паспорт	pasport
visum (het)	виза	viza
kaartje (het)	чипта	chipta
vliegticket (het)	авиачипта	aviachipta
reisgids (de)	йўлкўрсаткич	yo'lko'rsatkich
kaart (de)	харита	xarita
gebied (landelijk ~)	жой	joy
plaats (de)	жой	joy
exotische bestemming (de)	екзотика	ekzotika
exotisch (bn)	екзотик	ekzotik
verwonderlijk (bn)	ажойиб	ajoyib
groep (de)	гурух	guruh
rondleiding (de)	екскурсия	ekskursiya
gids (de)	екскурсия раҳбари	ekskursiya rahbari

156. Hotel

hotel (het)	меҳмонхона	mehmonxona
motel (het)	мотел	motel
3-sterren	уч юлдуз	uch yulduz

5-sterren	беш юлдуз	besh yulduz
overnachten (ww)	тўхтамоқ	to'xtamoq

kamer (de)	номер, хона	nomer, xona
eenpersoonskamer (de)	бир ўринли номер	bir o'rinli nomer
tweepersoonskamer (de)	икки ўринли номер	ikki o'rinli nomer
een kamer reserveren	номерни банд қилмоқ	nomerni band qilmoq

halfpension (het)	ярим пансион	yarim pansion
volpension (het)	тўлиқ пансион	to'liq pansion

met badkamer	ваннаси билан	vannasi bilan
met douche	души билан	dushi bilan
satelliet-tv (de)	спутник телевиденияси	sputnik televideniyasi
airconditioner (de)	кондиционер	konditsioner
handdoek (de)	сочиқ	sochiq
sleutel (de)	калит	kalit

administrateur (de)	маъмур	ma'mur
kamermeisje (het)	ходима	xodima
piccolo (de)	ҳаммол	hammol
portier (de)	порте	porte

restaurant (het)	ресторан	restoran
bar (de)	бар	bar
ontbijt (het)	нонушта	nonushta
avondeten (het)	кечки овқат	kechki ovqat
buffet (het)	швед столи	shved stoli

hal (de)	вестибюл	vestibyul
lift (de)	лифт	lift

NIET STOREN	БЕЗОВТА ҚИЛИНМАСИН!	BEZOVTA QILINMASIN!
VERBODEN TE ROKEN!	СҲЕКИЛМАСИН!	CHEKILMASIN!

157. Boeken. Lezen

boek (het)	китоб	kitob
auteur (de)	муаллиф	muallif
schrijver (de)	ёзувчи	yozuvchi
schrijven (een boek)	ёзмоқ	yozmoq

lezer (de)	китобхон	kitobxon
lezen (ww)	ўқимоқ	o'qimoq
lezen (het)	ўқиш	o'qish

stil (~ lezen)	ичида	ichida
hardop (~ lezen)	овоз чиқариб	ovoz chiqarib

uitgeven (boek ~)	нашр қилмоқ	nashr qilmoq
uitgeven (het)	нашр	nashr
uitgever (de)	ношир	noshir
uitgeverij (de)	нашриёт	nashriyot
verschijnen (bijv. boek)	чиқмоқ	chiqmoq

verschijnen (het)	чиқиш	chiqish
oplage (de)	тираж	tiraj

boekhandel (de)	китоб дўкони	kitob do'koni
bibliotheek (de)	кутубхона	kutubxona

novelle (de)	қисса	qissa
verhaal (het)	ҳикоя	hikoya
roman (de)	роман	roman
detectiveroman (de)	детектив	detektiv

memoires (mv.)	мемуарлар	memuarlar
legende (de)	ривоят	rivoyat
mythe (de)	афсона	afsona

gedichten (mv.)	шеър	she'r
autobiografie (de)	таржимаи ҳол	tarjimai hol
bloemlezing (de)	сайланма	saylanma
sciencefiction (de)	илмий фантастика	ilmiy fantastika

naam (de)	номи	nomi
inleiding (de)	кириш	kirish
voorblad (het)	титул вараги	titul varag'i

hoofdstuk (het)	боб	bob
fragment (het)	парча	parcha
episode (de)	епизод	epizod

intrige (de)	сюжет	syujet
inhoud (de)	мундарижа	mundarija
inhoudsopgave (de)	мундарижа	mundarija
hoofdpersonage (het)	бош қаҳрамон	bosh qahramon

boekdeel (het)	жилд	jild
omslag (de/het)	муқова	muqova
boekband (de)	муқовалаш	muqovalash
bladwijzer (de)	хатчўп	xatcho'p

pagina (de)	саҳифа	sahifa
bladeren (ww)	варақлаш	varaqlash
marges (mv.)	ҳошия	hoshiya
annotatie (de)	белги	belgi
opmerking (de)	изоҳ	izoh

tekst (de)	матн	matn
lettertype (het)	шрифт	shrift
drukfout (de)	теришда йўл қўйилган хато	terishda yo'l qo'yilgan xato

vertaling (de)	таржима	tarjima
vertalen (ww)	таржима қилмоқ	tarjima qilmoq
origineel (het)	асл	asl

beroemd (bn)	машҳур	mashhur
onbekend (bn)	номаълум	noma'lum
interessant (bn)	қизиқарли	qiziqarli

bestseller (de)	бесцеллер	bestseller
woordenboek (het)	луғат	lug'at
leerboek (het)	дарслик	darslik
encyclopedie (de)	енциклопедия	entsiklopediya

158. Jacht. Vissen

jacht (de)	ов	ov
jagen (ww)	ов қилмоқ	ov qilmoq
jager (de)	овчи	ovchi

schieten (ww)	отмоқ	otmoq
geweer (het)	милтиқ	miltiq
patroon (de)	патрон	patron
hagel (de)	питра	pitra

val (de)	қопқон	qopqon
valstrik (de)	тузоқ	tuzoq
in de val trappen	қопқонга тушмоқ	qopqonga tushmoq
een val zetten	қопқон қўймоқ	qopqon qo'ymoq

stroper (de)	браконер	brakoner
wild (het)	илвасин	ilvasin
jachthond (de)	овчи ит	ovchi it
safari (de)	сафари	safari
opgezet dier (het)	тулум	tulum

visser (de)	балиқчи	baliqchi
visvangst (de)	балиқ ови	baliq ovi
vissen (ww)	балиқ овламоқ	baliq ovlamoq

hengel (de)	қармоқ	qarmoq
vislijn (de)	қармоқ ипи	qarmoq ipi
haak (de)	илгак	ilgak
dobber (de)	пўкак	po'kak
aas (het)	хўрак	xo'rak

| de hengel uitwerpen | қармоқ ташламоқ | qarmoq tashlamoq |
| bijten (ov. de vissen) | чўқиламоқ | cho'qilamoq |

| vangst (de) | овланган нарсалар | ovlangan narsalar |
| wak (het) | муздаги ўйиқ | muzdagi o'yiq |

| net (het) | тўр | to'r |
| boot (de) | қайиқ | qayiq |

vissen met netten	тўр билан овламоқ	to'r bilan ovlamoq
het net uitwerpen	тўр ташламоқ	to'r tashlamoq
het net binnenhalen	тўрни кўтармоқ	to'rni ko'tarmoq
in het net vallen	тўрга илинмоқ	to'rga ilinmoq

walvisvangst (de)	кит овловчи	kit ovlovchi
walvisvaarder (de)	кит овловчи кема	kit ovlovchi kema
harpoen (de)	гарпун	garpun

159. Spellen. Biljart

biljart (het)	билярд	bilyard
biljartzaal (de)	билярдхона	bilyardxona
biljartbal (de)	билярд шари	bilyard shari
een bal in het gat jagen	шарни уриб киритмоқ	sharni urib kiritmoq
keu (de)	кий	kiy
gat (het)	луза	luza

160. Spellen. Speelkaarten

ruiten (mv.)	ғиштин	g'ishtin
schoppen (mv.)	қарға	qarg'a
klaveren (mv.)	таппон	tappon
harten (mv.)	чиллик	chillik
aas (de)	туз	tuz
koning (de)	қирол	qirol
dame (de)	мотка	motka
boer (de)	саллот	sallot
speelkaart (de)	қарта	qarta
kaarten (mv.)	қарталар	qartalar
troef (de)	кузир	kuzir
pak (het) kaarten	қарта дастаси	qarta dastasi
punt (bijv. vijftig ~en)	очко	ochko
uitdelen (kaarten ~)	улашмоқ	ulashmoq
schudden (de kaarten ~)	чийламоқ	chiylamoq
beurt (de)	юриш	yurish
valsspeler (de)	ғирром	g'irrom

161. Casino. Roulette

casino (het)	казино	kazino
roulette (de)	рулетка	ruletka
inzet (de)	тикилган пул	tikilgan pul
een bod doen	пул тикмоқ	pul tikmoq
rood (de)	қизил	qizil
zwart (de)	қора	qora
inzetten op rood	қизилга тикмоқ	qizilga tikmoq
inzetten op zwart	қорага тикмоқ	qoraga tikmoq
croupier (de)	крупе	krupe
de cilinder draaien	барабанни айлантириш	barabanni aylantirish
spelregels (mv.)	ўйин қоидалари	o'yin qoidalari
fiche (pokerfiche, etc.)	соққа	soqqa
winnen (ww)	ютиб олмоқ	yutib olmoq
winst (de)	ютуқ	yutuq

verliezen (ww)	ютқизмоқ	yutqizmoq
verlies (het)	ютқизиқ	yutqiziq

speler (de)	ўйинчи	o'yinchi
blackjack (kaartspel)	блек джек	blek djek
dobbelspel (het)	ошиқ ўйини	oshiq o'yini
dobbelstenen (mv.)	ошиқлар	oshiqlar
speelautomaat (de)	ўйин автомати	o'yin avtomati

162. Rusten. Spellen. Diversen

wandelen (on.ww.)	сайр қилмоқ	sayr qilmoq
wandeling (de)	сайр	sayr
trip (per auto)	сайр	sayr
avontuur (het)	саргузашт	sarguzasht
picknick (de)	боғ сайри	bog' sayri

spel (het)	ўйин	o'yin
speler (de)	ўйинчи	o'yinchi
partij (de)	партия	partiya

collectioneur (de)	коллекционер	kollektsioner
collectioneren (ww)	коллекция йиғмоқ	kollektsiya yig'moq
collectie (de)	коллекция	kollektsiya

kruiswoordraadsel (het)	кроссворд	krossvord
hippodroom (de)	ипподром	ippodrom
discotheek (de)	дискотека	diskoteka

sauna (de)	сауна	sauna
loterij (de)	лотерея	lotereya

trektocht (kampeertocht)	сафар	safar
kamp (het)	қароргоҳ	qarorgoh
tent (de)	чодир	chodir
kompas (het)	компас	kompas
rugzaktoerist (de)	турист	turist

bekijken (een film ~)	кўрмоқ	ko'rmoq
kijker (televisie~)	телетомошабин	teletomoshabin
televisie-uitzending (de)	телеешиттириш	teleeshittirish

163. Fotografie

fotocamera (de)	фотоаппарат	fotoapparat
foto (de)	фото	foto

fotograaf (de)	фотосуратчи	fotosuratchi
fotostudio (de)	фотостудия	fotostudiya
fotoalbum (het)	фотоалбом	fotoalbom
lens (de), objectief (het)	объектив	ob'ektiv
telelens (de)	телеобъектив	teleob'ektiv

| filter (de/het) | филтр | filtr |
| lens (de) | линза | linza |

optiek (de)	оптика	optika
diafragma (het)	диафрагма	diafragma
belichtingstijd (de)	видержка	viderjka
zoeker (de)	видоискател	vidoiskatel

digitale camera (de)	рақамли камера	raqamli kamera
statief (het)	штатив	shtativ
flits (de)	вспишка	vspishka

fotograferen (ww)	фотосурат олмоқ	fotosurat olmoq
kieken (foto's maken)	суратга олмоқ	suratga olmoq
zich laten fotograferen	суратга тушмоқ	suratga tushmoq

focus (de)	равшанлик	ravshanlik
scherpstellen (ww)	равшанликни созлаш	ravshanlikni sozlash
scherp (bn)	равшан	ravshan
scherpte (de)	равшанлик	ravshanlik

| contrast (het) | контраст | kontrast |
| contrastrijk (bn) | контрастли | kontrastli |

kiekje (het)	сурат	surat
negatief (het)	негатив	negativ
filmpje (het)	фотоплёнка	fotoplyonka
beeld (frame)	кадр	kadr
afdrukken (foto's ~)	босмоқ	bosmoq

164. Strand. Zwemmen

strand (het)	пляж	plyaj
zand (het)	қум	qum
leeg (~ strand)	чўлга ўхшаган	cho'lga o'xshagan

bruine kleur (de)	офтобда қорайиш	oftobda qorayish
zonnebaden (ww)	офтобда қораймоқ	oftobda qoraymoq
gebruind (bn)	офтобда қорайган	oftobda qoraygan
zonnecrème (de)	қорайиш учун крем	qorayish uchun krem

bikini (de)	бикини	bikini
badpak (het)	купалник	kupalnik
zwembroek (de)	плавка	plavka

zwembad (het)	ховуз	hovuz
zwemmen (ww)	сузмоқ	suzmoq
douche (de)	душ	dush
zich omkleden (ww)	кийим алмаштирмоқ	kiyim almashtirmoq
handdoek (de)	сочиқ	sochiq

boot (de)	қайиқ	qayiq
motorboot (de)	катер	kater
waterski's (mv.)	сув чанғиси	suv chang'isi

143

waterfiets (de)	сув велосипеди	suv velosipedi
surfen (het)	серфинг	serfing
surfer (de)	серфингчи	serfingchi
scuba, aqualong (de)	акваланг	akvalang
zwemvliezen (mv.)	ласта	lasta
duikmasker (het)	маска	maska
duiker (de)	шўнғувчи	sho'ng'uvchi
duiken (ww)	шўнғимоқ	sho'ng'imoq
onder water (bw)	сув остида	suv ostida
parasol (de)	соябон	soyabon
ligstoel (de)	шезлонг	shezlong
zonnebril (de)	кўзойнак	ko'zoynak
luchtmatras (de/het)	сузиш учун матрац	suzish uchun matrats
spelen (ww)	ўйнамоқ	o'ynamoq
gaan zwemmen (ww)	чўмилмоқ	cho'milmoq
bal (de)	тўп	to'p
opblazen (oppompen)	шиширмоқ	shishirmoq
lucht-, opblaasbare (bn)	шишириладиган	shishiriladigan
golf (hoge ~)	тўлқин	to'lqin
boei (de)	буй	buy
verdrinken (ww)	чўкмоқ	cho'kmoq
redden (ww)	қутқармоқ	qutqarmoq
reddingsvest (de)	қутқарув жилети	qutqaruv jileti
waarnemen (ww)	кузатмоқ	kuzatmoq
redder (de)	қутқарувчи	qutqaruvchi

TECHNISCHE APPARATUUR. VERVOER

Technische apparatuur

165. Computer

computer (de)	компютер	kompyuter
laptop (de)	ноутбук	noutbuk
aanzetten (ww)	ёқмоқ	yoqmoq
uitzetten (ww)	ўчирмоқ	o'chirmoq
toetsenbord (het)	клавиатура	klaviatura
toets (enter~)	клавиша	klavisha
muis (de)	сичқон	sichqon
muismat (de)	гиламча	gilamcha
knopje (het)	тугма	tugma
cursor (de)	курсор	kursor
monitor (de)	монитор	monitor
scherm (het)	екран	ekran
harde schijf (de)	қаттиқ диск	qattiq disk
volume (het)	қаттиқ диск	qattiq disk
van de harde schijf	хотирасининг ҳажми	xotirasining hajmi
geheugen (het)	хотира	xotira
RAM-geheugen (het)	оператив хотира	operativ xotira
bestand (het)	файл	fayl
folder (de)	папка	papka
openen (ww)	очмоқ	ochmoq
sluiten (ww)	ёпмоқ	yopmoq
opslaan (ww)	сақламоқ	saqlamoq
verwijderen (wissen)	йўқ қилмоқ	yo'q qilmoq
kopiëren (ww)	нусха кўчирмоқ	nusxa ko'chirmoq
sorteren (ww)	сараламоқ	saralamoq
overplaatsen (ww)	қайта ёзмоқ	qayta yozmoq
programma (het)	дастур	dastur
software (de)	дастурий таъминот	dasturiy ta'minot
programmeur (de)	дастурчи	dasturchi
programmeren (ww)	дастурлаштирмоқ	dasturlashtirmoq
hacker (computerkraker)	хакер	xaker
wachtwoord (het)	парол	parol
virus (het)	вирус	virus
ontdekken (virus ~)	аниқламоқ	aniqlamoq

byte (de)	байт	bayt
megabyte (de)	мегабайт	megabayt

data (de)	маълумотлар	ma'lumotlar
databank (de)	маълумотлар базаси	ma'lumotlar bazasi

kabel (USB-~, enz.)	кабел	kabel
afsluiten (ww)	ажратмоқ	ajratmoq
aansluiten op (ww)	уламоқ	ulamoq

166. Internet. E-mail

internet (het)	интернет	internet
browser (de)	браузер	brauzer
zoekmachine (de)	қидирув ресурси	qidiruv resursi
internetprovider (de)	провайдер	provayder

webmaster (de)	веб-мастер	veb-master
website (de)	веб-сайт	veb-sayt
webpagina (de)	веб-саҳифа	veb-sahifa

adres (het)	манзил	manzil
adresboek (het)	манзил китоби	manzil kitobi

postvak (het)	почта қутиси	pochta qutisi
post (de)	почта	pochta
vol (~ postvak)	тўлиб кетган	to'lib ketgan

bericht (het)	хабар	xabar
binnenkomende berichten (mv.)	кирувчи хабарлар	kiruvchi xabarlar
uitgaande berichten (mv.)	чиқувчи хабарлар	chiquvchi xabarlar

verzender (de)	юборувчи	yuboruvchi
verzenden (ww)	жўнатмоқ	jo'natmoq
verzending (de)	жўнатиш	jo'natish

ontvanger (de)	олувчи	oluvchi
ontvangen (ww)	олмоқ	olmoq

correspondentie (de)	ёзишма	yozishma
corresponderen (met ...)	ёзишмоқ	yozishmoq

bestand (het)	файл	fayl
downloaden (ww)	кўчирмоқ	ko'chirmoq
creëren (ww)	яратмоқ	yaratmoq
verwijderen (een bestand ~)	йўқ қилмоқ	yo'q qilmoq
verwijderd (bn)	йўқ қилинган	yo'q qilingan

verbinding (de)	алоқа	aloqa
snelheid (de)	тезлик	tezlik
modem (de)	модем	modem
toegang (de)	кириш имконияти	kirish imkoniyati
poort (de)	порт	port

| aansluiting (de) | уланиш | ulanish |
| zich aansluiten (ww) | уланмоқ | ulanmoq |

| selecteren (ww) | танламоқ | tanlamoq |
| zoeken (ww) | изламоқ | izlamoq |

167. Elektriciteit

elektriciteit (de)	електр	elektr
elektrisch (bn)	електр	elektr
elektriciteitscentrale (de)	електр станцияси	elektr stantsiyasi
energie (de)	енергия	energiya
elektrisch vermogen (het)	електр енергияси	elektr energiyasi

lamp (de)	лампочка	lampochka
zaklamp (de)	фонар	fonar
straatlantaarn (de)	фонар	fonar

licht (elektriciteit)	ёруғлик	yorug'lik
aandoen (ww)	ёқмоқ	yoqmoq
uitdoen (ww)	ўчирмоқ	o'chirmoq
het licht uitdoen	чироқни ёқмоқ	chiroqni yoqmoq
doorbranden (gloeilamp)	куйиб кетмоқ	kuyib ketmoq
kortsluiting (de)	қисқа туташув	qisqa tutashuv
onderbreking (de)	узилиш	uzilish
contact (het)	контакт	kontakt

schakelaar (de)	улатгич	ulatgich
stopcontact (het)	розетка	rozetka
stekker (de)	вилка	vilka
verlengsnoer (de)	узайтиргич	uzaytirgich
zekering (de)	сақлагич	saqlagich
kabel (de)	сим	sim
bedrading (de)	електр сими	elektr simi

ampère (de)	ампер	amper
stroomsterkte (de)	ток кучи	tok kuchi
volt (de)	волт	volt
spanning (de)	кучланиш	kuchlanish

| elektrisch toestel (het) | електр асбоби | elektr asbobi |
| indicator (de) | индикатор | indikator |

elektricien (de)	електрик	elektrik
solderen (ww)	кавшарламоқ	kavsharlamoq
soldeerbout (de)	кавшарлагич	kavsharlagich
stroom (de)	ток	tok

168. Gereedschappen

| werktuig (stuk gereedschap) | асбоб | asbob |
| gereedschap (het) | асбоблар | asboblar |

uitrusting (de)	асбоб-ускуна	asbob-uskuna
hamer (de)	болға	bolg'a
schroevendraaier (de)	отвёртка	otvyortka
bijl (de)	болта	bolta

zaag (de)	арра	arra
zagen (ww)	арраламоқ	arralamoq
schaaf (de)	ранда	randa
schaven (ww)	рандаламоқ	randalamoq
soldeerbout (de)	кавшарлагич	kavsharlagich
solderen (ww)	кавшарламоқ	kavsharlamoq

vijl (de)	егов	egov
nijptang (de)	омбир	ombir
combinatietang (de)	ясси омбир	yassi ombir
beitel (de)	искана	iskana

boorkop (de)	парма	parma
boormachine (de)	дрел	drel
boren (ww)	пармаламоқ	parmalamoq

mes (het)	пичоқ	pichoq
zakmes (het)	чўнтаки пичоқ	cho'ntaki pichoq
knip- (abn)	буклама	buklama
lemmet (het)	тиғ	tig'

scherp (bijv. ~ mes)	ўткир	o'tkir
bot (bn)	ўтмас	o'tmas
bot raken (ww)	ўтмаслашмоқ	o'tmaslashmoq
slijpen (een mes ~)	чархламоқ	charxlamoq

bout (de)	болт	bolt
moer (de)	гайка	gayka
schroefdraad (de)	резба	rezba
houtschroef (de)	шуруп	shurup

| nagel (de) | мих | mix |
| kop (de) | қалпоқ | qalpoq |

liniaal (de/het)	чизгич	chizg'ich
rolmeter (de)	рулетка	ruletka
waterpas (de/het)	шайтон	shayton
loep (de)	лупа	lupa

meetinstrument (het)	ўлчов асбоби	o'lchov asbobi
opmeten (ww)	ўлчаш	o'lchash
schaal (meetschaal)	шкала	shkala
gegevens (mv.)	кўрсатиш	ko'rsatish

| compressor (de) | компрессор | kompressor |
| microscoop (de) | микроскоп | mikroskop |

pomp (de)	насос	nasos
robot (de)	робот	robot
laser (de)	лазер	lazer
moersleutel (de)	гайка калити	gayka kaliti

| plakband (de) | тасма-скотч | tasma-skotch |
| lijm (de) | елим | elim |

schuurpapier (het)	қумқоғоз	qumqog'oz
veer (de)	пружина	prujina
magneet (de)	магнит	magnit
handschoenen (mv.)	қўлқоплар	qo'lqoplar

touw (bijv. henneptouw)	арқон	arqon
snoer (het)	чилвир	chilvir
draad (de)	сим	sim
kabel (de)	кабел	kabel

moker (de)	босқон	bosqon
breekijzer (het)	лом	lom
ladder (de)	нарвон	narvon
trapje (inklapbaar ~)	икки ёққа очиладиган нарвон	ikki yoqqa ochiladigan narvon

aanschroeven (ww)	бураб қотирмоқ	burab qotirmoq
losschroeven (ww)	бураб очмоқ	burab ochmoq
dichtpersen (ww)	қисмоқ	qismoq
vastlijmen (ww)	ёпиштирмоқ	yopishtirmoq
snijden (ww)	кесмоқ	kesmoq

defect (het)	бузилганлик	buzilganlik
reparatie (de)	тузатиш	tuzatish
repareren (ww)	таъмирламоқ	ta'mirlamoq
regelen (een machine ~)	созламоқ	sozlamoq

nakijken (ww)	текширмоқ	tekshirmoq
controle (de)	текширув	tekshiruv
gegevens (mv.)	кўрсатиш	ko'rsatish

| degelijk (bijv. ~ machine) | ишончли | ishonchli |
| ingewikkeld (bn) | мураккаб | murakkab |

roesten (ww)	зангламоқ	zanglamoq
roestig (bn)	занглаган	zanglagan
roest (de/het)	занг	zang

Vervoer

169. Vliegtuig

vliegtuig (het)	самолёт	samolyot
vliegticket (het)	авиачипта	aviachipta
luchtvaartmaatschappij (de)	авиакомпания	aviakompaniya
luchthaven (de)	аэропорт	aeroport
supersonisch (bn)	товушдан тез	tovushdan tez
gezagvoerder (de)	кема командири	kema komandiri
bemanning (de)	екипаж	ekipaj
piloot (de)	учувчи	uchuvchi
stewardess (de)	стюардесса	styuardessa
stuurman (de)	штурман	shturman
vleugels (mv.)	қанотлар	qanotlar
staart (de)	дум	dum
cabine (de)	кабина	kabina
motor (de)	двигател	dvigatel
landingsgestel (het)	шасси	shassi
turbine (de)	турбина	turbina
propeller (de)	пропеллер	propeller
zwarte doos (de)	қора яшик	qora yashik
stuur (het)	штурвал	shturval
brandstof (de)	ёқилғи	yoqilg'i
veiligheidskaart (de)	инструкция	instruktsiya
zuurstofmasker (het)	кислород маскаси	kislorod maskasi
uniform (het)	униформа	uniforma
reddingsvest (de)	қутқарув жилети	qutqaruv jileti
parachute (de)	парашют	parashyut
opstijgen (het)	учиш	uchish
opstijgen (ww)	учиб чиқмоқ	uchib chiqmoq
startbaan (de)	учиш майдони	uchish maydoni
zicht (het)	кўриниш	ko'rinish
vlucht (de)	парвоз	parvoz
hoogte (de)	баландлик	balandlik
luchtzak (de)	ҳаво ўпқони	havo o'pqoni
plaats (de)	ўрин	o'rin
koptelefoon (de)	наушниклар	naushniklar
tafeltje (het)	қайтарма столча	qaytarma stolcha
venster (het)	иллюминатор	illyuminator
gangpad (het)	ўтиш йўли	o'tish yo'li

170. Trein

trein (de)	поезд	poezd
elektrische trein (de)	електр поезди	elektr poezdi
sneltrein (de)	тезюрар поезд	tezyurar poezd
diesellocomotief (de)	тепловоз	teplovoz
locomotief (de)	паровоз	parovoz
rijtuig (het)	вагон	vagon
restauratierijtuig (het)	вагон-ресторан	vagon-restoran
rails (mv.)	релслар	relslar
spoorweg (de)	темир йўл	temir yo'l
dwarsligger (de)	шпала	shpala
perron (het)	платформа	platforma
spoor (het)	йўл	yo'l
semafoor (de)	семафор	semafor
halte (bijv. kleine treinhalte)	станция	stantsiya
machinist (de)	машинист	mashinist
kruier (de)	ҳаммол	hammol
conducteur (de)	проводник	provodnik
passagier (de)	йўловчи	yo'lovchi
controleur (de)	назоратчи	nazoratchi
gang (in een trein)	йўлак	yo'lak
noodrem (de)	стоп-кран	stop-kran
coupé (de)	купе	kupe
bed (slaapplaats)	полка	polka
bovenste bed (het)	юқори полка	yuqori polka
onderste bed (het)	пастки полка	pastki polka
beddengoed (het)	чойшаб	choyshab
kaartje (het)	чипта	chipta
dienstregeling (de)	жадвал	jadval
informatiebord (het)	табло	tablo
vertrekken (De trein vertrekt ...)	жўнамоқ	jo'namoq
vertrek (ov. een trein)	жўнаш	jo'nash
aankomen (ov. de treinen)	етиб келмоқ	etib kelmoq
aankomst (de)	етиб келиш	etib kelish
aankomen per trein	поезда келмоқ	poezda kelmoq
in de trein stappen	поедга ўтирмоқ	poedga o'tirmoq
uit de trein stappen	поезддан тушмоқ	poezddan tushmoq
treinwrak (het)	ҳалокат	halokat
ontspoord zijn	релслардан чиқиб кетмоқ	relslardan chiqib ketmoq
locomotief (de)	паровоз	parovoz
stoker (de)	ўтёқар	o'tyoqar
stookplaats (de)	ўтхона	o'txona
steenkool (de)	кўмир	ko'mir

171. Schip

schip (het)	кема	kema
vaartuig (het)	кема	kema
stoomboot (de)	пароход	paroxod
motorschip (het)	теплоход	teploxod
lijnschip (het)	лайнер	layner
kruiser (de)	крейсер	kreyser
jacht (het)	яхта	yaxta
sleepboot (de)	шатакчи кема	shatakchi kema
duwbak (de)	баржа	barja
ferryboot (de)	паром	parom
zeilboot (de)	елканли кема	elkanli kema
brigantijn (de)	бригантина	brigantina
IJsbreker (de)	музёрар	muzyorar
duikboot (de)	сув ости кемаси	suv osti kemasi
boot (de)	қайиқ	qayiq
sloep (de)	шлюпка	shlyupka
reddingssloep (de)	қутқарув шлюпкаси	qutqaruv shlyupkasi
motorboot (de)	катер	kater
kapitein (de)	капитан	kapitan
zeeman (de)	матрос	matros
matroos (de)	денгизчи	dengizchi
bemanning (de)	екипаж	ekipaj
bootsman (de)	боцман	botsman
scheepsjongen (de)	юнга	yunga
kok (de)	кок	kok
scheepsarts (de)	кема врачи	kema vrachi
dek (het)	палуба	paluba
mast (de)	мачта	machta
zeil (het)	елкан	elkan
ruim (het)	трюм	tryum
voorsteven (de)	тумшуқ	tumshuq
achtersteven (de)	қуйруқ	quyruq
roeispaan (de)	ешкак	eshkak
schroef (de)	винт	vint
kajuit (de)	каюта	kayuta
officierskamer (de)	кают-компания	kayut-kompaniya
machinekamer (de)	машина бўлинмаси	mashina bo'linmasi
brug (de)	капитан кўприкчаси	kapitan ko'prikchasi
radiokamer (de)	радиорубка	radiorubka
radiogolf (de)	тўлқин	to'lqin
logboek (het)	кема журнали	kema jurnali
verrekijker (de)	узун дурбин	uzun durbin
klok (de)	қўнғироқ	qo'ng'iroq

vlag (de)	байроқ	bayroq
kabel (de)	йўғон арқон	yo'g'on arqon
knoop (de)	тугун	tugun

| trapleuning (de) | тутқич | tutqich |
| trap (de) | трап | trap |

anker (het)	лангар	langar
het anker lichten	лангар кўтармоқ	langar ko'tarmoq
het anker neerlaten	лангар ташламоқ	langar tashlamoq
ankerketting (de)	лангар занжири	langar zanjiri

haven (bijv. containerhaven)	порт	port
kaai (de)	причал	prichal
aanleggen (ww)	келиб тўхтамоқ	kelib to'xtamoq
wegvaren (ww)	жўнамоқ	jo'namoq

reis (de)	саёхат	sayohat
cruise (de)	денгиз саёхати	dengiz sayohati
koers (de)	курс	kurs
route (de)	маршрут	marshrut

vaarwater (het)	фарватер	farvater
zandbank (de)	саёзлик	sayozlik
stranden (ww)	саёзликка ўтирмоқ	sayozlikka o'tirmoq

storm (de)	довул	dovul
signaal (het)	сигнал	signal
zinken (ov. een boot)	чўкмоқ	cho'kmoq
Man overboord!	сувда одам бор!	suvda odam bor!
SOS (noodsignaal)	СОС!	SOS!
reddingsboei (de)	қутқариш халқаси	qutqarish halqasi

172. Vliegveld

luchthaven (de)	аэропорт	aeroport
vliegtuig (het)	самолёт	samolyot
luchtvaartmaatschappij (de)	авиакомпания	aviakompaniya
luchtverkeersleider (de)	диспетчер	dispetcher

vertrek (het)	учиб кетиш	uchib ketish
aankomst (de)	учиб келиш	uchib kelish
aankomen (per vliegtuig)	учиб келмоқ	uchib kelmoq

| vertrektijd (de) | учиб кетиш вақти | uchib ketish vaqti |
| aankomstuur (het) | учиб келиш вақти | uchib kelish vaqti |

| vertraagd zijn (ww) | кечикмоқ | kechikmoq |
| vluchtvertraging (de) | учиб кетишнинг кечикиши | uchib ketishning kechikishi |

informatiebord (het)	маълумотлар таблоси	ma'lumotlar tablosi
informatie (de)	маълумот	ma'lumot
aankondigen (ww)	еълон қилмоқ	e'lon qilmoq
vlucht (bijv. KLM ~)	рейс	reys

153

| douane (de) | божхона | bojxona |
| douanier (de) | божхона ходими | bojxona xodimi |

douaneaangifte (de)	декларация	deklaratsiya
een douaneaangifte invullen	декларация тўлдирмоқ	deklaratsiya to'ldirmoq
paspoortcontrole (de)	паспорт назорати	pasport nazorati

bagage (de)	юк	yuk
handbagage (de)	қўл юки	qo'l yuki
bagagekarretje (het)	аравача	aravacha

landing (de)	қўниш	qo'nish
landingsbaan (de)	қўниш майдони	qo'nish maydoni
landen (ww)	қўнмоқ	qo'nmoq
vliegtuigtrap (de)	трап	trap

inchecken (het)	рўйхатдан ўтиш	ro'yxatdan o'tish
incheckbalie (de)	рўйхатдан ўтиш жойи	ro'yxatdan o'tish joyi
inchecken (ww)	рўйхатдан ўтмоқ	ro'yxatdan o'tmoq
instapkaart (de)	чиқиш талони	chiqish taloni
gate (de)	чиқиш	chiqish

transit (de)	транзит	tranzit
wachten (ww)	кутмоқ	kutmoq
wachtzaal (de)	кутиш зали	kutish zali
begeleiden (uitwuiven)	кузатмоқ	kuzatmoq
afscheid nemen (ww)	хайрлашмоқ	xayrlashmoq

173. Fiets. Motorfiets

fiets (de)	велосипед	velosiped
bromfiets (de)	мотороллер	motoroller
motorfiets (de)	мотоцикл	mototsikl

met de fiets rijden	велосипедда юрмоқ	velosipedda yurmoq
stuur (het)	рул	rul
pedaal (de/het)	педал	pedal
remmen (mv.)	тормозлар	tormozlar
fietszadel (de/het)	егар	egar

pomp (de)	насос	nasos
bagagedrager (de)	юкхона	yukxona
fietslicht (het)	фонар	fonar
helm (de)	шлем	shlem

wiel (het)	ғилдирак	g'ildirak
spatbord (het)	қанот	qanot
velg (de)	гардиш	gardish
spaak (de)	кегай	kegay

Auto's

174. Soorten auto's

auto (de)	автомобил	avtomobil
sportauto (de)	спорт автомобили	sport avtomobili
limousine (de)	лимузин	limuzin
terreinwagen (de)	внедорожник	vnedorojnik
cabriolet (de)	кабриолет	kabriolet
minibus (de)	микроавтобус	mikroavtobus
ambulance (de)	тез ёрдам	tez yordam
sneeuwruimer (de)	қор куровчи машина	qor kurovchi mashina
vrachtwagen (de)	юк машинаси	yuk mashinasi
tankwagen (de)	бензин ташийдиган машина	benzin tashiydigan mashina
bestelwagen (de)	фургон	furgon
trekker (de)	шатакчи машина	shatakchi mashina
aanhangwagen (de)	тиркама	tirkama
comfortabel (bn)	қулай	qulay
tweedehands (bn)	тутилган	tutilgan

175. Auto's. Carrosserie

motorkap (de)	капот	kapot
spatbord (het)	қанот	qanot
dak (het)	том	tom
voorruit (de)	шамол тўсадиган ойна	shamol to'sadigan oyna
achterruit (de)	орқа кўриниш кўзгуси	orqa ko'rinish ko'zgusi
ruitensproeier (de)	ойна ювгич	oyna yuvgich
wisserbladen (mv.)	ойна тозалагичлар	oyna tozalagichlar
zijruit (de)	ён ойна	yon oyna
raamlift (de)	ойна кўтаргич	oyna ko'targich
antenne (de)	антенна	antenna
zonnedak (het)	люк	lyuk
bumper (de)	бампер	bamper
koffer (de)	юкхона	yukxona
portier (het)	ешик	eshik
handvat (het)	тутқич	tutqich
slot (het)	қулф	qulf
nummerplaat (de)	номер	nomer
knalpot (de)	глушител	glushitel

| benzinetank (de) | бензобак | benzobak |
| uitlaatpijp (de) | ишланган газлар трубаси | ishlangan gazlar trubasi |

gas (het)	газ	gaz
pedaal (de/het)	педал	pedal
gaspedaal (de/het)	газ педали	gaz pedali

rem (de)	тормоз	tormoz
rempedaal (de/het)	тормоз педали	tormoz pedali
remmen (ww)	тормоз бермоқ	tormoz bermoq
handrem (de)	тўхтаб туриш тормози	to'xtab turish tormozi

koppeling (de)	сцепление	stseplenie
koppelingspedaal (de/het)	сцепление педали	stseplenie pedali
koppelingsschijf (de)	сцепление диски	stseplenie diski
schokdemper (de)	амортизатор	amortizator

wiel (het)	ғилдирак	g'ildirak
reservewiel (het)	захира ғилдирак	zahira g'ildirak
wieldop (de)	қопқоқ	qopqoq

aandrijfwielen (mv.)	етакловчи ғилдирак	etaklovchi g'ildirak
met voorwielaandrijving	олдинги узатмали	oldingi uzatmali
met achterwielaandrijving	орқа узатмали	orqa uzatmali
met vierwielaandrijving	тўлиқ узатмали	to'liq uzatmali

versnellingsbak (de)	узатиш қутиси	uzatish qutisi
automatisch (bn)	автоматик	avtomatik
mechanisch (bn)	механик	mexanik
versnellingspook (de)	узатиш қутиси ричаги	uzatish qutisi richagi

| voorlicht (het) | фара | fara |
| voorlichten (mv.) | фаралар | faralar |

dimlicht (het)	яқин чироқ	yaqin chiroq
grootlicht (het)	узоқ чироқ	uzoq chiroq
stoplicht (het)	тўхташ сигнали	to'xtash signali

standlichten (mv.)	габарит чироқлари	gabarit chiroqlari
noodverlichting (de)	авария чироқлари	avariya chiroqlari
mistlichten (mv.)	туманга қарши фаралар	tumanga qarshi faralar
pinker (de)	бурилиш чироғи	burilish chirog'i
achteruitrijdlicht (het)	орқага юриш чироғи	orqaga yurish chirog'i

176. Auto's. Passagiersruimte

interieur (het)	салон	salon
leren (van leer gemaak)	чарм	charm
fluwelen (abn)	велюр	velyur
bekleding (de)	қоплама	qoplama

toestel (het)	асбоб	asbob
instrumentenbord (het)	асбоблар шчити	asboblar shchiti
snelheidsmeter (de)	спидометр	spidometr

pijltje (het)	стрелка	strelka
kilometerteller (de)	счётчик	schyotchik
sensor (de)	датчик	datchik
niveau (het)	сатх	sath
controlelampje (het)	лампочка	lampochka
stuur (het)	рул	rul
toeter (de)	сигнал	signal
knopje (het)	тугма	tugma
schakelaar (de)	переключател	pereklyuchatel
stoel (bestuurders~)	ўриндиқ	o'rindiq
rugleuning (de)	суянчиқ	suyanchiq
hoofdsteun (de)	боштирагич	boshtiragich
veiligheidsgordel (de)	хавфсизлик камари	xavfsizlik kamari
de gordel aandoen	камарни қадамоқ	kamarni qadamoq
regeling (de)	созлаш	sozlash
airbag (de)	ҳаво ёстиқчаси	havo yostiqchasi
airconditioner (de)	кондиционер	konditsioner
radio (de)	радио	radio
CD-speler (de)	СД-проигриватeл	CD-proigrivatel
aanzetten (bijv. radio ~)	ёқмоқ	yoqmoq
antenne (de)	антенна	antenna
handschoenenkastje (het)	бардачок	bardachok
asbak (de)	кулдон	kuldon

177. Auto's. Motor

diesel- (abn)	дизел	dizel
benzine- (~motor)	бензин	benzin
motorinhoud (de)	двигател ҳажми	dvigatel hajmi
vermogen (het)	қувват	quvvat
paardenkracht (de)	от кучи	ot kuchi
zuiger (de)	поршен	porshen
cilinder (de)	силиндр	silindr
klep (de)	клапан	klapan
injectie (de)	инжектор	injektor
generator (de)	генератор	generator
carburator (de)	карбюратор	karbyurator
motorolie (de)	мотор мойи	motor moyi
radiator (de)	радиатор	radiator
koelvloeistof (de)	совитувчи суюқлик	sovituvchi suyuqlik
ventilator (de)	вентилятор	ventilyator
accu (de)	аккумулятор	akkumulyator
starter (de)	стартер	starter
contact (ontsteking)	ўт олдириш тизими	o't oldirish tizimi
bougie (de)	ўт олдириш свечаси	o't oldirish svechasi
pool (de)	клемма	klemma

positieve pool (de)	плюс	plyus
negatieve pool (de)	минус	minus
zekering (de)	сақлагич	saqlagich

luchtfilter (de)	ҳаво филтри	havo filtri
oliefilter (de)	мой филтри	moy filtri
benzinefilter (de)	ёқилғи филтри	yoqilg'i filtri

178. Auto's. Botsing. Reparatie

auto-ongeval (het)	авария	avariya
verkeersongeluk (het)	йўл ходисаси	yo'l xodisasi
aanrijden	урилмоқ	urilmoq
(tegen een boom, enz.)		
verongelukken (ww)	чилпарчин бўлмоқ	chilparchin bo'lmoq
beschadiging (de)	шикастланиш	shikastlanish
heelhuids (bn)	бутун	butun

| kapot gaan (zijn gebroken) | бузилмоқ | buzilmoq |
| sleeptouw (het) | шатак бурама арқони | shatak burama arqoni |

lek (het)	тешилиш	teshilish
lekke krijgen (band)	бўшаб қолмоқ	bo'shab qolmoq
oppompen (ww)	дам бермоқ	dam bermoq
druk (de)	босим	bosim
checken (controleren)	текширмоқ	tekshirmoq

reparatie (de)	таъмир	ta'mir
garage (de)	таъмирлаш устахонаси	ta'mirlash ustaxonasi
wisselstuk (het)	эҳтиёт қисм	ehtiyot qism
onderdeel (het)	қисм	qism

bout (de)	болт	bolt
schroef (de)	винт	vint
moer (de)	гайка	gayka
sluitring (de)	шайба	shayba
kogellager (de/het)	подшипник	podshipnik

pijp (de)	трубка	trubka
pakking (de)	прокладка	prokladka
kabel (de)	сим	sim

dommekracht (de)	домкрат	domkrat
moersleutel (de)	гайка калити	gayka kaliti
hamer (de)	болға	bolg'a
pomp (de)	насос	nasos
schroevendraaier (de)	отвёртка	otvyortka

| brandblusser (de) | ўтўчиргич | o'to'chirgich |
| gevarendriehoek (de) | авария учбурчаги | avariya uchburchagi |

afslaan	ўчиб қолмоқ	o'chib qolmoq
(ophouden te werken)		
uitvallen (het)	тўхтаб қолиш	to'xtab qolish

zijn gebroken	бузилган бўлмоқ	buzilgan bo'lmoq
oververhitten (ww)	қизиб кетмоқ	qizib ketmoq
verstopt raken (ww)	ифлосланмоқ	ifloslanmoq
bevriezen (autodeur, enz.)	музламоқ	muzlamoq
barsten (leidingen, enz.)	ёрилмоқ	yorilmoq

druk (de)	босим	bosim
niveau (bijv. olieniveau)	сатҳ	sath
slap (de drijfriem is ~)	бўш	bo'sh

deuk (de)	езилган жой	ezilgan joy
geklop (vreemde geluiden)	тақиллаш	taqillash
barst (de)	дарз	darz
kras (de)	тирналган жой	tirnalgan joy

179. Auto's. Weg

weg (de)	йўл	yo'l
snelweg (de)	автомагистрал	avtomagistral
autoweg (de)	шоссе	shosse
richting (de)	йўналиш	yo'nalish
afstand (de)	масофа	masofa

brug (de)	кўприк	ko'prik
parking (de)	паркинг	parking
plein (het)	майдон	maydon
verkeersknooppunt (het)	остин-устун чорраҳа	ostin-ustun chorraha
tunnel (de)	тоннел	tonnel

benzinestation (het)	ёқилғи қуйиш шохобчаси	yoqilg'i quyish shoxobchasi
parking (de)	тўхташ жойи	to'xtash joyi
benzinepomp (de)	бензоколонка	benzokolonka
garage (de)	гараж	garaj
tanken (ww)	ёқилғи қуймоқ	yoqilg'i quymoq
brandstof (de)	ёқилғи	yoqilg'i
jerrycan (de)	канистра	kanistra

asfalt (het)	асфалт	asfalt
markering (de)	белги	belgi
trottoirband (de)	бордюр	bordyur
geleiderail (de)	тўсиқ	to'siq
greppel (de)	йўл четидаги ариқ	yo'l chetidagi ariq
vluchtstrook (de)	йўл чети	yo'l cheti
lichtmast (de)	устун	ustun

besturen (een auto ~)	бошқармоқ	boshqarmoq
afslaan (naar rechts ~)	бурмоқ	burmoq
U-bocht maken (ww)	орқага айланмоқ	orqaga aylanmoq
achteruit (de)	орқага юриш	orqaga yurish

toeteren (ww)	сигнал бермоқ	signal bermoq
toeter (de)	товуш сигнали	tovush signali
vastzitten (in modder)	тиқилиб қолмоқ	tiqilib qolmoq
spinnen (wielen gaan ~)	шатаксирамоқ	shataksiramoq

uitzetten (ww)	ўчирмоқ	o'chirmoq
snelheid (de)	тезлик	tezlik
een snelheidsovertreding maken	тезликни оширмоқ	tezlikni oshirmoq
bekeuren (ww)	жарима солмоқ	jarima solmoq
verkeerslicht (het)	светофор	svetofor
rijbewijs (het)	ҳайдовчилик гувоҳномаси	haydovchilik guvohnomasi
overgang (de)	йўлни кесиб ўтиш жойи	yo'lni kesib o'tish joyi
kruispunt (het)	чорраҳа	chorraha
zebrapad (oversteekplaats)	йўловчилар ўтиш жойи	yo'lovchilar o'tish joyi
bocht (de)	бурилиш	burilish
voetgangerszone (de)	йўловчилар зонаси	yo'lovchilar zonasi

180. Verkeersborden

verkeersregels (mv.)	йўл ҳаракати қоидалари	yo'l harakati qoidalari
verkeersbord (het)	белги	belgi
inhalen (het)	қувиб ўтиш	quvib o'tish
bocht (de)	бурилиш	burilish
U-bocht, kering (de)	орқага айланиш	orqaga aylanish
Rotonde (de)	айланма ҳаракат	aylanma harakat
Verboden richting	кириш тақиқланган	kirish taqiqlangan
Verboden toegang	ҳаракат тақиқланган	harakat taqiqlangan
Inhalen verboden	қувиб ўтиш тақиқланган	quvib o'tish taqiqlangan
Parkeerverbod	тўхтаб туриш тақиқланган	to'xtab turish taqiqlangan
Verbod stil te staan	тўхташ тақиқланган	to'xtash taqiqlangan
Gevaarlijke bocht	кескин бурилиш	keskin burilish
Gevaarlijke daling	тик қиялик	tik qiyalik
Eenrichtingsweg	бир томонлама ҳаракат	bir tomonlama harakat
Voetgangers	йўловчилар ўтиш жойи	yo'lovchilar o'tish joyi
Slipgevaar	сирпанчиқ йўл	sirpanchiq yo'l
Voorrang verlenen	йўлни бўшат	yo'lni bo'shat

MENSEN. GEBEURTENISSEN IN HET LEVEN

Gebeurtenissen in het leven

181. Vakanties. Evenement

feest (het)	байрам	bayram
nationale feestdag (de)	миллий байрам	milliy bayram
feestdag (de)	байрам куни	bayram kuni
herdenken (ww)	байрам қилмоқ	bayram qilmoq
gebeurtenis (de)	воқеа	voqea
evenement (het)	тадбир	tadbir
banket (het)	банкет	banket
receptie (de)	қабул	qabul
feestmaal (het)	базм	bazm
verjaardag (de)	йиллик	yillik
jubileum (het)	юбилей	yubiley
vieren (ww)	нишонламоқ	nishonlamoq
Nieuwjaar (het)	Янги Йил	Yangi Yil
Gelukkig Nieuwjaar!	Янги Йил билан!	Yangi Yil bilan!
Kerstfeest (het)	Рождество	Rojdestvo
Vrolijk kerstfeest!	Қувноқ Рождество тилайман!	Quvnoq Rojdestvo tilayman!
kerstboom (de)	Рождество арчаси	Rojdestvo archasi
vuurwerk (het)	мушак	mushak
bruiloft (de)	никоҳ тўйи	nikoh to'yi
bruidegom (de)	куёв	kuyov
bruid (de)	келин	kelin
uitnodigen (ww)	таклиф қилмоқ	taklif qilmoq
uitnodiging (de)	таклифнома	taklifnoma
gast (de)	меҳмон	mehmon
op bezoek gaan	меҳмонга бормоқ	mehmonga bormoq
gasten verwelkomen	меҳмонларни кутмоқ	mehmonlarni kutmoq
geschenk, cadeau (het)	совға	sovg'a
geven (iets cadeau ~)	совға қилмоқ	sovg'a qilmoq
geschenken ontvangen	совға олмоқ	sovg'a olmoq
boeket (het)	даста	dasta
felicitaties (mv.)	табрик	tabrik
feliciteren (ww)	табрикламоқ	tabriklamoq
wenskaart (de)	табрик откриткаси	tabrik otkritkasi

| een kaartje versturen | открытка жўнатмоқ | otkritka jo'natmoq |
| een kaartje ontvangen | открытка олмоқ | otkritka olmoq |

toast (de)	қадаҳ сўзи	qadah so'zi
aanbieden (een drankje ~)	меҳмон қилмоқ	mehmon qilmoq
champagne (de)	шампан виноси	shampan vinosi

plezier hebben (ww)	қувнамоқ	quvnamoq
plezier (het)	қувноқлик	quvnoqlik
vreugde (de)	қувонч	quvonch

| dans (de) | рақс | raqs |
| dansen (ww) | рақсга тушмоқ | raqsga tushmoq |

| wals (de) | валс | vals |
| tango (de) | танго | tango |

182. Begrafenissen. Begrafenis

kerkhof (het)	мозор	mozor
graf (het)	гўр	go'r
kruis (het)	хоч	xoch
grafsteen (de)	қабр тоши	qabr toshi
omheining (de)	панжара	panjara
kapel (de)	бутхона	butxona

dood (de)	ўлим	o'lim
sterven (ww)	ўлмоқ	o'lmoq
overledene (de)	майит	mayit
rouw (de)	мотам	motam

begraven (ww)	дафн қилмоқ	dafn qilmoq
begrafenisonderneming (de)	дафн бюроси	dafn byurosi
begrafenis (de)	дафн қилиш маросими	dafn qilish marosimi

krans (de)	гулчамбар	gulchambar
doodskist (de)	тобут	tobut
lijkwagen (de)	тобут қўйиладиган арава	tobut qo'yiladigan arava
lijkkleed (de)	кафан	kafan

begrafenisstoet (de)	кўмиш маросими	ko'mish marosimi
urn (de)	урна	urna
crematorium (het)	крематорий	krematoriy

overlijdensbericht (het)	таъзиянома	ta'ziyanoma
huilen (wenen)	йиғламоқ	yig'lamoq
snikken (huilen)	хўнграб йиғламоқ	xo'ngrab yig'lamoq

183. Oorlog. Soldaten

| peloton (het) | взвод | vzvod |
| compagnie (de) | рота | rota |

regiment (het)	полк	polk
leger (armee)	армия	armiya
divisie (de)	дивизия	diviziya
sectie (de)	отряд	otryad
troep (de)	қўшин	qo'shin
soldaat (militair)	аскар	askar
officier (de)	зобит	zobit
soldaat (rang)	оддий аскар	oddiy askar
sergeant (de)	сержант	serjant
luitenant (de)	лейтенант	leytenant
kapitein (de)	капитан	kapitan
majoor (de)	маёр	mayor
kolonel (de)	полковник	polkovnik
generaal (de)	генерал	general
matroos (de)	денгизчи	dengizchi
kapitein (de)	капитан	kapitan
bootsman (de)	боцман	botsman
artillerist (de)	артиллериячи	artilleriyachi
valschermjager (de)	десантчи	desantchi
piloot (de)	учувчи	uchuvchi
stuurman (de)	штурман	shturman
mecanicien (de)	механик	mexanik
sappeur (de)	сапёр	sapyor
parachutist (de)	парашютчи	parashyutchi
verkenner (de)	разведкачи	razvedkachi
scherpschutter (de)	снайпер	snayper
patrouille (de)	патрул	patrul
patrouilleren (ww)	патруллик қилмоқ	patrullik qilmoq
wacht (de)	соқчи	soqchi
krijger (de)	жангчи	jangchi
held (de)	қаҳрамон	qahramon
heldin (de)	қаҳрамон	qahramon
patriot (de)	ватанпарвар	vatanparvar
verrader (de)	хоин	xoin
deserteur (de)	дезертир	dezertir
deserteren (ww)	дезертирлик қилмоқ	dezertirlik qilmoq
huurling (de)	ёлланган	yollangan
rekruut (de)	янги олинган аскар	yangi olingan askar
vrijwilliger (de)	кўнгилли аскар	ko'ngilli askar
gedode (de)	ўлдирилган	o'ldirilgan
gewonde (de)	ярадор	yarador
krijgsgevangene (de)	асир	asir

184. Oorlog. Militaire acties. Deel 1

oorlog (de)	уруш	urush
oorlog voeren (ww)	урушмоқ	urushmoq
burgeroorlog (de)	фуқаролар уруши	fuqarolar urushi
achterbaks (bw)	маккорона	makkorona
oorlogsverklaring (de)	еълон қилиш	e'lon qilish
verklaren (de oorlog ~)	еълон қилмоқ	e'lon qilmoq
agressie (de)	агрессия	agressiya
aanvallen (binnenvallen)	ҳужум қилмоқ	hujum qilmoq
binnenvallen (ww)	босиб олмоқ	bosib olmoq
invaller (de)	босқинчи	bosqinchi
veroveraar (de)	истилочи	istilochi
verdediging (de)	мудофаа	mudofaa
verdedigen (je land ~)	мудофааламоқ	mudofaalamoq
zich verdedigen (ww)	мудофааланмоқ	mudofaalanmoq
vijand, tegenstander (de)	душман	dushman
vijandelijk (bn)	душман	dushman
strategie (de)	стратегия	strategiya
tactiek (de)	тактика	taktika
order (de)	буйруқ	buyruq
bevel (het)	команда	komanda
bevelen (ww)	буюрмоқ	buyurmoq
opdracht (de)	топшириқ	topshiriq
geheim (bn)	махфий	mahfiy
strijd, slag (de)	жанг	jang
aanval (de)	ҳужум	hujum
bestorming (de)	қаттиқ ҳужум	qattiq hujum
bestormen (ww)	қаттиқ ҳужум қилмоқ	qattiq hujum qilmoq
bezetting (de)	қамал	qamal
aanval (de)	ҳужум	hujum
in het offensief te gaan	ҳужум қилмоқ	hujum qilmoq
terugtrekking (de)	чекиниш	chekinish
zich terugtrekken (ww)	чекинмоқ	chekinmoq
omsingeling (de)	қуршов	qurshov
omsingelen (ww)	қуршовга олмоқ	qurshovga olmoq
bombardement (het)	бомба ёғдирмоқ	bomba yog'dirmoq
een bom gooien	бомба ташламоқ	bomba tashlamoq
bombarderen (ww)	бомба ташламоқ	bomba tashlamoq
ontploffing (de)	портлаш	portlash
schot (het)	ўқ узиш	o'q uzish
een schot lossen	ўқ узмоқ	o'q uzmoq
schieten (het)	ўқ отиш	o'q otish

mikken op (ww)	нишонга олмоқ	nishonga olmoq
aanleggen (een wapen ~)	мўлжалга тўғриламоқ	mo'ljalga to'g'rilamoq
treffen (doelwit ~)	тегмоқ	tegmoq

zinken (tot zinken brengen)	чўктирмоқ	cho'ktirmoq
kogelgat (het)	тешик	teshik
zinken (gezonken zijn)	сув остига кетиш	suv ostiga ketish

front (het)	фронт	front
evacuatie (de)	эвакуация	evakuatsiya
evacueren (ww)	эвакуация қилмоқ	evakuatsiya qilmoq

prikkeldraad (de)	тиканли сим	tikanli sim
verdedigingsobstakel (het)	тўсиқ	to'siq
wachttoren (de)	минора	minora

hospitaal (het)	госпитал	gospital
verwonden (ww)	яраламоқ	yaralamoq
wond (de)	яра	yara
gewonde (de)	ярадор	yarador
gewond raken (ww)	яраланмоқ	yaralanmoq
ernstig (~e wond)	оғир	og'ir

185. Oorlog. Militaire acties. Deel 2

krijgsgevangenschap (de)	асир	asir
krijgsgevangen nemen	асирга олмоқ	asirga olmoq
krijgsgevangene zijn	асирда бўлмоқ	asirda bo'lmoq
krijgsgevangen genomen worden	асирга тушмоқ	asirga tushmoq

concentratiekamp (het)	концлагер	kontslager
krijgsgevangene (de)	асир	asir
vluchten (ww)	қочмоқ	qochmoq

verraden (ww)	сотмоқ	sotmoq
verrader (de)	хоин	xoin
verraad (het)	хоинлик	xoinlik

fusilleren (executeren)	отиб ташламоқ	otib tashlamoq
executie (de)	отиш	otish

uitrusting (de)	формали кийим-кечак	formali kiyim-kechak
schouderstuk (het)	погон	pogon
gasmasker (het)	противогаз	protivogaz

portofoon (de)	рация	ratsiya
geheime code (de)	шифр	shifr
samenzwering (de)	конспирация	konspiratsiya
wachtwoord (het)	парол	parol

mijn (landmijn)	мина	mina
ondermijnen (legden mijnen)	миналамоқ	minalamoq
mijnenveld (het)	мина майдони	mina maydoni

luchtalarm (het)	ҳаво тревогаси	havo trevogasi
alarm (het)	тревога	trevoga
signaal (het)	сигнал	signal
vuurpijl (de)	сигнал ракетаси	signal raketasi

staf (generale ~)	штаб	shtab
verkenningstocht (de)	разведка	razvedka
toestand (de)	вазият	vaziyat
rapport (het)	рапорт	raport
hinderlaag (de)	пистирма	pistirma
versterking (de)	қўшимча куч	qo'shimcha kuch

doel (bewegend ~)	нишон	nishon
proefterrein (het)	полигон	poligon
manoeuvres (mv.)	манёврлар	manyovrlar

paniek (de)	саросималик	sarosimalik
verwoesting (de)	вайронгарчилик	vayrongarchilik
verwoestingen (mv.)	вайроналиклар	vayronaliklar
verwoesten (ww)	вайрон қилмоқ	vayron qilmoq

overleven (ww)	тирик қолмоқ	tirik qolmoq
ontwapenen (ww)	қуролсизлантирмоқ	qurolsizlantirmoq
behandelen (een pistool ~)	фойдаланмоқ	foydalanmoq

| Geeft acht! | Тек тур! | Tek tur! |
| Op de plaats rust! | Еркин! | Erkin! |

heldendaad (de)	жасорат	jasorat
eed (de)	қасам	qasam
zweren (een eed doen)	қасам ичмоқ	qasam ichmoq

decoratie (de)	мукофот	mukofot
onderscheiden (een ereteken geven)	мукофотламоқ	mukofotlamoq
medaille (de)	медал	medal
orde (de)	орден	orden

overwinning (de)	ғалаба	g'alaba
verlies (het)	мағлубият	mag'lubiyat
wapenstilstand (de)	сулҳ	sulh

wimpel (vaandel)	байроқ	bayroq
roem (de)	шуҳрат	shuhrat
parade (de)	парад	parad
marcheren (ww)	марш қилмоқ	marsh qilmoq

186. Wapens

wapens (mv.)	қурол	qurol
vuurwapens (mv.)	ўқ отадиган қурол	o'q otadigan qurol
koude wapens (mv.)	совуқ қурол	sovuq qurol
chemische wapens (mv.)	кимёвий қурол	kimyoviy qurol
kern-, nucleair (bn)	ядро	yadro

kernwapens (mv.)	ядро қуроли	yadro quroli
bom (de)	бомба	bomba
atoombom (de)	атом бомбаси	atom bombasi

pistool (het)	тўппонча	to'pponcha
geweer (het)	милтиқ	miltiq
machinepistool (het)	автомат	avtomat
machinegeweer (het)	пулемёт	pulemyot

loop (schietbuis)	ствол оғзи	stvol og'zi
loop (bijv. geweer met kortere ~)	ствол	stvol
kaliber (het)	калибр	kalibr

trekker (de)	тепки	tepki
korrel (de)	нишонга олгич	nishonga olgich
magazijn (het)	магазин	magazin
geweerkolf (de)	қўндоқ	qo'ndoq

granaat (handgranaat)	граната	granata
explosieven (mv.)	портловчи модда	portlovchi modda

kogel (de)	ўқ	o'q
patroon (de)	патрон	patron
lading (de)	заряд	zaryad
ammunitie (de)	ўқ-дори	o'q-dori

bommenwerper (de)	бомбардимончи	bombardimonchi
straaljager (de)	қирувчи	qiruvchi
helikopter (de)	вертолёт	vertolyot

afweergeschut (het)	зенит тўпи	zenit to'pi
tank (de)	танк	tank
kanon (tank met een ~ van 76 mm)	замбарак	zambarak

artillerie (de)	артиллерия	artilleriya
aanleggen (een wapen ~)	мўлжалга тўғриламоқ	mo'ljalga to'g'rilamoq

projectiel (het)	снаряд	snaryad
mortiergranaat (de)	мина	mina
mortier (de)	миномёт	minomyot
granaatscherf (de)	парча	parcha

duikboot (de)	сув ости кемаси	suv osti kemasi
torpedo (de)	торпеда	torpeda
raket (de)	ракета	raketa

laden (geweer, kanon)	ўқламоқ	o'qlamoq
schieten (ww)	отмоқ	otmoq
richten op (mikken)	нишонга олмоқ	nishonga olmoq
bajonet (de)	найза	nayza

degen (de)	шпага	shpaga
sabel (de)	қилич	qilich
speer (de)	найза	nayza

boog (de)	камон	kamon
pijl (de)	камон ўқи	kamon o'qi
musket (de)	мушкет	mushket
kruisboog (de)	арбалет	arbalet

187. Oude mensen

primitief (bn)	ибтидоий	ibtidoiy
voorhistorisch (bn)	тарихдан илгариги	tarixdan ilgarigi
eeuwenoude (~ beschaving)	қадимги	qadimgi

Steentijd (de)	Тош даври	Tosh davri
Bronstijd (de)	Бронза даври	Bronza davri
IJstijd (de)	Музлик даври	Muzlik davri

stam (de)	қабила	qabila
menseneter (de)	одамхўр	odamxo'r
jager (de)	овчи	ovchi
jagen (ww)	ов қилмоқ	ov qilmoq
mammoet (de)	мамонт	mamont

| grot (de) | ғор | g'or |
| vuur (het) | олов | olov |

| kampvuur (het) | гулхан | gulxan |
| rotstekening (de) | қояга чизилган расм | qoyaga chizilgan rasm |

werkinstrument (het)	меҳнат қуроли	mehnat quroli
speer (de)	найза	nayza
stenen bijl (de)	тош болта	tosh bolta

| oorlog voeren (ww) | урушмоқ | urushmoq |
| temmen (bijv. wolf ~) | қўлга ўргатмоқ | qo'lga o'rgatmoq |

| idool (het) | бут | but |
| aanbidden (ww) | сажда қилмоқ | sajda qilmoq |

| bijgeloof (het) | хурофот | xurofot |
| ritueel (het) | маросим | marosim |

| evolutie (de) | еволюция | evolyutsiya |
| ontwikkeling (de) | ривожланиш | rivojlanish |

| verdwijning (de) | йўқ бўлиб кетмоқ | yo'q bo'lib ketmoq |
| zich aanpassen (ww) | мослашмоқ | moslashmoq |

archeologie (de)	археология	arxeologiya
archeoloog (de)	археолог	arxeolog
archeologisch (bn)	археологик	arxeologik

opgravingsplaats (de)	қазишлар жойи	qazishlar joyi
opgravingen (mv.)	қазиш ишлари	qazish ishlari
vondst (de)	топилма	topilma
fragment (het)	парча	parcha

188. Middeleeuwen

volk (het)	халқ	xalq
volkeren (mv.)	халқлар	xalqlar
stam (de)	қабила	qabila
stammen (mv.)	қабилалар	qabilalar

barbaren (mv.)	варварлар	varvarlar
Galliërs (mv.)	галлар	gallar
Goten (mv.)	готлар	gotlar
Slaven (mv.)	славянлар	slavyanlar
Vikings (mv.)	викинглар	vikinglar

| Romeinen (mv.) | римликлар | rimliklar |
| Romeins (bn) | Римга оид | Rimga oid |

Byzantijnen (mv.)	византияликлар	vizantiyaliklar
Byzantium (het)	Византия	Vizantiya
Byzantijns (bn)	Византияга оид	Vizantiyaga oid

keizer (bijv. Romeinse ~)	император	imperator
opperhoofd (het)	сардор	sardor
machtig (bn)	қудратли	qudratli
koning (de)	қирол	qirol
heerser (de)	ҳукмдор	hukmdor

ridder (de)	рицар	ritsar
feodaal (de)	феодал	feodal
feodaal (bn)	феодалларга оид	feodallarga oid
vazal (de)	вассал	vassal

hertog (de)	герцог	gertsog
graaf (de)	граф	graf
baron (de)	барон	baron
bisschop (de)	епископ	episkop

harnas (het)	яроғ-аслаха	yarog'-aslaxa
schild (het)	қалқон	qalqon
zwaard (het)	қилич	qilich
vizier (het)	дубулға пардаси	dubulg'a pardasi
maliënkolder (de)	совут	sovut

| kruistocht (de) | салб юриши | salb yurishi |
| kruisvaarder (de) | салб юриши қатнашчиси | salb yurishi qatnashchisi |

gebied (bijv. bezette ~en)	худуд	hudud
aanvallen (binnenvallen)	ҳужум қилмоқ	hujum qilmoq
veroveren (ww)	забт етмоқ	zabt etmoq
innemen (binnenvallen)	босиб олмоқ	bosib olmoq

bezetting (de)	қамал	qamal
bezet (bn)	қамал қилинган	qamal qilingan
belegeren (ww)	қамал қилмоқ	qamal qilmoq
inquisitie (de)	инквизиция	inkvizitsiya
inquisiteur (de)	инквизитор	inkvizitor

foltering (de)	қийноқ	qiynoq
wreed (bn)	бераҳм	berahm
ketter (de)	бидъатчи	bid'atchi
ketterij (de)	бидъат	bid'at

zeevaart (de)	денгизда кема юриши	dengizda kema yurishi
piraat (de)	денгиз қароқчиси	dengiz qaroqchisi
piraterij (de)	денгиз қароқчилиги	dengiz qaroqchiligi
enteren (het)	абордаж	abordaj
buit (de)	ўлжа	o'lja
schatten (mv.)	хазина	xazina

ontdekking (de)	кашфиёт	kashfiyot
ontdekken (bijv. nieuw land)	кашф қилмоқ	kashf qilmoq
expeditie (de)	експедиция	ekspeditsiya

musketier (de)	мушкетёр	mushketyor
kardinaal (de)	кардинал	kardinal
heraldiek (de)	гералдика	geraldika
heraldisch (bn)	гералдик	geraldik

189. Leider. Baas. Autoriteiten

koning (de)	қирол	qirol
koningin (de)	қиролича	qirolicha
koninklijk (bn)	қиролга оид	qirolga oid
koninkrijk (het)	қироллик	qirollik

| prins (de) | шаҳзода | shahzoda |
| prinses (de) | малика | malika |

president (de)	президент	prezident
vicepresident (de)	вице-президент	vitse-prezident
senator (de)	сенатор	senator

monarch (de)	монарх	monarx
heerser (de)	ҳукмдор	hukmdor
dictator (de)	диктатор	diktator
tiran (de)	золим ҳукмдор	zolim hukmdor
magnaat (de)	магнат	magnat

directeur (de)	директор	direktor
chef (de)	бошлиқ	boshliq
beheerder (de)	бошқарувчи	boshqaruvchi
baas (de)	босс	boss
eigenaar (de)	хўжайин	xo'jayin

hoofd (bijv. ~ van de delegatie)	раҳбар	rahbar
autoriteiten (mv.)	ҳокимият	hokimiyat
superieuren (mv.)	бошлиқлар	boshliqlar

| gouverneur (de) | губернатор | gubernator |
| consul (de) | консул | konsul |

diplomaat (de)	дипломат	diplomat
burgemeester (de)	мер	mer
sheriff (de)	шериф	sherif

keizer (bijv. Romeinse ~)	император	imperator
tsaar (de)	подшо	podsho
farao (de)	фиръавн	fir'avn
kan (de)	хон	xon

190. Weg. Weg. Routebeschrijving

weg (de)	йўл	yo'l
route (de kortste ~)	йўл	yo'l

autoweg (de)	шоссе	shosse
snelweg (de)	автомагистрал	avtomagistral
rijksweg (de)	миллий йўл	milliy yo'l

hoofdweg (de)	бош йўл	bosh yo'l
landweg (de)	тупроқ йўл	tuproq yo'l

pad (het)	сўқмоқ	so'qmoq
paadje (het)	сўқмоқча	so'qmoqcha

Waar?	Қаерда?	Qaerda?
Waarheen?	Қаерга?	Qaerga?
Waaruit?	Қаердан?	Qaerdan?

richting (de)	йўналиш	yo'nalish
aanwijzen (de weg ~)	кўрсатмоқ	ko'rsatmoq

naar links (bw)	чапга	chapga
naar rechts (bw)	ўнгга	o'ngga
rechtdoor (bw)	тўғрига	to'g'riga
terug (bijv. ~ keren)	орқага	orqaga

bocht (de)	бурилиш	burilish
afslaan (naar rechts ~)	бурилмоқ	burilmoq
U-bocht maken (ww)	орқага бурилмоқ	orqaga burilmoq

zichtbaar worden (ww)	кўринмоқ	ko'rinmoq
verschijnen (in zicht komen)	кўринмоқ	ko'rinmoq

stop (korte onderbreking)	тўхташ	to'xtash
zich verpozen (uitrusten)	дам олмоқ	dam olmoq
rust (de)	дам олиш	dam olish

verdwalen (de weg kwijt zijn)	адашиб қолмоқ	adashib qolmoq
leiden naar ... (de weg)	... га олиб бормоқ	... ga olib bormoq
bereiken (ergens aankomen)	... га чиқмоқ	... ga chiqmoq
deel (~ van de weg)	қисм	qism

asfalt (het)	асфалт	asfalt
trottoirband (de)	бордюр	bordyur

greppel (de)	ариқ	ariq
putdeksel (het)	люк	lyuk
vluchtstrook (de)	йўл чети	yo'l cheti
kuil (de)	чуқур	chuqur

| gaan (te voet) | юрмоқ | yurmoq |
| inhalen (voorbijgaan) | ўзиб ўтмоқ | o'zib o'tmoq |

| stap (de) | қадам | qadam |
| te voet (bw) | пиёда | piyoda |

blokkeren (de weg ~)	тўсмоқ	to'smoq
slagboom (de)	шлагбаум	shlagbaum
doodlopende straat (de)	боши берк	boshi berk

191. De wet overtreden. Criminelen. Deel 1

bandiet (de)	босқинчи	bosqinchi
misdaad (de)	жиноят	jinoyat
misdadiger (de)	жиноятчи	jinoyatchi

| dief (de) | ўғри | o'g'ri |
| stelen (ww) | ўғирламоқ | o'g'irlamoq |

kidnappen (ww)	ўғирлаб кетмоқ	o'g'irlab ketmoq
kidnapping (de)	одам ўғирлаш	odam o'g'irlash
kidnapper (de)	ўғри	o'g'ri

| losgeld (het) | еваз | evaz |
| eisen losgeld (ww) | пул талаб қилмоқ | pul talab qilmoq |

| overvallen (ww) | таламоқ | talamoq |
| overvaller (de) | талончи | talonchi |

afpersen (ww)	товламоқ	tovlamoq
afperser (de)	товламачи	tovlamachi
afpersing (de)	товламачилик	tovlamachilik

vermoorden (ww)	ўлдирмоқ	o'ldirmoq
moord (de)	қотиллик	qotillik
moordenaar (de)	қотил	qotil

schot (het)	ўқ узиш	o'q uzish
een schot lossen	ўқ узмоқ	o'q uzmoq
neerschieten (ww)	отиб ўлдирмоқ	otib o'ldirmoq
schieten (ww)	отмоқ	otmoq
schieten (het)	ўқ отиш	o'q otish

ongeluk (gevecht, enz.)	ходиса	xodisa
gevecht (het)	муштлашиш	mushtlashish
slachtoffer (het)	қурбон	qurbon

| beschadigen (ww) | шикастламоқ | shikastlamoq |
| schade (de) | зарар | zarar |

lijk (het)	мурда	murda
zwaar (~ misdrijf)	оғир	og'ir

aanvallen (ww)	ҳужум қилмоқ	hujum qilmoq
slaan (iemand ~)	урмоқ	urmoq
in elkaar slaan (toetakelen)	калтакламоқ	kaltaklamoq
ontnemen (beroven)	олиб қўймоқ	olib qo'ymoq
steken (met een mes)	сўймоқ	so'ymoq
verminken (ww)	майиб қилмоқ	mayib qilmoq
verwonden (ww)	яраламоқ	yaralamoq

chantage (de)	қўрқитиб товлаш	qo'rqitib tovlash
chanteren (ww)	қўрқитиб товламоқ	qo'rqitib tovlamoq
chanteur (de)	қўрқитиб товловчи	qo'rqitib tovlovchi

afpersing (de)	рекет	reket
afperser (de)	рекетчи	reketchi
gangster (de)	гангстер	gangster
maffia (de)	мафия	mafiya

kruimeldief (de)	чўнтак ўғриси	cho'ntak o'g'risi
inbreker (de)	қулфбузар	qulfbuzar
smokkelen (het)	контрабанда	kontrabanda
smokkelaar (de)	контрабанда билан шуғулланувчи	kontrabanda bilan shug'ullanuvchi

namaak (de)	қалбаки нарса	qalbaki narsa
namaken (ww)	қалбакилаштирмоқ	qalbakilashtirmoq
namaak-, vals (bn)	сохта	soxta

192. De wet overtreden. Criminelen. Deel 2

verkrachting (de)	зўрлаш	zo'rlash
verkrachten (ww)	зўрламоқ	zo'rlamoq
verkrachter (de)	зўравон	zo'ravon
maniak (de)	савдойи	savdoyi

prostituee (de)	фоҳиша	fohisha
prostitutie (de)	фоҳишабозлик	fohishabozlik
pooier (de)	даюс	dayus

drugsverslaafde (de)	гиёҳванд	giyohvand
drugshandelaar (de)	наркотик моддаларни сотувчи	narkotik moddalarni sotuvchi

opblazen (ww)	портлатмоқ	portlatmoq
explosie (de)	портлаш	portlash
in brand steken (ww)	ёндирмоқ	yondirmoq
brandstichter (de)	қасддан ўт қўйган одам	qasddan o't qo'ygan odam

terrorisme (het)	терроризм	terrorizm
terrorist (de)	террорчи	terrorchi
gijzelaar (de)	гаровга олинган	garovga olingan
bedriegen (ww)	алдамоқ	aldamoq

| bedrog (het) | алдаш | aldash |
| oplichter (de) | муттаҳам | muttaham |

omkopen (ww)	пора бериб сотиб олмоқ	pora berib sotib olmoq
omkoperij (de)	пора бериб сотиб олиш	pora berib sotib olish
smeergeld (het)	пора	pora

vergif (het)	заҳар	zahar
vergiftigen (ww)	заҳарламоқ	zaharlamoq
vergif innemen (ww)	заҳарланмоқ	zaharlanmoq

| zelfmoord (de) | ўзини ўзи ўлдириш | o'zini o'zi o'ldirish |
| zelfmoordenaar (de) | ўз жонига қасд қилган | o'z joniga qasd qilgan |

bedreigen (bijv. met een pistool)	пўписа қилмоқ	po'pisa qilmoq
bedreiging (de)	пўписа	po'pisa
een aanslag plegen	суиқасд қилмоқ	suiqasd qilmoq
aanslag (de)	суиқасд	suiqasd

| stelen (een auto) | ўғирлаб кетмоқ | o'g'irlab ketmoq |
| kapen (een vliegtuig) | олиб қочмоқ | olib qochmoq |

| wraak (de) | қасос | qasos |
| wreken (ww) | қасос олмоқ | qasos olmoq |

martelen (gevangenen)	қийнамоқ	qiynamoq
foltering (de)	қийноқ	qiynoq
folteren (ww)	азобламоқ	azoblamoq

piraat (de)	денгиз қароқчиси	dengiz qaroqchisi
straatschender (de)	безори	bezori
gewapend (bn)	қуролланган	qurollangan
geweld (het)	зўрлаш	zo'rlash

| spionage (de) | жосуслик | josuslik |
| spioneren (ww) | жосуслик қилмоқ | josuslik qilmoq |

193. Politie. Wet. Deel 1

| gerecht (het) | адлия | adliya |
| gerechtshof (het) | суд | sud |

rechter (de)	судя	sudya
jury (de)	суд маслаҳатчиси	sud maslahatchisi
juryrechtspraak (de)	маслаҳатчилар суди	maslahatchilar sudi
berechten (ww)	судламоқ	sudlamoq

advocaat (de)	адвокат	advokat
beklaagde (de)	судланувчи	sudlanuvchi
beklaagdenbank (de)	судланувчилар курсиси	sudlanuvchilar kursisi

| beschuldiging (de) | айблов | ayblov |
| beschuldigde (de) | айбланувчи | ayblanuvchi |

vonnis (het)	хукм	hukm
veroordelen	хукм чиқармоқ	hukm chiqarmoq
(in een rechtszaak)		

schuldige (de)	айбдор	aybdor
straffen (ww)	жазоламоқ	jazolamoq
bestraffing (de)	жазо	jazo

boete (de)	жарима	jarima
levenslange opsluiting (de)	умрбод қамоқ	umrbod qamoq
doodstraf (de)	ўлим жазоси	o'lim jazosi
elektrische stoel (de)	електр стул	elektr stul
schavot (het)	дор	dor

executeren (ww)	қатл қилмоқ	qatl qilmoq
executie (de)	қатл	qatl
gevangenis (de)	қамоқ	qamoq
cel (de)	камера	kamera

konvooi (het)	конвой	konvoy
gevangenisbewaker (de)	назоратчи	nazoratchi
gedetineerde (de)	маҳбус	mahbus

| handboeien (mv.) | кишан | kishan |
| handboeien omdoen | кишан кийгизмоқ | kishan kiygizmoq |

ontsnapping (de)	қочиш	qochish
ontsnappen (ww)	қочиб кетмоқ	qochib ketmoq
verdwijnen (ww)	ғойиб бўлмоқ	g'oyib bo'lmoq
vrijlaten (uit de gevangenis)	озод қилмоқ	ozod qilmoq
amnestie (de)	амнистия	amnistiya

politie (de)	полиция	politsiya
politieagent (de)	полициячи	politsiyachi
politiebureau (het)	полиция маҳкамаси	politsiya mahkamasi
knuppel (de)	резина тўқмоқ	rezina to'qmoq
megafoon (de)	карнай	karnay

patrouilleerwagen (de)	патрул машинаси	patrul mashinasi
sirene (de)	сирена	sirena
de sirene aansteken	сиренани ёқмоқ	sirenani yoqmoq
geloei (het) van de sirene	сирена увиллаши	sirena uvillashi

plaats delict (de)	ходиса рўй берган жой	xodisa ro'y bergan joy
getuige (de)	гувоҳ	guvoh
vrijheid (de)	еркинлик	erkinlik
handlanger (de)	жиноятчининг шериги	jinoyatchining sherigi
ontvluchten (ww)	ғойиб бўлмоқ	g'oyib bo'lmoq
spoor (het)	из	iz

194. Politie. Wet. Deel 2

| opsporing (de) | қидирув | qidiruv |
| opsporen (ww) | қидирмоқ | qidirmoq |

verdenking (de)	шубҳа	shubha
verdacht (bn)	шубҳали	shubhali
aanhouden (stoppen)	тўхтатмоқ	to'xtatmoq
tegenhouden (ww)	тутмоқ	tutmoq

strafzaak (de)	иш	ish
onderzoek (het)	тергов	tergov
detective (de)	детектив	detektiv
onderzoeksrechter (de)	терговчи	tergovchi
versie (de)	тахминий фикр	taxminiy fikr

motief (het)	сабаб	sabab
verhoor (het)	сўроқ	so'roq
ondervragen (door de politie)	сўроқ қилмоқ	so'roq qilmoq
ondervragen (omstanders ~)	сўроқламоқ	so'roqlamoq
controle (de)	текширув	tekshiruv

razzia (de)	қуршаб олиб тутиш	qurshab olib tutish
huiszoeking (de)	тинтув	tintuv
achtervolging (de)	қувиш	quvish
achtervolgen (ww)	таъқиб қилмоқ	ta'qib qilmoq
opsporen (ww)	изига тушмоқ	iziga tushmoq

arrest (het)	қамоққа олиш	qamoqqa olish
arresteren (ww)	қамоққа олмоқ	qamoqqa olmoq
vangen, aanhouden (een dief, enz.)	тутмоқ	tutmoq
aanhouding (de)	қўлга тушириш	qo'lga tushirish

document (het)	ҳужжат	hujjat
bewijs (het)	исбот	isbot
bewijzen (ww)	исботламоқ	isbotlamoq
voetspoor (het)	из	iz
vingerafdrukken (mv.)	бармоқ излари	barmoq izlari
bewijs (het)	далил	dalil

alibi (het)	алиби	alibi
onschuldig (bn)	бегуноҳ	begunoh
onrecht (het)	адолацизлик	adolatsizlik
onrechtvaardig (bn)	адолациз	adolatsiz

crimineel (bn)	жиноий	jinoiy
confisqueren (in beslag nemen)	мусодара қилмоқ	musodara qilmoq
drug (de)	наркотик	narkotik
wapen (het)	қурол	qurol
ontwapenen (ww)	қуролсизлантирмоқ	qurolsizlantirmoq
bevelen (ww)	буюрмоқ	buyurmoq
verdwijnen (ww)	ғойиб бўлмоқ	g'oyib bo'lmoq

wet (de)	қонун	qonun
wettelijk (bn)	қонуний	qonuniy
onwettelijk (bn)	ноқонуний	noqonuniy

| verantwoordelijkheid (de) | масъулият | mas'uliyat |
| verantwoordelijk (bn) | маъсулиятли | ma'suliyatli |

NATUUR

De Aarde. Deel 1

195. De kosmische ruimte

kosmos (de)	космос	kosmos
kosmisch (bn)	космик	kosmik
kosmische ruimte (de)	космик фазо	kosmik fazo
wereld (de)	олам	olam
heelal (het)	коинот	koinot
sterrenstelsel (het)	галактика	galaktika
ster (de)	юлдуз	yulduz
sterrenbeeld (het)	юлдузлар туркуми	yulduzlar turkumi
planeet (de)	планета	planeta
satelliet (de)	йўлдош	yo'ldosh
meteoriet (de)	метеорит	meteorit
komeet (de)	комета	kometa
asteroïde (de)	астероид	asteroid
baan (de)	орбита	orbita
draaien (om de zon, enz.)	айланмоқ	aylanmoq
atmosfeer (de)	атмосфера	atmosfera
Zon (de)	Қуёш	Quyosh
zonnestelsel (het)	Қуёш системаси	Quyosh sistemasi
zonsverduistering (de)	Қуёш тутилиши	Quyosh tutilishi
Aarde (de)	Ер	Er
Maan (de)	Ой	Oy
Mars (de)	Марс	Mars
Venus (de)	Венера	Venera
Jupiter (de)	Юпитер	Yupiter
Saturnus (de)	Сатурн	Saturn
Mercurius (de)	Меркурий	Merkuriy
Uranus (de)	Уран	Uran
Neptunus (de)	Нептун	Neptun
Pluto (de)	Плутон	Pluton
Melkweg (de)	Сомон йўли	Somon Yo'li
Grote Beer (de)	Катта айиқ	Katta ayiq
Poolster (de)	Қутб Юлдузи	Qutb Yulduzi
marsmannetje (het)	марслик	marslik
buitenaards wezen (het)	ўзга сайёралик	o'zga sayyoralik

177

bovenaards (het)	бегона	begona
vliegende schotel (de)	учар ликопча	uchar likopcha
ruimtevaartuig (het)	космик кема	kosmik kema
ruimtestation (het)	орбитал станция	orbital stantsiya
start (de)	старт	start
motor (de)	двигател	dvigatel
straalpijp (de)	сопло	soplo
brandstof (de)	ёқилғи	yoqilg'i
cabine (de)	кабина	kabina
antenne (de)	антенна	antenna
patrijspoort (de)	иллюминатор	illyuminator
zonnebatterij (de)	қуёш батареяси	quyosh batareyasi
ruimtepak (het)	скафандр	skafandr
gewichtloosheid (de)	вазнсизлик	vaznsizlik
zuurstof (de)	кислород	kislorod
koppeling (de)	туташтириш	tutashtirish
koppeling maken	туташтирмоқ	tutashtirmoq
observatorium (het)	обсерватория	observatoriya
telescoop (de)	телескоп	teleskop
waarnemen (ww)	кузатмоқ	kuzatmoq
exploreren (ww)	тадқиқ қилмоқ	tadqiq qilmoq

196. De Aarde

Aarde (de)	Ер	Er
aardbol (de)	ер шари	er shari
planeet (de)	планета	planeta
atmosfeer (de)	атмосфера	atmosfera
aardrijkskunde (de)	география	geografiya
natuur (de)	табиат	tabiat
wereldbol (de)	глобус	globus
kaart (de)	харита	xarita
atlas (de)	атлас	atlas
Europa (het)	Европа	Evropa
Azië (het)	Осиё	Osiyo
Afrika (het)	Африка	Afrika
Australië (het)	Австралия	Avstraliya
Amerika (het)	Америка	Amerika
Noord-Amerika (het)	Шимолий Америка	Shimoliy Amerika
Zuid-Amerika (het)	Жанубий Америка	Janubiy Amerika
Antarctica (het)	Антарктида	Antarktida
Arctis (de)	Арктика	Arktika

197. Windrichtingen

noorden (het)	шимол	shimol
naar het noorden	шимолга	shimolga
in het noorden	шимолда	shimolda
noordelijk (bn)	шимолий	shimoliy
zuiden (het)	жануб	janub
naar het zuiden	жанубга	janubga
in het zuiden	жанубда	janubda
zuidelijk (bn)	жанубий	janubiy
westen (het)	ғарб	g'arb
naar het westen	ғарбга	g'arbga
in het westen	ғарбда	g'arbda
westelijk (bn)	ғарбий	g'arbiy
oosten (het)	шарқ	sharq
naar het oosten	шарқга	sharqga
in het oosten	шарқда	sharqda
oostelijk (bn)	шарқий	sharqiy

198. Zee. Oceaan

zee (de)	денгиз	dengiz
oceaan (de)	океан	okean
golf (baai)	кўрфаз	ko'rfaz
straat (de)	бўғоз	bo'g'oz
continent (het)	материк	materik
eiland (het)	орол	orol
schiereiland (het)	ярим орол	yarim orol
archipel (de)	архипелаг	arxipelag
baai, bocht (de)	кўрфаз	ko'rfaz
haven (de)	бандаргоҳ	bandargoh
lagune (de)	лагуна	laguna
kaap (de)	бурун	burun
atol (de)	атолл	atoll
rif (het)	сув ичидаги қоя	suv ichidagi qoya
koraal (het)	маржон	marjon
koraalrif (het)	маржон қоялари	marjon qoyalari
diep (bn)	чуқур	chuqur
diepte (de)	чуқурлик	chuqurlik
diepzee (de)	тагсиз чуқурлик	tagsiz chuqurlik
trog (bijv. Marianentrog)	камгак	kamgak
stroming (de)	оқим	oqim
omspoelen (ww)	ювмоқ	yuvmoq
oever (de)	қирғоқ	qirg'oq
kust (de)	қирғоқ бўйи	qirg'oq bo'yi

vloed (de)	сувнинг кўтарилиши	suvning ko'tarilishi
eb (de)	сувнинг пасайиши	suvning pasayishi
ondiepte (ondiep water)	саёзлик	sayozlik
bodem (de)	туб	tub
golf (hoge ~)	тўлқин	to'lqin
golfkam (de)	тўлқин ўркачи	to'lqin o'rkachi
schuim (het)	кўпик	ko'pik
orkaan (de)	бўрон	bo'ron
tsunami (de)	сунами	sunami
windstilte (de)	штил	shtil
kalm (bijv. ~e zee)	тинч	tinch
pool (de)	қутб	qutb
polair (bn)	қутбий	qutbiy
breedtegraad (de)	кенглик	kenglik
lengtegraad (de)	узунлик	uzunlik
parallel (de)	параллел	parallel
evenaar (de)	экватор	ekvator
hemel (de)	осмон	osmon
horizon (de)	уфқ	ufq
lucht (de)	ҳаво	havo
vuurtoren (de)	маёқ	mayoq
duiken (ww)	шўнғимоқ	sho'ng'imoq
zinken (ov. een boot)	чўкиб кетмоқ	cho'kib ketmoq
schatten (mv.)	хазина	xazina

199. Namen van zeeën en oceanen

Atlantische Oceaan (de)	Атлантика океани	Atlantika okeani
Indische Oceaan (de)	Ҳинд океани	Hind okeani
Stille Oceaan (de)	Тинч океани	Tinch okeani
Noordelijke IJszee (de)	Шимолий Муз океани	Shimoliy Muz okeani
Zwarte Zee (de)	Қора денгиз	Qora dengiz
Rode Zee (de)	Қизил денгиз	Qizil dengiz
Gele Zee (de)	Сариқ денгиз	Sariq dengiz
Witte Zee (de)	Оқ денгиз	Oq dengiz
Kaspische Zee (de)	Каспий денгизи	Kaspiy dengizi
Dode Zee (de)	ўлик денгиз	o'lik dengiz
Middellandse Zee (de)	ўрта ер денгизи	o'rta er dengizi
Egeïsche Zee (de)	Егей денгизи	Egey dengizi
Adriatische Zee (de)	Адриатика денгизи	Adriatika dengizi
Arabische Zee (de)	Араб денгизи	Arab dengizi
Japanse Zee (de)	Япон денгизи	Yapon dengizi
Beringzee (de)	Беринг денгизи	Bering dengizi
Zuid-Chinese Zee (de)	Жанубий-Хитой денгизи	Janubiy-Xitoy dengizi

Koraalzee (de)	Маржон денгизи	Marjon dengizi
Tasmanzee (de)	Тасман денгизи	Tasman dengizi
Caribische Zee (de)	Кариб денгизи	Karib dengizi

| Barentszzee (de) | Баренц денгизи | Barents dengizi |
| Karische Zee (de) | Кара денгизи | Kara dengizi |

Noordzee (de)	Шимолий денгиз	Shimoliy dengiz
Baltische Zee (de)	Болтиқ денгизи	Boltiq dengizi
Noorse Zee (de)	Норвегия денгизи	Norvegiya dengizi

200. Bergen

berg (de)	тоғ	tog'
bergketen (de)	тоғ тизмалари	tog' tizmalari
gebergte (het)	тоғ тизмаси	tog' tizmasi

bergtop (de)	чўққи	cho'qqi
bergpiek (de)	чўққи	cho'qqi
voet (ov. de berg)	етак	etak
helling (de)	ёнбағир	yonbag'ir

vulkaan (de)	вулқон	vulqon
actieve vulkaan (de)	ҳаракатдаги вулқон	harakatdagi vulqon
uitgedoofde vulkaan (de)	ўчган вулқон	o'chgan vulqon

uitbarsting (de)	отилиш	otilish
krater (de)	кратер	krater
magma (het)	магма	magma
lava (de)	лава	lava
gloeiend (~e lava)	қизиган	qizigan

kloof (canyon)	канён	kanyon
bergkloof (de)	дара	dara
spleet (de)	тоғ оралиғи	tog' oralig'i

bergpas (de)	довон	dovon
plateau (het)	ясси тоғ	yassi tog'
klip (de)	қоя	qoya
heuvel (de)	тепалик	tepalik

gletsjer (de)	музлик	muzlik
waterval (de)	шаршара	sharshara
geiser (de)	гейзер	geyzer
meer (het)	кўл	ko'l

vlakte (de)	текислик	tekislik
landschap (het)	манзара	manzara
echo (de)	акс-садо	aks-sado

alpinist (de)	алпинист	alpinist
bergbeklimmer (de)	қояларга чиқувчи спортчи	qoyalarga chiquvchi sportchi
trotseren (berg ~)	забт этмоқ	zabt etmoq
beklimming (de)	тоққа чиқиш	toqqa chiqish

201. Bergen namen

Alpen (de)	Алп тоғлари	Alp tog'lari
Mont Blanc (de)	Монблан	Monblan
Pyreneeën (de)	Пиреней тоғлари	Pireney tog'lari

Karpaten (de)	Карпат тоғлари	Karpat tog'lari
Oeralgebergte (het)	Урал тоғлари	Ural tog'lari
Kaukasus (de)	Кавказ	Kavkaz
Elbroes (de)	Елбрус	Elbrus

Altaj (de)	Олтой тоғлари	Oltoy tog'lari
Tiensjan (de)	Тян-Шан	Tyan-Shan
Pamir (de)	Помир	Pomir
Himalaya (de)	Ҳималай тоғлари	Himalay tog'lari
Everest (de)	Еверест	Everest

| Andes (de) | Анд тоғлари | And tog'lari |
| Kilimanjaro (de) | Килиманжаро | Kilimanjaro |

202. Rivieren

rivier (de)	дарё	daryo
bron (~ van een rivier)	булоқ	buloq
rivierbedding (de)	ўзан	o'zan
rivierbekken (het)	ҳовуз	hovuz
uitmonden in ...	... га қўшилмоқ	... ga qo'shilmoq

| zijrivier (de) | ирмоқ | irmoq |
| oever (de) | қирғоқ | qirg'oq |

stroming (de)	оқим	oqim
stroomafwaarts (bw)	оқимнинг қуйиси бўйича	oqimning quyisi bo'yicha
stroomopwaarts (bw)	оқимнинг юқориси бўйича	oqimning yuqorisi bo'yicha

overstroming (de)	сув босиши	suv bosishi
overstroming (de)	сув тошқини	suv toshqini
buiten zijn oevers treden	дарёнинг тошиши	daryoning toshishi
overstromen (ww)	сув бостирмоқ	suv bostirmoq

| zandbank (de) | саёзлик | sayozlik |
| stroomversnelling (de) | остонатош | ostonatosh |

dam (de)	тўғон	to'g'on
kanaal (het)	канал	kanal
spaarbekken (het)	сув омбори	suv ombori
sluis (de)	шлюз	shlyuz

waterlichaam (het)	ҳавза	havza
moeras (het)	ботқоқ	botqoq
broek (het)	ботқоқлик	botqoqlik
draaikolk (de)	гирдоб	girdob
stroom (de)	жилға	jilg'a

| drink- (abn) | ичиладиган | ichiladigan |
| zoet (~ water) | чучук | chuchuk |

| IJs (het) | муз | muz |
| bevriezen (rivier, enz.) | музлаб қолмоқ | muzlab qolmoq |

203. Namen van rivieren

| Seine (de) | Сена | Sena |
| Loire (de) | Луара | Luara |

Theems (de)	Темза	Temza
Rijn (de)	Рейн	Reyn
Donau (de)	Дунай	Dunay

Wolga (de)	Волга	Volga
Don (de)	Дон	Don
Lena (de)	Лена	Lena

Gele Rivier (de)	Хуанхе	Xuanxe
Blauwe Rivier (de)	Янцзи	Yantszi
Mekong (de)	Меконг	Mekong
Ganges (de)	Ганг	Gang

Nijl (de)	Нил	Nil
Kongo (de)	Конго	Kongo
Okavango (de)	Окаванго	Okavango
Zambezi (de)	Замбези	Zambezi
Limpopo (de)	Лимпопо	Limpopo

204. Bos

| bos (het) | ўрмон | o'rmon |
| bos- (abn) | ўрмон | o'rmon |

oerwoud (dicht bos)	чангалзор	changalzor
bosje (klein bos)	дарахтзор	daraxtzor
open plek (de)	яланглик	yalanglik

| struikgewas (het) | чангалзор | changalzor |
| struiken (mv.) | бутазор | butazor |

| paadje (het) | сўқмоқча | so'qmoqcha |
| ravijn (het) | жарлик | jarlik |

boom (de)	дарахт	daraxt
blad (het)	барг	barg
gebladerte (het)	барглар	barglar

vallende bladeren (mv.)	хазонрезгилик	xazonrezgilik
vallen (ov. de bladeren)	тўкилмоқ	to'kilmoq
boomtop (de)	уч	uch

tak (de)	шох	shox
ent (de)	бутоқ	butoq
knop (de)	куртак	kurtak
naald (de)	игна	igna
dennenappel (de)	ғудда	g'udda

boom holte (de)	ковак	kovak
nest (het)	уя	uya
hol (het)	ин	in

stam (de)	тана	tana
wortel (bijv. boom~s)	илдиз	ildiz
schors (de)	пўстлоқ	po'stloq
mos (het)	мох	mox

ontwortelen (een boom)	кавламоқ	kavlamoq
kappen (een boom ~)	чопмоқ	chopmoq
ontbossen (ww)	кесиб ташламоқ	kesib tashlamoq
stronk (de)	тўнка	to'nka

kampvuur (het)	гулхан	gulxan
bosbrand (de)	ёнғин	yong'in
blussen (ww)	ўчирмоқ	o'chirmoq

boswachter (de)	ўрмончи	o'rmonchi
bescherming (de)	муҳофаза	muhofaza
beschermen (bijv. de natuur ~)	муҳофаза қилмоқ	muhofaza qilmoq
stroper (de)	браконер	brakoner
val (de)	қопқон	qopqon

plukken (vruchten, enz.)	термоқ	termoq
verdwalen (de weg kwijt zijn)	адашиб қолмоқ	adashib qolmoq

205. Natuurlijke hulpbronnen

natuurlijke rijkdommen (mv.)	табиий ресурслар	tabiiy resurslar
delfstoffen (mv.)	фойдали қазилмалар	foydali qazilmalar
lagen (mv.)	қатлам бўлиб ётган конлар	qatlam bo'lib yotgan konlar
veld (bijv. olie~)	кон	kon

winnen (uit erts ~)	қазиб олмоқ	qazib olmoq
winning (de)	кончилик	konchilik
erts (het)	руда	ruda
mijn (bijv. kolenmijn)	кон	kon
mijnschacht (de)	шахта	shaxta
mijnwerker (de)	кончи	konchi

gas (het)	газ	gaz
gasleiding (de)	газ қувури	gaz quvuri

olie (aardolie)	нефт	neft
olieleiding (de)	нефт қувури	neft quvuri

oliebron (de)	нефт минораси	neft minorasi
boortoren (de)	бургилаш минораси	burg'ilash minorasi
tanker (de)	танкер	tanker
zand (het)	қум	qum
kalksteen (de)	оҳактош	ohaktosh
grind (het)	шағал	shag'al
veen (het)	торф	torf
klei (de)	лой	loy
steenkool (de)	кўмир	ko'mir
IJzer (het)	темир	temir
goud (het)	олтин	oltin
zilver (het)	кумуш	kumush
nikkel (het)	никел	nikel
koper (het)	мис	mis
zink (het)	рух	rux
mangaan (het)	марганец	marganets
kwik (het)	симоб	simob
lood (het)	қўрғошин	qo'rg'oshin
mineraal (het)	минерал	mineral
kristal (het)	кристалл	kristall
marmer (het)	мармар	marmar
uraan (het)	уран	uran

De Aarde. Deel 2

206. Weer

weer (het)	об-ҳаво	ob-havo
weersvoorspelling (de)	об-ҳаво маълумоти	ob-havo ma'lumoti
temperatuur (de)	ҳарорат	harorat
thermometer (de)	термометр	termometr
barometer (de)	барометр	barometr
vochtigheid (de)	намлик	namlik
hitte (de)	иссиқ	issiq
heet (bn)	жазирама	jazirama
het is heet	иссиқ	issiq
het is warm	илиқ	iliq
warm (bn)	илиқ	iliq
het is koud	совуқ	sovuq
koud (bn)	совуқ	sovuq
zon (de)	қуёш	quyosh
schijnen (de zon)	нур сочмоқ	nur sochmoq
zonnig (~e dag)	қуёшли	quyoshli
opgaan (ov. de zon)	чиқмоқ	chiqmoq
ondergaan (ww)	ўтирмоқ	o'tirmoq
wolk (de)	булут	bulut
bewolkt (bn)	булутли	bulutli
regenwolk (de)	булут	bulut
somber (bn)	булутли	bulutli
regen (de)	ёмғир	yomg'ir
het regent	ёмғир ёғяпти	yomg'ir yog'yapti
regenachtig (bn)	ёмғирли	yomg'irli
motregenen (ww)	майдалаб ёғмоқ	maydalab yog'moq
plensbui (de)	шаррос ёмғир	sharros yomg'ir
stortbui (de)	жала	jala
hard (bn)	кучли	kuchli
plas (de)	кўлмак	ko'lmak
nat worden (ww)	хўл бўлмоқ	xo'l bo'lmoq
mist (de)	туман	tuman
mistig (bn)	туманли	tumanli
sneeuw (de)	қор	qor
het sneeuwt	қор ёғяпти	qor yog'yapti

207. Zwaar weer. Natuurrampen

noodweer (storm)	момақалдироқ	momaqaldiroq
bliksem (de)	чақмоқ	chaqmoq
flitsen (ww)	чарақламоқ	charaqlamoq
donder (de)	момақалдироқ	momaqaldiroq
donderen (ww)	гумбурламоқ	gumburlamoq
het dondert	момақалдироқ	momaqaldiroq
	гумбурлаяпти	gumburlayapti
hagel (de)	дўл	do'l
het hagelt	дўл ёғяпти	do'l yog'yapti
overstromen (ww)	сув бостирмоқ	suv bostirmoq
overstroming (de)	сув босиши	suv bosishi
aardbeving (de)	зилзила	zilzila
aardschok (de)	силкиниш	silkinish
epicentrum (het)	епицентр	epitsentr
uitbarsting (de)	отилиш	otilish
lava (de)	лава	lava
wervelwind (de)	қуюн	quyun
windhoos (de)	торнадо	tornado
tyfoon (de)	тўфон	to'fon
orkaan (de)	бўрон	bo'ron
storm (de)	довул	dovul
tsunami (de)	сунами	sunami
cycloon (de)	сиклон	siklon
onweer (het)	ёғингарчилик	yog'ingarchilik
brand (de)	ёнғин	yong'in
ramp (de)	ҳалокат	halokat
meteoriet (de)	метеорит	meteorit
lawine (de)	кўчки	ko'chki
sneeuwverschuiving (de)	қор кўчкиси	qor ko'chkisi
sneeuwjacht (de)	қор бўрони	qor bo'roni
sneeuwstorm (de)	қор бўралаши	qor bo'ralashi

208. Geluiden. Geluiden

stilte (de)	сукунат	sukunat
geluid (het)	товуш	tovush
lawaai (het)	шовқин	shovqin
lawaai maken (ww)	шовқин қилмоқ	shovqin qilmoq
lawaaierig (bn)	шовқинли	shovqinli
luid (~ spreken)	қаттиқ, баланд	qattiq, baland
luid (bijv. ~e stem)	қаттиқ, баланд	qattiq, baland

aanhoudend (voortdurend)	доимий	doimiy
schreeuw (de)	бақириқ	baqiriq
schreeuwen (ww)	бақирмоқ	baqirmoq
gefluister (het)	пичирлаш	pichirlash
fluisteren (ww)	пичирламоқ	pichirlamoq

| geblaf (het) | вовиллаш | vovillash |
| blaffen (ww) | вовилламоқ | vovillamoq |

gekreun (het)	инграш	ingrash
kreunen (ww)	инграмоқ	ingramoq
hoest (de)	йўтал	yo'tal
hoesten (ww)	йўталмоқ	yo'talmoq

gefluit (het)	ҳуштак	hushtak
fluiten (op het fluitje blazen)	ҳуштак чалмоқ	hushtak chalmoq
geklop (het)	тақиллаш	taqillash
kloppen (aan een deur)	тақиллатмоқ	taqillatmoq

| kraken (hout, ijs) | қарсилламоқ | qarsillamoq |
| gekraak (het) | қасир-қусур | qasir-qusur |

sirene (de)	сирена	sirena
fluit (stoom ~)	гудок	gudok
fluiten (schip, trein)	гудок чалмоқ	gudok chalmoq
toeter (de)	сигнал	signal
toeteren (ww)	сигнал чалмоқ	signal chalmoq

209. Winter

winter (de)	қиш	qish
winter- (abn)	қишки	qishki
in de winter (bw)	қишда	qishda

sneeuw (de)	қор	qor
het sneeuwt	қор ёғяпти	qor yog'yapti
sneeuwval (de)	қор ёғиши	qor yog'ishi
sneeuwhoop (de)	қортепа	qortepa

sneeuwvlok (de)	қор учқуни	qor uchquni
sneeuwbal (de)	юмалоқланган қор	yumaloqlangan qor
sneeuwman (de)	қордан ясалган одам	qordan yasalgan odam
IJspegel (de)	сумалак	sumalak

december (de)	декабр	dekabr
januari (de)	январ	yanvar
februari (de)	феврал	fevral

| vorst (de) | аёз | ayoz |
| vries- (abn) | аёзли | ayozli |

onder nul (bw)	нолдан паст	noldan past
eerste vorst (de)	дастлабки совуқ	dastlabki sovuq
rijp (de)	қиров	qirov

| koude (de) | совуқ | sovuq |
| het is koud | совуқ | sovuq |

| bontjas (de) | пўстин | po'stin |
| wanten (mv.) | бошмалдоқли қўлқоплар | boshmaldoqli qo'lqoplar |

ziek worden (ww)	касал бўлмоқ	kasal bo'lmoq
verkoudheid (de)	шамоллаш	shamollash
verkouden raken (ww)	шамолламоқ	shamollamoq

IJs (het)	муз	muz
IJzel (de)	яхвонлик	yaxvonlik
bevriezen (rivier, enz.)	музлаб қолмоқ	muzlab qolmoq
IJsschol (de)	катта муз парчаси	katta muz parchasi

ski's (mv.)	чанғи	chang'i
skiër (de)	чанғичи	chang'ichi
skiën (ww)	чанғида учмоқ	chang'ida uchmoq
schaatsen (ww)	конкида учмоқ	konkida uchmoq

Fauna

210. Zoogdieren. Roofdieren

roofdier (het)	йирткич	yirtqich
tijger (de)	йўлбарс	yo'lbars
leeuw (de)	шер	sher
wolf (de)	бўри	bo'ri
vos (de)	тулки	tulki
jaguar (de)	ягуар	yaguar
luipaard (de)	қоплон	qoplon
jachtluipaard (de)	гепард	gepard
panter (de)	қора қоплон	qora qoplon
poema (de)	пума	puma
sneeuwluipaard (de)	қор қоплони	qor qoploni
lynx (de)	силовсин	silovsin
coyote (de)	коёт	koyot
jakhals (de)	шоқол	shoqol
hyena (de)	сиртлон	sirtlon

211. Wilde dieren

dier (het)	жонивор	jonivor
beest (het)	ҳайвон	hayvon
eekhoorn (de)	олмахон	olmaxon
egel (de)	типратикан	tipratikan
haas (de)	қуён	quyon
konijn (het)	қуён	quyon
das (de)	бўрсиқ	bo'rsiq
wasbeer (de)	енот	enot
hamster (de)	оғмахон	og'maxon
marmot (de)	суғур	sug'ur
mol (de)	кўр каламуш	ko'r kalamush
muis (de)	сичқон	sichqon
rat (de)	каламуш	kalamush
vleermuis (de)	кўршапалак	ko'rshapalak
hermelijn (de)	оқсувсар	oqsuvsar
sabeldier (het)	собол	sobol
marter (de)	сувсар	suvsar
wezel (de)	латча	latcha
nerts (de)	қоракўзан	qorako'zan

bever (de)	сув қундузи	suv qunduzi
otter (de)	қундуз	qunduz
paard (het)	от	ot
eland (de)	лос	los
hert (het)	буғу	bug'u
kameel (de)	туя	tuya
bizon (de)	бизон	bizon
oeros (de)	зубр	zubr
buffel (de)	буйвол	buyvol
zebra (de)	зебра	zebra
antilope (de)	антилопа	antilopa
ree (de)	кичик буғу	kichik bug'u
damhert (het)	кийик	kiyik
gems (de)	тоғ кийик	tog' kiyik
everzwijn (het)	тўнғиз	to'ng'iz
walvis (de)	кит	kit
rob (de)	тюлен	tyulen
walrus (de)	морж	morj
zeehond (de)	денгиз мушуги	dengiz mushugi
dolfijn (de)	делфин	delfin
beer (de)	айиқ	ayiq
IJsbeer (de)	оқ айиқ	oq ayiq
panda (de)	панда	panda
aap (de)	маймун	maymun
chimpansee (de)	шимпанзе	shimpanze
orang-oetan (de)	орангутанг	orangutang
gorilla (de)	горилла	gorilla
makaak (de)	макака	makaka
gibbon (de)	гиббон	gibbon
olifant (de)	фил	fil
neushoorn (de)	каркидон	karkidon
giraffe (de)	жираф	jiraf
nijlpaard (het)	бегемот	begemot
kangoeroe (de)	кенгуру	kenguru
koala (de)	коала	koala
mangoest (de)	мангуст	mangust
chinchilla (de)	шиншилла	shinshilla
stinkdier (het)	сассиқ кўзан	sassiq ko'zan
stekelvarken (het)	жайра	jayra

212. Huisdieren

poes (de)	мушук	mushuk
kater (de)	мушук	mushuk
hond (de)	ит	it

paard (het)	от	ot
hengst (de)	айғир	ayg'ir
merrie (de)	бия	biya

koe (de)	мол	mol
stier (de)	буқа	buqa
os (de)	хўкиз	ho'kiz

schaap (het)	қўй	qo'y
ram (de)	қўчқор	qo'chqor
geit (de)	ечки	echki
bok (de)	така	taka

| ezel (de) | ешак | eshak |
| muilezel (de) | хачир | xachir |

varken (het)	чўчқа	cho'chqa
biggetje (het)	чўчқа боласи	cho'chqa bolasi
konijn (het)	қуён	quyon

| kip (de) | товуқ | tovuq |
| haan (de) | хўроз | xo'roz |

eend (de)	ўрдак	o'rdak
woerd (de)	ўрдак	o'rdak
gans (de)	ғоз	g'oz

| kalkoen haan (de) | курка | kurka |
| kalkoen (de) | курка | kurka |

huisdieren (mv.)	уй ҳайвонлари	uy hayvonlari
tam (bijv. hamster)	қўлга ўргатилган	qo'lga o'rgatilgan
temmen (tam maken)	қўлга ўргатмоқ	qo'lga o'rgatmoq
fokken (bijv. paarden ~)	боқмоқ	boqmoq

boerderij (de)	ферма	ferma
gevogelte (het)	уй паррандаси	uy parrandasi
rundvee (het)	мол	mol
kudde (de)	пода	poda

paardenstal (de)	отхона	otxona
zwijnenstal (de)	чўчқахона	cho'chqaxona
koeienstal (de)	молхона	molxona
konijnenhok (het)	қуёнхона	quyonxona
kippenhok (het)	товуқхона	tovuqxona

213. Honden. Hondenrassen

hond (de)	ит	it
herdershond (de)	овчарка	ovcharka
poedel (de)	пудел	pudel
teckel (de)	такса	taksa
buldog (de)	булдог	buldog
boxer (de)	боксёр	boksyor

mastiff (de)	мастиф	mastif
rottweiler (de)	ротвейлер	rotveyler
doberman (de)	доберман	doberman
basset (de)	бассет	basset
bobtail (de)	бобтейл	bobteyl
dalmatiër (de)	далматин	dalmatin
cockerspaniël (de)	кокер-спаниел	koker-spaniel
newfoundlander (de)	нюфаундленд	nyufaundlend
sint-bernard (de)	сенбернар	senbernar
poolhond (de)	хаски	xaski
chowchow (de)	чау-чау	chau-chau
spits (de)	шпиц	shpits
mopshond (de)	мопс	mops

214. Dierengeluiden

geblaf (het)	вовиллаш	vovillash
blaffen (ww)	вовилламоқ	vovillamoq
miauwen (ww)	миёвламоқ	miyovlamoq
spinnen (katten)	хурилламоқ	xurlllamoq
loeien (ov. een koe)	маърамоқ	ma'ramoq
brullen (stier)	ўкирмоқ	o'kirmoq
grommen (ov. de honden)	ирилламоқ	irillamoq
gehuil (het)	увиллаш	uvillash
huilen (wolf, enz.)	увламоқ	uvlamoq
janken (ov. een hond)	ангилламоқ	angillamoq
mekkeren (schapen)	баъламоқ	ba'lamoq
knorren (varkens)	хурхурламоқ	xurxurlamoq
gillen (bijv. varken)	чийилламоқ	chiyillamoq
kwaken (kikvorsen)	вақвақламоқ	vaqvaqlamoq
zoemen (hommel, enz.)	визилламоқ	vizillamoq
tjirpen (sprinkhanen)	чирилламоқ	chirillamoq

215. Jonge dieren

jong (het)	ҳайвонларнинг боласи	hayvonlarning bolasi
poesje (het)	мушукча	mushukcha
muisje (het)	сичқонча	sichqoncha
puppy (de)	кучук	kuchuk
jonge haas (de)	қуёнча	quyoncha
konijntje (het)	қуёнча	quyoncha
wolfje (het)	бўри боласи	bo'ri bolasi
vosje (het)	тулки боласи	tulki bolasi
beertje (het)	айиқча	ayiqcha

leeuwenjong (het)	арслон боласи	arslon bolasi
tijgertje (het)	йўлбарс боласи	yo'lbars bolasi
olifantenjong (het)	фил боласи	fil bolasi

biggetje (het)	чўчқа боласи	cho'chqa bolasi
kalf (het)	бузоқ	buzoq
geitje (het)	ечки боласи	echki bolasi
lam (het)	қўзичоқ	qo'zichoq
reekalf (het)	кийик боласи	kiyik bolasi
jonge kameel (de)	бўталоқ	bo'taloq

| slangenjong (het) | илон боласи | ilon bolasi |
| kikkertje (het) | бақача | baqacha |

vogeltje (het)	полапон	polapon
kuiken (het)	жўжа	jo'ja
eendje (het)	ўрдакча	o'rdakcha

216. Vogels

vogel (de)	қуш	qush
duif (de)	каптар	kaptar
mus (de)	чумчуқ	chumchuq
koolmees (de)	читтак	chittak
ekster (de)	ҳакка	hakka

raaf (de)	қарға	qarg'a
kraai (de)	қарға	qarg'a
kauw (de)	зоғча	zog'cha
roek (de)	ғўнғқарға	go'ngqarg'a

eend (de)	ўрдак	o'rdak
gans (de)	ғоз	g'oz
fazant (de)	қирғовул	qirg'ovul

arend (de)	бургут	burgut
havik (de)	қирғий	qirg'iy
valk (de)	лочин	lochin
gier (de)	калхат	kalxat
condor (de)	кондор	kondor

zwaan (de)	оққуш	oqqush
kraanvogel (de)	турна	turna
ooievaar (de)	лайлак	laylak

papegaai (de)	тўтиқуш	to'tiqush
kolibrie (de)	колибри	kolibri
pauw (de)	товус	tovus

struisvogel (de)	туяқуш	tuyaqush
reiger (de)	қарқара	qarqara
flamingo (de)	фламинго	flamingo
pelikaan (de)	сақоқуш	saqoqush
nachtegaal (de)	булбул	bulbul

zwaluw (de)	қалдирғоч	qaldirg'och
lijster (de)	қораялоқ	qorayaloq
zanglijster (de)	сайроқи қораялоқ	sayroqi qorayaloq
merel (de)	қора қораялоқ	qora qorayaloq

gierzwaluw (de)	жарқалдирғоч	jarqaldirg'och
leeuwerik (de)	тўрғай	to'rg'ay
kwartel (de)	бедана	bedana

specht (de)	қизилиштон	qizilishton
koekoek (de)	какку	kakku
uil (de)	бойқуш	boyqush
oehoe (de)	укки	ukki
auerhoen (het)	карқуш	karqush
korhoen (het)	қур	qur
patrijs (de)	каклик	kaklik

spreeuw (de)	чуғурчиқ	chug'urchiq
kanarie (de)	канарейка	kanareyka
hazelhoen (het)	булдуруқ	bulduruq
vink (de)	зяблик	zyablik
goudvink (de)	снегир	snegir

meeuw (de)	чайка	chayka
albatros (de)	албатрос	albatros
pinguïn (de)	пингвин	pingvin

217. Vogels. Zingen en geluiden

fluiten, zingen (ww)	куйламоқ	kuylamoq
schreeuwen (dieren, vogels)	бақирмоқ	baqirmoq
kraaien (ov. een haan)	қичқирмоқ	qichqirmoq
kukeleku	қичқириқ	qichqiriq

klokken (hen)	қақағламоқ	qaqag'lamoq
krassen (kraai)	қағилламоқ	qag'illamoq
kwaken (eend)	ғақғақламоқ	g'aqg'aqlamoq
piepen (kuiken)	чийилламоқ	chiyillamoq
tjilpen (bijv. een mus)	чирқилламоқ	chirqillamoq

218. Vis. Zeedieren

brasem (de)	лешч	leshch
karper (de)	зоғорабалиқ	zog'orabaliq
baars (de)	олабуға	olabug'a
meerval (de)	лаққа балиқ	laqqa baliq
snoek (de)	чўртанбалиқ	cho'rtanbaliq

zalm (de)	лосос	losos
steur (de)	осётр	osyotr
haring (de)	селд	seld
atlantische zalm (de)	сёмга	syomga

| makreel (de) | скумбрия | skumbriya |
| platvis (de) | камбала | kambala |

snoekbaars (de)	судак	sudak
kabeljauw (de)	треска	treska
tonijn (de)	тунец	tunets
forel (de)	форел	forel

paling (de)	илонбалиқ	ilonbaliq
sidderrog (de)	електр скат	elektr skat
murene (de)	мурена	murena
piranha (de)	пираня	piranya

haai (de)	акула	akula
dolfijn (de)	делфин	delfin
walvis (de)	кит	kit

krab (de)	қисқичбақа	qisqichbaqa
kwal (de)	медуза	meduza
octopus (de)	саккизоёқ	sakkizoyoq

zeester (de)	денгиз юлдузи	dengiz yulduzi
zee-egel (de)	денгиз кирписи	dengiz kirpisi
zeepaardje (het)	денгиз оти	dengiz oti

oester (de)	устрица	ustritsa
garnaal (de)	креветка	krevetka
kreeft (de)	омар	omar
langoest (de)	лангуст	langust

219. Amfibieën. Reptielen

| slang (de) | илон | ilon |
| giftig (slang) | заҳарли | zaharli |

adder (de)	қора илон	qora ilon
cobra (de)	кобра	kobra
python (de)	питон	piton
boa (de)	бўғма илон	bo'g'ma ilon
ringslang (de)	сувилон	suvilon
ratelslang (de)	шақилдоқ илон	shaqildoq ilon
anaconda (de)	анаконда	anakonda

hagedis (de)	калтакесак	kaltakesak
leguaan (de)	игуана	iguana
varaan (de)	ечкиемар	echkiemar
salamander (de)	саламандра	salamandra
kameleon (de)	хамелеон	xameleon
schorpioen (de)	чаён	chayon

schildpad (de)	тошбақа	toshbaqa
kikker (de)	бақа	baqa
pad (de)	қурбақа	qurbaqa
krokodil (de)	тимсоҳ	timsoh

220. Insecten

insect (het)	ҳашарот	hasharot
vlinder (de)	капалак	kapalak
mier (de)	чумоли	chumoli
vlieg (de)	пашша	pashsha
mug (de)	чивин	chivin
kever (de)	қўнғиз	qo'ng'iz
wesp (de)	ари	ari
bij (de)	асалари	asalari
hommel (de)	қовоқари	qovoqari
horzel (de)	сўна	so'na
spin (de)	ўргимчак	o'rgimchak
spinnenweb (het)	ўргимчак ини	o'rgimchak ini
libel (de)	ниначи	ninachi
sprinkhaan (de)	чигиртка	chigirtka
nachtvlinder (de)	парвона	parvona
kakkerlak (de)	суварак	suvarak
mijt (de)	кана	kana
vlo (de)	бурга	burga
kriebelmug (de)	майда чивин	mayda chivin
treksprinkhaan (de)	чигиртка	chigirtka
slak (de)	шиллиқ қурт	shilliq qurt
krekel (de)	қора чигиртка	qora chigirtka
glimworm (de)	ялтироқ қўнғиз	yaltiroq qo'ng'iz
lieveheersbeestje (het)	хонқизи	xonqizi
meikever (de)	тиллақўнғиз	tillaqo'ng'iz
bloedzuiger (de)	зулук	zuluk
rups (de)	капалак қурти	kapalak qurti
aardworm (de)	чувалчанг	chuvalchang
larve (de)	қурт	qurt

221. Dieren. Lichaamsdelen

snavel (de)	тумшуқ	tumshuq
vleugels (mv.)	қанотлар	qanotlar
poot (ov. een vogel)	панжа	panja
verenkleed (het)	қуш патлари	qush patlari
veer (de)	пат	pat
kuifje (het)	кокилча	kokilcha
kieuwen (mv.)	ойқулоқ	oyquloq
kuit, dril (de)	увилдириқ	uvildiriq
larve (de)	қурт	qurt
vin (de)	сузгич	suzgich
schubben (mv.)	тангача	tangacha
slagtand (de)	қозиқ тиш	qoziq tish

poot (bijv. ~ van een kat)	панжа	panja
muil (de)	тумшуқ	tumshuq
bek (mond van dieren)	оғиз	og'iz
staart (de)	дум	dum
snorharen (mv.)	мўйлов	mo'ylov

hoef (de)	туёқ	tuyoq
hoorn (de)	шох	shox

schild (schildpad, enz.)	зирҳ	zirh
schelp (de)	чиғаноқ	chig'anoq
eierschaal (de)	қобиқ	qobiq

vacht (de)	юнг	yung
huid (de)	тери	teri

222. Acties van de dieren

vliegen (ww)	учмоқ	uchmoq
cirkelen (vogel)	айланмоқ	aylanmoq
wegvliegen (ww)	учиб кетмоқ	uchib ketmoq
klapwieken (ww)	қоқмоқ	qoqmoq

pikken (vogels)	чўқимоқ	cho'qimoq
broeden (de eend zit te ~)	тухум босмоқ	tuxum bosmoq
uitbroeden (ww)	тухумдан чиқмоқ	tuxumdan chiqmoq
een nest bouwen	тўқимоқ	to'qimoq

kruipen (ww)	ўрмаламоқ	o'rmalamoq
steken (bij)	чақмоқ	chaqmoq
bijten (de hond, enz.)	тишлаб олмоқ	tishlab olmoq

snuffelen (ov. de dieren)	ҳидламоқ	hidlamoq
blaffen (ww)	вовилламоқ	vovillamoq
sissen (slang)	вишилламоқ	vishillamoq
doen schrikken (ww)	қўрқитмоқ	qo'rqitmoq
aanvallen (ww)	ҳамла қилмоқ	hamla qilmoq

knagen (ww)	ғажимоқ	g'ajimoq
schrammen (ww)	тимдаламоқ	timdalamoq
zich verbergen (ww)	беркинмоқ	berkinmoq

spelen (ww)	ўйнамоқ	o'ynamoq
jagen (ww)	ов қилмоқ	ov qilmoq
winterslapen	уйқуда бўлмоқ	uyquda bo'lmoq
uitsterven (dinosauriërs, enz.)	қирилиб кетмоқ	qirilib ketmoq

223. Dieren. Leefomgevingen

leefgebied (het)	яшаш муҳити	yashash muhiti
migratie (de)	миграция	migratsiya
berg (de)	тоғ	tog'

| rif (het) | сув ичидаги қоя | suv ichidagi qoya |
| klip (de) | қоя | qoya |

bos (het)	ўрмон	o'rmon
jungle (de)	жунгли	jungli
savanne (de)	саванна	savanna
toendra (de)	тундра	tundra

steppe (de)	чўл	cho'l
woestijn (de)	саҳро	sahro
oase (de)	воҳа	voha

zee (de)	денгиз	dengiz
meer (het)	кўл	ko'l
oceaan (de)	океан	okean

moeras (het)	ботқоқ	botqoq
zoetwater- (abn)	чучук сувли	chuchuk suvli
vijver (de)	ҳовуз	hovuz
rivier (de)	дарё	daryo

berenhol (het)	айиқ ини	ayiq ini
nest (het)	уя	uya
boom holte (de)	ковак	kovak
hol (het)	ин	in
mierenhoop (de)	чумоли ини	chumoli ini

224. Dierverzorging

| dierentuin (de) | ҳайвонот боғи | hayvonot bog'i |
| natuurreservaat (het) | қўриқхона | qo'riqxona |

fokkerij (de)	питомник	pitomnik
openluchtkooi (de)	волер	voler
kooi (de)	қафас	qafas
hondenhok (het)	каталак	katalak

duiventil (de)	каптархона	kaptarxona
aquarium (het)	аквариум	akvarium
dolfinarium (het)	делфинарий	delfinariy

fokken (bijv. honden ~)	кўпайтирмоқ	ko'paytirmoq
nakomelingen (mv.)	насл	nasl
temmen (tam maken)	қўлга ўргатмоқ	qo'lga o'rgatmoq
voeding (de)	ем	em

| voederen (ww) | ем бермоқ | em bermoq |
| dresseren (ww) | ҳайвонларни ўргатмоқ | hayvonlarni o'rgatmoq |

dierenwinkel (de)	зоомагазин	zoomagazin
muilkorf (de)	тумшуқбоғ	tumshuqbog'
halsband (de)	бўйинбоғ	bo'yinbog'
naam (ov. een dier)	лақаб	laqab
stamboom (honden met ~)	шажара	shajara

225. Dieren. Diversen

meute (wolven)	тўда	to'da
zwerm (vogels)	гала	gala
school (vissen)	гала	gala
kudde (wilde paarden)	уюр	uyur
mannetje (het)	нар	nar
vrouwtje (het)	мода	moda
hongerig (bn)	оч	och
wild (bn)	ёввойи	yovvoyi
gevaarlijk (bn)	хавфли	xavfli

226. Paarden

paard (het)	от	ot
ras (het)	зот	zot
veulen (het)	тойча	toycha
merrie (de)	бия	biya
mustang (de)	мустанг	mustang
pony (de)	пастак от	pastak ot
koudbloed (de)	оғир юк ташувчи от	og'ir yuk tashuvchi ot
manen (mv.)	ёл	yol
staart (de)	дум	dum
hoef (de)	туёқ	tuyoq
hoefijzer (het)	тақа	taqa
beslaan (ww)	тақаламоқ	taqalamoq
paardensmid (de)	темирчи	temirchi
zadel (het)	егар	egar
stijgbeugel (de)	узанги	uzangi
breidel (de)	юган	yugan
leidsels (mv.)	тизгин	tizgin
zweep (de)	қамчи	qamchi
ruiter (de)	чавандоз	chavandoz
zadelen (ww)	егарламоқ	egarlamoq
een paard bestijgen	егарга ўтирмоқ	egarga o'tirmoq
galop (de)	сакраб чопиш	sakrab chopish
galopperen (ww)	йелдирмоқ	yeldirmoq
draf (de)	йўртиб чопиш	yo'rtib chopish
in draf (bw)	йўртиб	yo'rtib
renpaard (het)	пойгачи от	poygachi ot
paardenrace (de)	пойга	poyga
paardenstal (de)	отхона	otxona
voederen (ww)	ем бермоқ	em bermoq

hooi (het)	хашак	xashak
water geven (ww)	сугормоқ	sug'ormoq
wassen (paard ~)	тозаламоқ	tozalamoq
grazen (gras eten)	ўтламоқ	o'tlamoq
hinniken (ww)	кишнамоқ	kishnamoq
een trap geven	тепиб олмоқ	tepib olmoq

Flora

227. Bomen

boom (de)	дарахт	daraxt
loof- (abn)	баргли	bargli
dennen- (abn)	игнабаргли	ignabargli
groenblijvend (bn)	доимяшил	doimyashil
appelboom (de)	олма	olma
perenboom (de)	нок	nok
zoete kers (de)	гилос	gilos
zure kers (de)	олча	olcha
pruimelaar (de)	олхӯри	olxo'ri
berk (de)	оқ қайин	oq qayin
eik (de)	еман	eman
linde (de)	жӯка дарахти	jo'ka daraxti
esp (de)	тоғтерак	tog'terak
esdoorn (de)	заранг дарахти	zarang daraxti
spar (de)	қорақарағай	qoraqarag'ay
den (de)	қарағай	qarag'ay
lariks (de)	тилоғоч	tilog'och
zilverspar (de)	оққарағай	oqqarag'ay
ceder (de)	кедр	kedr
populier (de)	терак	terak
lijsterbes (de)	четан	chetan
wilg (de)	мажнунтол	majnuntol
els (de)	олха	olxa
beuk (de)	қора қайин	qora qayin
iep (de)	қайрағоч	qayrag'och
es (de)	шумтол	shumtol
kastanje (de)	каштан	kashtan
magnolia (de)	магнолия	magnoliya
palm (de)	палма	palma
cipres (de)	кипарис	kiparis
mangrove (de)	мангро дарахти	mangro daraxti
baobab (apenbroodboom)	баобаб	baobab
eucalyptus (de)	евкалипт	evkalipt
mammoetboom (de)	секвойя	sekvoyya

228. Heesters

struik (de)	бута	buta
heester (de)	бутазор	butazor

wijnstok (de)	узум	uzum
wijngaard (de)	узумзор	uzumzor

frambozenstruik (de)	малина	malina
rode bessenstruik (de)	қизил смородина	qizil smorodina
kruisbessenstruik (de)	крижовник	krijovnik

acacia (de)	акация	akatsiya
zuurbes (de)	зирк	zirk
jasmijn (de)	ясмин	yasmin

jeneverbes (de)	қора арча	qora archa
rozenstruik (de)	атиргул тупи	atirgul tupi
hondsroos (de)	наъматак	na'matak

229. Champignons

paddenstoel (de)	қўзиқорин	qo'ziqorin
eetbare paddenstoel (de)	еса бўладиган қўзиқорин	esa bo'ladigan qo'ziqorin
giftige paddenstoel (de)	заҳарли қўзиқорин	zaharli qo'ziqorin
hoed (de)	салла	salla
steel (de)	оёқча	oyoqcha

gewoon eekhoorntjesbrood (het)	оқ қўзиқорин	oq qo'ziqorin
rosse populierenboleet (de)	қизил қўзиқорин	qizil qo'ziqorin
berkenboleet (de)	подберёзовик	podberyozovik
cantharel (de)	лисичка	lisichka
russula (de)	сироежка	siroejka

morille (de)	сморчок	smorchok
vliegenzwam (de)	мухомор	muxomor
groene knolzwam (de)	қурбақасалла	qurbaqasalla

230. Vruchten. Bessen

vrucht (de)	мева	meva
vruchten (mv.)	мевалар	mevalar
appel (de)	олма	olma
peer (de)	нок	nok
pruim (de)	олхўри	olxo'ri

aardbei (de)	қулупнай	qulupnay
zure kers (de)	олча	olcha
zoete kers (de)	гилос	gilos
druif (de)	узум	uzum

framboos (de)	малина	malina
zwarte bes (de)	қора смородина	qora smorodina
rode bes (de)	қизил смородина	qizil smorodina
kruisbes (de)	крижовник	krijovnik
veenbes (de)	клюква	klyukva

sinaasappel (de)	апелсин	apelsin
mandarijn (de)	мандарин	mandarin
ananas (de)	ананас	ananas
banaan (de)	банан	banan
dadel (de)	хурмо	xurmo

citroen (de)	лимон	limon
abrikoos (de)	ўрик	o'rik
perzik (de)	шафтоли	shaftoli
kiwi (de)	киви	kivi
grapefruit (de)	грейпфрут	greypfrut

bes (de)	реза мева	reza meva
bessen (mv.)	реза мевалар	reza mevalar
vossenbes (de)	брусника	brusnika
bosaardbei (de)	йертут	yertut
bosbes (de)	черника	chernika

231. Bloemen. Planten

| bloem (de) | гул | gul |
| boeket (het) | даста | dasta |

roos (de)	атиргул	atirgul
tulp (de)	лола	lola
anjer (de)	чиннигул	chinnigul
gladiool (de)	гладиолус	gladiolus

korenbloem (de)	бўтакўз	bo'tako'z
klokje (het)	қўнғироқгул	qo'ng'iroqgul
paardenbloem (de)	момақаймоқ	momaqaymoq
kamille (de)	мойчечак	moychechak

aloë (de)	алое	aloe
cactus (de)	кактус	kaktus
ficus (de)	фикус	fikus

lelie (de)	лилия	liliya
geranium (de)	ёронгул	yorongul
hyacint (de)	сунбул	sunbul

mimosa (de)	мимоза	mimoza
narcis (de)	наргис	nargis
Oostindische kers (de)	лотин чечаги	lotin chechagi

orchidee (de)	орхидея	orxideya
pioenroos (de)	саллагул	sallagul
viooltje (het)	бинафша	binafsha

driekleurig viooltje (het)	капалакгул	kapalakgul
vergeet-mij-nietje (het)	бўтакўз	bo'tako'z
madeliefje (het)	дасторгул	dastorgul
papaver (de)	кўкнор	ko'knor
hennep (de)	наша ўсимлиги	nasha o'simligi

munt (de)	ялпиз	yalpiz
lelietje-van-dalen (het)	марваридгул	marvaridgul
sneeuwklokje (het)	бойчечак	boychechak

brandnetel (de)	қичитқи ўт	qichitqi o't
veldzuring (de)	шовул	shovul
waterlelie (de)	нилфия	nilfiya
varen (de)	қирққулоқ	qirqquloq
korstmos (het)	лишайник	lishaynik

oranjerie (de)	оранжерея	oranjereya
gazon (het)	газон	gazon
bloemperk (het)	клумба	klumba

plant (de)	ўсимлик	o'simlik
gras (het)	ўт	o't
grasspriet (de)	ўт пояси	o't poyasi

blad (het)	барг	barg
bloemblad (het)	гулбарг	gulbarg
stengel (de)	поя	poya
knol (de)	тугунак	tugunak

| scheut (de) | куртак | kurtak |
| doorn (de) | тиканак | tikanak |

bloeien (ww)	гулламоқ	gullamoq
verwelken (ww)	сўлимоқ	so'limoq
geur (de)	хид	hid
snijden (bijv. bloemen ~)	кесиб олмоқ	kesib olmoq
plukken (bloemen ~)	узмоқ, узиб олмоқ	uzmoq, uzib olmoq

232. Granen, graankorrels

graan (het)	ғалла	g'alla
graangewassen (mv.)	ғалла ўсимликлари	g'alla o'simliklari
aar (de)	бошоқ	boshoq

tarwe (de)	буғдой	bug'doy
rogge (de)	жавдар	javdar
haver (de)	сули	suli

| gierst (de) | тариқ | tariq |
| gerst (de) | арпа | arpa |

maïs (de)	маккажўхори	makkajo'xori
rijst (de)	шоли	sholi
boekweit (de)	гречиха	grechixa

erwt (de)	нўхат	no'xat
boon (de)	ловия	loviya
soja (de)	соя	soya
linze (de)	ясмиқ	yasmiq
bonen (mv.)	дуккакли ўсимликлар	dukkakli o'simliklar

233. Groenten. Groene groenten

groenten (mv.)	сабзовотлар	sabzovotlar
verse kruiden (mv.)	кўкат	ko'kat
tomaat (de)	помидор	pomidor
augurk (de)	бодринг	bodring
wortel (de)	сабзи	sabzi
aardappel (de)	картошка	kartoshka
ui (de)	пиёз	piyoz
knoflook (de)	саримсоқ	sarimsoq
kool (de)	карам	karam
bloemkool (de)	гулкарам	gulkaram
spruitkool (de)	брюссел карами	bryussel karami
broccoli (de)	брокколи карами	brokkoli karami
rode biet (de)	лавлаги	lavlagi
aubergine (de)	бақлажон	baqlajon
courgette (de)	қовоқча	qovoqcha
pompoen (de)	ошқовоқ	oshqovoq
knolraap (de)	шолғом	sholg'om
peterselie (de)	петрушка	petrushka
dille (de)	укроп	ukrop
sla (de)	салат	salat
selderij (de)	селдерей	selderey
asperge (de)	сарсабил	sarsabil
spinazie (de)	исмалоқ	ismaloq
erwt (de)	нўхат	no'xat
bonen (mv.)	дуккакли ўсимликлар	dukkakli o'simliklar
maïs (de)	маккажўхори	makkajo'xori
boon (de)	ловия	loviya
peper (de)	қалампир	qalampir
radijs (de)	редиска	rediska
artisjok (de)	артишок	artishok

REGIONALE AARDRIJKSKUNDE

Landen. Nationaliteiten

234. West-Europa

Europa (het)	Йевропа	Yevropa
Europese Unie (de)	Йевропа Иттифоқи	Yevropa Ittifoqi
Europeaan (de)	йевропалик	yevropalik
Europees (bn)	йевропага оид	yevropaga oid
Oostenrijk (het)	Австрия	Avstriya
Oostenrijker (de)	австриялик	avstriyalik
Oostenrijkse (de)	австриялик аёл	avstriyalik ayol
Oostenrijks (bn)	австрияликларга оид	avstriyaliklarga oid
Groot-Brittannië (het)	Буюк Британия	Buyuk Britaniya
Engeland (het)	Англия	Angliya
Engelsman (de)	инглиз	ingliz
Engelse (de)	инглиз аёл	ingliz ayol
Engels (bn)	инглизларга оид	inglizlarga oid
België (het)	Белгия	Belgiya
Belg (de)	белгиялик	belgiyalik
Belgische (de)	белгиялик аёл	belgiyalik ayol
Belgisch (bn)	белгияликларга оид	belgiyaliklarga oid
Duitsland (het)	Германия	Germaniya
Duitser (de)	немис	nemis
Duitse (de)	немис аёл	nemis ayol
Duits (bn)	немисларга оид	nemislarga oid
Nederland (het)	Нидерландия	Niderlandiya
Holland (het)	Голландия	Gollandiya
Nederlander (de)	голланд	golland
Nederlandse (de)	голланд аёл	golland ayol
Nederlands (bn)	голландларга оид	gollandlarga oid
Griekenland (het)	Греция	Gretsiya
Griek (de)	грек	grek
Griekse (de)	грек аёл	grek ayol
Grieks (bn)	грекларга оид	greklarga oid
Denemarken (het)	Дания	Daniya
Deen (de)	даниялик	daniyalik
Deense (de)	даниялик аёл	daniyalik ayol
Deens (bn)	данияликларга оид	daniyaliklarga oid
Ierland (het)	Ирландия	Irlandiya
Ier (de)	ирландиялик	irlandiyalik

Ierse (de)	ирландиялик аёл	irlandiyalik ayol
Iers (bn)	ирландияликларга оид	irlandiyaliklarga oid
IJsland (het)	Исландия	Islandiya
IJslander (de)	исландиялик	islandiyalik
IJslandse (de)	исландиялик аёл	islandiyalik ayol
IJslands (bn)	исландияликларга оид	islandiyaliklarga oid
Spanje (het)	Испания	Ispaniya
Spanjaard (de)	Испан	Ispan
Spaanse (de)	испан аёл	ispan ayol
Spaans (bn)	испанларга оид	ispanlarga oid
Italië (het)	Италия	Italiya
Italiaan (de)	италян	italyan
Italiaanse (de)	италян аёл	italyan ayol
Italiaans (bn)	италияликларга оид	italiyaliklarga oid
Cyprus (het)	Кипр	Kipr
Cyprioot (de)	кипрлик	kiprlik
Cypriotische (de)	кипрлик аёл	kiprlik ayol
Cypriotisch (bn)	кипрликларга оид	kiprliklarga oid
Malta (het)	Малта	Malta
Maltees (de)	малталик	maltalik
Maltese (de)	малталик аёл	maltalik ayol
Maltees (bn)	малталикларга оид	maltaliklarga oid
Noorwegen (het)	Норвегия	Norvegiya
Noor (de)	норвег	norveg
Noorse (de)	норвег аёл	norveg ayol
Noors (bn)	норвегларга оид	norveglarga oid
Portugal (het)	Португалия	Portugaliya
Portugees (de)	португал	portugal
Portugese (de)	португал аёл	portugal ayol
Portugees (bn)	португалларга оид	portugallarga oid
Finland (het)	Финляндия	Finlyandiya
Fin (de)	финн	finn
Finse (de)	финн аёл	finn ayol
Fins (bn)	финнларга оид	finnlarga oid
Frankrijk (het)	Франция	Frantsiya
Fransman (de)	француз	frantsuz
Française (de)	француз аёл	frantsuz ayol
Frans (bn)	французларга оид	frantsuzlarga oid
Zweden (het)	Швеция	Shvetsiya
Zweed (de)	швед	shved
Zweedse (de)	швед аёл	shved ayol
Zweeds (bn)	шведларга оид	shvedlarga oid
Zwitserland (het)	Швейцария	Shveytsariya
Zwitser (de)	швейцариялик	shveytsariyalik
Zwitserse (de)	швейцариялик аёл	shveytsariyalik ayol

Zwitsers (bn)	швейцарияликларга оид	shveytsariyaliklarga oid
Schotland (het)	Шотландия	Shotlandiya
Schot (de)	шотланд	shotland
Schotse (de)	шотланд аёл	shotland ayol
Schots (bn)	шотландларга оид	shotlandlarga oid
Vaticaanstad (de)	Ватикан	Vatikan
Liechtenstein (het)	Лихтенштейн	Lixtenshteyn
Luxemburg (het)	Люксембург	Lyuksemburg
Monaco (het)	Монако	Monako

235. Centraal- en Oost-Europa

Albanië (het)	Албания	Albaniya
Albanees (de)	албан	alban
Albanese (de)	албан аёл	alban ayol
Albanees (bn)	албанларга оид	albanlarga oid
Bulgarije (het)	Болгария	Bolgariya
Bulgaar (de)	болгар	bolgar
Bulgaarse (de)	болгар аёл	bolgar ayol
Bulgaars (bn)	болгарларга оид	bolgarlarga oid
Hongarije (het)	Венгрия	Vengriya
Hongaar (de)	венгр	vengr
Hongaarse (de)	венгр аёл	vengr ayol
Hongaars (bn)	венгрларга оид	vengrlarga oid
Letland (het)	Латвия	Latviya
Let (de)	латиш	latish
Letse (de)	латиш аёл	latish ayol
Lets (bn)	латишларга оид	latishlarga oid
Litouwen (het)	Литва	Litva
Litouwer (de)	литвалик	litvalik
Litouwse (de)	литвалик аёл	litvalik ayol
Litouws (bn)	литваликларга оид	litvaliklarga oid
Polen (het)	Полша	Polsha
Pool (de)	поляк	polyak
Poolse (de)	поляк аёл	polyak ayol
Pools (bn)	полякларга оид	polyaklarga oid
Roemenië (het)	Руминия	Ruminiya
Roemeen (de)	румин	rumin
Roemeense (de)	румин аёл	rumin ayol
Roemeens (bn)	руминларга оид	ruminlarga oid
Servië (het)	Сербия	Serbiya
Serviër (de)	серб	serb
Servische (de)	серб аёл	serb ayol
Servisch (bn)	сербларга оид	serblarga oid
Slowakije (het)	Словакия	Slovakiya
Slowaak (de)	словак	slovak

Slowaakse (de)	словак аёл	slovak ayol
Slowaakse (bn)	словакларга оид	slovaklarga oid
Kroatië (het)	Хорватия	Xorvatiya
Kroaat (de)	хорват	xorvat
Kroatische (de)	хорват аёл	xorvat ayol
Kroatisch (bn)	хорватларга оид	xorvatlarga oid
Tsjechië (het)	Чехия	Chexiya
Tsjech (de)	чех	chex
Tsjechische (de)	чех аёл	chex ayol
Tsjechisch (bn)	чехларга оид	chexlarga oid
Estland (het)	Естония	Estoniya
Est (de)	естон	eston
Estse (de)	естон аёл	eston ayol
Ests (bn)	естонларга оид	estonlarga oid
Bosnië en Herzegovina (het)	Босния ва Герцеговина	Bosniya va Gertsegovina
Macedonië (het)	Македония	Makedoniya
Slovenië (het)	Словения	Sloveniya
Montenegro (het)	Черногория	Chernogoriya

236. Voormalige USSR landen

Azerbeidzjan (het)	Озарбайжон	Ozarbayjon
Azerbeidzjaan (de)	озарбайжон	ozarbayjon
Azerbeidjaanse (de)	озарбайжон аёл	ozarbayjon ayol
Azerbeidjaans (bn)	озарбайжонларга оид	ozarbayjonlarga oid
Armenië (het)	Арманистон	Armaniston
Armeen (de)	арман	arman
Armeense (de)	арман аёл	arman ayol
Armeens (bn)	арманларга оид	armanlarga oid
Wit-Rusland (het)	Беларус	Belarus
Wit-Rus (de)	белорус	belorus
Wit-Russische (de)	белорус аёл	belorus ayol
Wit-Russisch (bn)	белорусларга оид	beloruslarga oid
Georgië (het)	Грузия	Gruziya
Georgiër (de)	грузин	gruzin
Georgische (de)	грузин аёл	gruzin ayol
Georgisch (bn)	грузинларга оид	gruzinlarga oid
Kazakstan (het)	Қозоғистон	Qozog'iston
Kazak (de)	қозоқ	qozoq
Kazakse (de)	қозоқ аёл	qozoq ayol
Kazakse (bn)	қозоқларга оид	qozoqlarga oid
Kirgizië (het)	Қирғизистон	Qirg'iziston
Kirgiziër (de)	кирғиз	kirg'iz
Kirgizische (de)	кирғиз аёл	kirg'iz ayol
Kirgizische (bn)	кирғизларга оид	kirg'izlarga oid

Moldavië (het)	Молдова	Moldova
Moldaviër (de)	молдаван	moldavan
Moldavische (de)	молдаван аёл	moldavan ayol
Moldavisch (bn)	молдаванларга оид	moldavanlarga oid

Rusland (het)	Россия	Rossiya
Rus (de)	рус	rus
Russin (de)	рус аёл	rus ayol
Russisch (bn)	русларга оид	ruslarga oid

Tadzjikistan (het)	Тожикистон	Tojikiston
Tadzjiek (de)	тожик	tojik
Tadzjiekse (de)	тожик аёл	tojik ayol
Tadzjieks (bn)	тожикларга оид	tojiklarga oid

Turkmenistan (het)	Туркманистон	Turkmaniston
Turkmeen (de)	туркман	turkman
Turkmeense (de)	туркман аёл	turkman ayol
Turkmeens (bn)	туркманларга оид	turkmanlarga oid

Oezbekistan (het)	ўзбекистон	o'zbekiston
Oezbeek (de)	ўзбек	o'zbek
Oezbeekse (de)	ўзбек аёл	o'zbek ayol
Oezbeeks (bn)	ўзбекларга оид	o'zbeklarga oid

Oekraïne (het)	Украина	Ukraina
Oekraïner (de)	украин	ukrain
Oekraïense (de)	украин аёл	ukrain ayol
Oekraïens (bn)	украинларга оид	ukrainlarga oid

237. Azië

Azië (het)	Осиё	Osiyo
Aziatisch (bn)	осиёга оид	osiyoga oid

Vietnam (het)	Ветнам	Vetnam
Vietnamees (de)	ветнамлик	vetnamlik
Vietnamese (de)	ветнамлик аёл	vetnamlik ayol
Vietnamees (bn)	ветнамликларга оид	vetnamliklarga oid

India (het)	Хиндистон	Hindiston
Indiër (de)	хинд	hind
Indische (de)	хинд аёл	hind ayol
Indisch (bn)	хиндларга оид	hindlarga oid

Israël (het)	Исроил	Isroil
Israëliër (de)	исроиллик	isroillik
Israëlische (de)	исроиллик аёл	isroillik ayol
Israëlisch (bn)	исроилликларга оид	isroilliklarga oid

Jood (etniciteit)	яхудий	yahudiy
Jodin (de)	яхудий аёл	yahudiy ayol
Joods (bn)	яхудийларга оид	yahudiylarga oid
China (het)	Хитой	Xitoy

Chinees (de)	хитой	xitoy
Chinese (de)	хитой аёл	xitoy ayol
Chinees (bn)	хитойларга оид	xitoylarga oid

Koreaan (de)	корейс	koreys
Koreaanse (de)	корейс аёл	koreys ayol
Koreaans (bn)	корейсларга оид	koreyslarga oid

Libanon (het)	Ливан	Livan
Libanees (de)	ливанлик	livanlik
Libanese (de)	ливанлик аёл	livanlik ayol
Libanees (bn)	ливанликларга оид	livanliklarga oid

Mongolië (het)	Мўғулистон	Mo'g'uliston
Mongool (de)	мўғул	mo'g'ul
Mongoolse (de)	мўғул аёл	mo'g'ul ayol
Mongools (bn)	мўғуллларга оид	mo'g'ulllarga oid

Maleisië (het)	Малайзия	Malayziya
Maleisiër (de)	малайялик	malayyalik
Maleisische (de)	малайялик аёл	malayyalik ayol
Maleisisch (bn)	малайяликларга оид	malayyaliklarga oid

Pakistan (het)	Покистон	Pokiston
Pakistaan (de)	покистонлик	pokistonlik
Pakistaanse (de)	покистонлик аёл	pokistonlik ayol
Pakistaans (bn)	покистонликларга оид	pokistonliklarga oid

Saoedi-Arabië (het)	Саудия арабистони	Saudiya arabistoni
Arabier (de)	араб	arab
Arabische (de)	араб аёл	arab ayol
Arabisch (bn)	арабларга оид	arablarga oid

Thailand (het)	Таиланд	Tailand
Thai (de)	таиландлик	tailandlik
Thaise (de)	таиландлик аёл	tailandlik ayol
Thai (bn)	таиландликларга оид	tailandliklarga oid

Taiwan (het)	Тайван	Tayvan
Taiwanees (de)	тайванлик	tayvanlik
Taiwanese (de)	тайванлик аёл	tayvanlik ayol
Taiwanees (bn)	тайванликларга оид	tayvanliklarga oid

Turkije (het)	Туркия	Turkiya
Turk (de)	турк	turk
Turkse (de)	турк аёл	turk ayol
Turks (bn)	туркларга оид	turklarga oid

Japan (het)	Япония	Yaponiya
Japanner (de)	япон	yapon
Japanse (de)	япон аёл	yapon ayol
Japans (bn)	японларга оид	yaponlarga oid

Afghanistan (het)	Афғонистон	Afg'oniston
Bangladesh (het)	Бангладеш	Bangladesh
Indonesië (het)	Индонезия	Indoneziya

Jordanië (het)	Иордания	Iordaniya
Irak (het)	Ироқ	Iroq
Iran (het)	Ерон	Eron
Cambodja (het)	Камбоджа	Kambodja
Koeweit (het)	Қувайт	Quvayt

Laos (het)	Лаос	Laos
Myanmar (het)	Мянма	Myanma
Nepal (het)	Непал	Nepal
Verenigde Arabische Emiraten	Бирлашган Араб Амирликлари	Birlashgan Arab Amirliklari

Syrië (het)	Сурия	Suriya
Palestijnse autonomie (de)	Фаластин автономияси	Falastin avtonomiyasi
Zuid-Korea (het)	Жанубий Корея	Janubiy Koreya
Noord-Korea (het)	Шимолий корея	Shimoliy koreya

238. Noord-Amerika

Verenigde Staten van Amerika	Америка Қўшма Штатлари	Amerika Qo'shma Shtatlari
Amerikaan (de)	америкалик	amerikalik
Amerikaanse (de)	америкалик аёл	amerikalik ayol
Amerikaans (bn)	америкаликларга оид	amerikaliklarga oid

Canada (het)	Канада	Kanada
Canadees (de)	канадалик	kanadalik
Canadese (de)	канадалик аёл	kanadalik ayol
Canadees (bn)	канадаликларга оид	kanadaliklarga oid

Mexico (het)	Мексика	Meksika
Mexicaan (de)	мексикалик	meksikalik
Mexicaanse (de)	мексикалик аёл	meksikalik ayol
Mexicaans (bn)	мексикаликларга оид	meksikaliklarga oid

239. Midden- en Zuid-Amerika

Argentinië (het)	Аргентина	Argentina
Argentijn (de)	аргенттиналик	argentinalik
Argentijnse (de)	аргентиналик аёл	argentinalik ayol
Argentijns (bn)	аргентиналикларга оид	argentinaliklarga oid

Brazilië (het)	Бразилия	Braziliya
Braziliaan (de)	бразилиялик	braziliyalik
Braziliaanse (de)	бразилиялик аёл	braziliyalik ayol
Braziliaans (bn)	бразилияликларга оид	braziliyaliklarga oid

Colombia (het)	Колумбия	Kolumbiya
Colombiaan (de)	колумбиялик	kolumbiyalik
Colombiaanse (de)	колумбиялик аёл	kolumbiyalik ayol
Colombiaans (bn)	колумбияликларга оид	kolumbiyaliklarga oid
Cuba (het)	Куба	Kuba

Cubaan (de)	кубалик	kubalik
Cubaanse (de)	кубалик аёл	kubalik ayol
Cubaans (bn)	кубаликларга оид	kubaliklarga oid

Chili (het)	Чили	Chili
Chileen (de)	чилилик	chililik
Chileense (de)	чилилик аёл	chililik ayol
Chileens (bn)	чилиликларга оид	chililiklarga oid

Bolivia (het)	Боливия	Boliviya
Venezuela (het)	Венесуела	Venesuela
Paraguay (het)	Парагвай	Paragvay
Peru (het)	Перу	Peru

Suriname (het)	Суринам	Surinam
Uruguay (het)	Уругвай	Urugvay
Ecuador (het)	Эквадор	Ekvador

Bahama's (mv.)	Багам ороллари	Bagam orollari
Haïti (het)	Гаити	Gaiti
Dominicaanse Republiek (de)	Доминикана республикаси	Dominikana respublikasi
Panama (het)	Панама	Panama
Jamaica (het)	Жамайка	Jamayka

240. Afrika

Egypte (het)	Миср	Misr
Egyptenaar (de)	мисрлик	misrlik
Egyptische (de)	мисрлик аёл	misrlik ayol
Egyptisch (bn)	мисрликларга оид	misrliklarga oid

Marokko (het)	Марокаш	Marokash
Marokkaan (de)	марокашлик	marokashlik
Marokkaanse (de)	марокашлик аёл	marokashlik ayol
Marokkaans (bn)	марокашликларга оид	marokashliklarga oid

Tunesië (het)	Тунис	Tunis
Tunesiër (de)	тунислик	tunislik
Tunesische (de)	тунислик аёл	tunislik ayol
Tunesisch (bn)	тунисликларга оид	tunisliklarga oid

Ghana (het)	Гана	Gana
Zanzibar (het)	Занзибар	Zanzibar
Kenia (het)	Кения	Keniya
Libië (het)	Ливия	Liviya
Madagaskar (het)	Мадагаскар	Madagaskar

Namibië (het)	Намибия	Namibiya
Senegal (het)	Сенегал	Senegal
Tanzania (het)	Танзания	Tanzaniya
Zuid-Afrika (het)	Жанубий Африка Республикаси	Janubiy Afrika Respublikasi
Afrikaan (de)	африкалик	afrikalik

| Afrikaanse (de) | африкалик аёл | afrikalik ayol |
| Afrikaans (bn) | африкаликларга оид | afrikaliklarga oid |

241. Australië. Oceanië

Australië (het)	Австралия	Avstraliya
Australiër (de)	австралиялик	avstraliyalik
Australische (de)	австралиялик аёл	avstraliyalik ayol
Australisch (bn)	австралияликларга оид	avstraliyaliklarga oid

Nieuw-Zeeland (het)	Янги Зеландия	Yangi Zelandiya
Nieuw-Zeelander (de)	янги зеландиялик	yangi zelandiyalik
Nieuw-Zeelandse (de)	янги зеландиялик аёл	yangi zelandiyalik ayol
Nieuw-Zeelands (bn)	янги зеландияликларга оид	yangi zelandiyaliklarga oid

| Tasmanië (het) | Тасмания | Tasmaniya |
| Frans-Polynesië | Француз Полинезияси | Frantsuz Polineziyasi |

242. Steden

Amsterdam	Амстердам	Amsterdam
Ankara	Анқара	Anqara
Athene	Афина	Afina
Bagdad	Бағдод	Bag'dod
Bangkok	Бангкок	Bangkok

Barcelona	Барселона	Barselona
Beiroet	Байрут	Bayrut
Berlijn	Берлин	Berlin
Boedapest	Будапешт	Budapesht
Boekarest	Бухарест	Buxarest

Bombay, Mumbai	Бомбей	Bombey
Bonn	Бонн	Bonn
Bordeaux	Бордо	Bordo
Bratislava	Братислава	Bratislava
Brussel	Брюссел	Bryussel

Caïro	Коҳира	Kohira
Calcutta	Калкутта	Kalkutta
Chicago	Чикаго	Chikago
Dar Es Salaam	Дар ес Салаам	Dar es Salaam
Delhi	Деҳли	Dehli

Den Haag	Гаага	Gaaga
Dubai	Дубай	Dubay
Dublin	Дублин	Dublin
Düsseldorf	Дюссельдорф	Dyusseldorf
Florence	Флоренция	Florentsiya
Frankfort	Франкфурт	Frankfurt
Genève	Женева	Jeneva

Hamburg	Гамбург	Gamburg
Hanoi	Ханой	Xanoy
Havana	Гавана	Gavana
Helsinki	Хелсинки	Xelsinki
Hiroshima	Хиросима	Xirosima
Hongkong	Гонконг	Gonkong
Istanbul	Истанбул	Istanbul
Jeruzalem	Куддус	Quddus
Kiev	Киев	Kiev
Kopenhagen	Копенгаген	Kopengagen
Kuala Lumpur	Куала Лумпур	Kuala Lumpur
Lissabon	Лиссабон	Lissabon
Londen	Лондон	London
Los Angeles	Лос Анжелес	Los Anjeles
Lyon	Лион	Lion
Madrid	Мадрид	Madrid
Marseille	Марсел	Marsel
Mexico-Stad	Мехико	Mexiko
Miami	Майями	Mayyami
Montreal	Монреал	Monreal
Moskou	Москва	Moskva
München	Мюнхен	Myunxen
Nairobi	Найроби	Nayrobi
Napels	Неапол	Neapol
New York	Ню-Ёрк	Nyu-York
Nice	Ницца	Nitstsa
Oslo	Осло	Oslo
Ottawa	Оттава	Ottava
Parijs	Париж	Parij
Peking	Пекин	Pekin
Praag	Прага	Praga
Rio de Janeiro	Рио-де-Жанейро	Rio-de-Janeyro
Rome	Рим	Rim
Seoel	Сеул	Seul
Singapore	Сингапур	Singapur
Sint-Petersburg	Санкт-Петербург	Sankt-Peterburg
Sjanghai	Шанхай	Shanxay
Stockholm	Стокголм	Stokgolm
Sydney	Сидней	Sidney
Taipei	Тайпей	Taypey
Tokio	Токио	Tokio
Toronto	Торонто	Toronto
Venetië	Венеция	Venetsiya
Warschau	Варшава	Varshava
Washington	Вашингтон	Vashington
Wenen	Вена	Vena

243. Politiek. Overheid. Deel 1

politiek (de)	сиёсат	siyosat
politiek (bn)	сиёсий	siyosiy
politicus (de)	сиёсатчи	siyosatchi

staat (land)	давлат	davlat
burger (de)	фуқаро	fuqaro
staatsburgerschap (het)	фуқаролик	fuqarolik

| nationaal wapen (het) | миллий герб | milliy gerb |
| volkslied (het) | миллий мадхия | milliy madhiya |

regering (de)	хукумат	hukumat
staatshoofd (het)	мамлакат рахбари	mamlakat rahbari
parlement (het)	парламент	parlament
partij (de)	партия	partiya

| kapitalisme (het) | капитализм | kapitalizm |
| kapitalistisch (bn) | капиталистик | kapitalistik |

| socialisme (het) | социализм | sotsializm |
| socialistisch (bn) | социалистик | sotsialistik |

communisme (het)	коммунизм	kommunizm
communistisch (bn)	коммунистик	kommunistik
communist (de)	коммунист	kommunist

democratie (de)	демократия	demokratiya
democraat (de)	демократ	demokrat
democratisch (bn)	демократик	demokratik
democratische partij (de)	демократик партия	demokratik partiya

liberaal (de)	либерал	liberal
liberaal (bn)	либерал	liberal
conservator (de)	консерватор	konservator
conservatief (bn)	консерватив	konservativ

republiek (de)	республика	respublika
republikein (de)	республикачи	respublikachi
Republikeinse Partij (de)	республикачилар партияси	respublikachilar partiyasi

verkiezing (de)	сайловлар	saylovlar
kiezen (ww)	сайламоқ	saylamoq
kiezer (de)	сайловчи	saylovchi
verkiezingscampagne (de)	сайлов кампанияси	saylov kampaniyasi

stemming (de)	овоз бериш	ovoz berish
stemmen (ww)	овоз бермоқ	ovoz bermoq
stemrecht (het)	овоз бериш хуқуқи	ovoz berish huquqi

kandidaat (de)	номзод	nomzod
zich kandideren	ўз номзодини қўймоқ	o'z nomzodini qo'ymoq
campagne (de)	кампания	kampaniya

oppositie- (abn)	мухолиф	muxolif
oppositie (de)	мухолафат	muxolafat
bezoek (het)	ташриф	tashrif
officieel bezoek (het)	расмий ташриф	rasmiy tashrif
internationaal (bn)	халқаро	xalqaro
onderhandelingen (mv.)	музокоралар	muzokoralar
onderhandelen (ww)	музокоралар олиб бориш	muzokoralar olib borish

244. Politiek. Overheid. Deel 2

maatschappij (de)	жамият	jamiyat
grondwet (de)	конституция	konstitutsiya
macht (politieke ~)	ҳокимият	hokimiyat
corruptie (de)	коррупция	korruptsiya
wet (de)	қонун	qonun
wettelijk (bn)	қонуний	qonuniy
rechtvaardigheid (de)	адолат	adolat
rechtvaardig (bn)	адолатли	adolatli
comité (het)	қўмита	qo'mita
wetsvoorstel (het)	қонун лойиҳаси	qonun loyihasi
begroting (de)	бюджет	byudjet
beleid (het)	сиёсат	siyosat
hervorming (de)	ислоҳот	islohot
radicaal (bn)	радикал	radikal
macht (vermogen)	куч	kuch
machtig (bn)	кучли	kuchli
aanhanger (de)	тарафдор	tarafdor
invloed (de)	таъсир	ta'sir
regime (het)	тузум	tuzum
conflict (het)	низо	nizo
samenzwering (de)	фитна	fitna
provocatie (de)	иғво	ig'vo
omverwerpen (ww)	ағдармоқ	ag'darmoq
omverwerping (de)	ағдариш	ag'darish
revolutie (de)	инқилоб	inqilob
staatsgreep (de)	тўнтариш	to'ntarish
militaire coup (de)	ҳарбий тўнтариш	harbiy to'ntarish
crisis (de)	инқироз	inqiroz
economische recessie (de)	иқтисодий инқироз	iqtisodiy inqiroz
betoger (de)	намойишчи	namoyishchi
betoging (de)	намойиш	namoyish
krijgswet (de)	ҳарбий ҳолат	harbiy holat
militaire basis (de)	ҳарбий база	harbiy baza
stabiliteit (de)	барқарорлик	barqarorlik

stabiel (bn)	барқарор	barqaror
uitbuiting (de)	эксплуатация	ekspluatatsiya
uitbuiten (ww)	эксплуатация қилмоқ	ekspluatatsiya qilmoq

racisme (het)	иркчилик	irqchilik
racist (de)	иркчи	irqchi
fascisme (het)	фашизм	fashizm
fascist (de)	фашист	fashist

245. Landen. Diversen

vreemdeling (de)	чет еллик	chet ellik
buitenlands (bn)	чет ел	chet el
in het buitenland (bw)	чет елларда	chet ellarda

emigrant (de)	муҳожир	muhojir
emigratie (de)	муҳожирлик	muhojirlik
emigreren (ww)	муҳожирликка кетмоқ	muhojirlikka ketmoq

Westen (het)	ғарб	g'arb
Oosten (het)	Шарқ	Sharq
Verre Oosten (het)	Узоқ Шарқ	Uzoq Sharq

beschaving (de)	сивилизация	sivilizatsiya
mensheid (de)	инсоният	insoniyat
wereld (de)	олам	olam
vrede (de)	тинчлик	tinchlik
wereld- (abn)	умумжаҳон	umumjahon

vaderland (het)	ватан	vatan
volk (het)	халқ	xalq
bevolking (de)	аҳоли	aholi
mensen (mv.)	одамлар	odamlar
natie (de)	миллат	millat
generatie (de)	авлод	avlod

gebied (bijv. bezette ~en)	майдон	maydon
regio, streek (de)	худуд	hudud
deelstaat (de)	штат	shtat

traditie (de)	анъана	an'ana
gewoonte (de)	урф-одат	urf-odat
ecologie (de)	екология	ekologiya

Indiaan (de)	ҳинду	hindu
zigeuner (de)	лўли	lo'li
zigeunerin (de)	лўли аёл	lo'li ayol
zigeuner- (abn)	лўлиларга оид	lo'lilarga oid

rijk (het)	империя	imperiya
kolonie (de)	мустамлака	mustamlaka
slavernij (de)	қуллик	qullik
invasie (de)	бостириб келиш	bostirib kelish
hongersnood (de)	очлик	ochlik

246. Grote religieuze groepen. Bekentenissen

religie (de)	дин	din
religieus (bn)	диний	diniy
geloof (het)	еътиқод	e'tiqod
geloven (ww)	еътиқод қилмоқ	e'tiqod qilmoq
gelovige (de)	диндор	dindor
atheïsme (het)	атеизм	ateizm
atheïst (de)	атеист	ateist
christendom (het)	Христиан дини	Xristian dini
christen (de)	христиан	xristian
christelijk (bn)	хистианларга оид	xistianlarga oid
katholicisme (het)	Католицизм	Katolitsizm
katholiek (de)	католик	katolik
katholiek (bn)	католикларга оид	katoliklarga oid
protestantisme (het)	Протестантлик	Protestantlik
Protestante Kerk (de)	Протестантлар черкови	Protestantlar cherkovi
protestant (de)	протестант	protestant
orthodoxie (de)	Православ	Pravoslav
Orthodoxe Kerk (de)	Православ черкови	Pravoslav cherkovi
orthodox	православиега оид	pravoslaviega oid
presbyterianisme (het)	Пресвитерианлик	Presviterianlik
Presbyteriaanse Kerk (de)	Пресвитерианлар черкови	Presviterianlar cherkovi
presbyteriaan (de)	пресвитериан	presviterian
lutheranisme (het)	Лютеран черкови	Lyuteran cherkovi
lutheraan (de)	лютеран	lyuteran
baptisme (het)	Баптизм	Baptizm
baptist (de)	баптист	baptist
Anglicaanse Kerk (de)	Англикан черкови	Anglikan cherkovi
anglicaan (de)	англикан	anglikan
mormonisme (het)	Мормонлик	Mormonlik
mormoon (de)	мормон	mormon
Jodendom (het)	Яҳудо дини	Yahudo dini
jood (aanhanger van het Jodendom)	яҳудий	yahudiy
boeddhisme (het)	Буддизм	Buddizm
boeddhist (de)	буддист	buddist
hindoeïsme (het)	Ҳиндуизм	Hinduizm
hindoe (de)	ҳиндуий	hinduiy
islam (de)	Ислом	Islom
islamiet (de)	мусулмон	musulmon

islamitisch (bn)	мусулмонларга оид	musulmonlarga oid
sjiisme (het)	Шиалик	Shialik
sjiiet (de)	шиа	shia
soennisme (het)	Суннийлик	Sunniylik
soenniet (de)	сунний	sunniy

247. Religies. Priesters

priester (de)	руҳоний	ruhoniy
paus (de)	Рим Папаси	Rim Papasi
monnik (de)	роҳиб	rohib
non (de)	роҳиба	rohiba
pastoor (de)	пастор	pastor
abt (de)	аббат	abbat
vicaris (de)	викарий	vikariy
bisschop (de)	епископ	episkop
kardinaal (de)	кардинал	kardinal
predikant (de)	ваъзхон	va'zxon
preek (de)	ваъз	va'z
kerkgangers (mv.)	қавм	qavm
gelovige (de)	диндор	dindor
atheïst (de)	атеист	ateist

248. Geloof. Christendom. Islam

Adam	Одам Ато	Odam Ato
Eva	Момо Ҳаво	Momo Havo
God (de)	Худо	Xudo
Heer (de)	Парвардигор	Parvardigor
Almachtige (de)	Қудратли	Qudratli
zonde (de)	гуноҳ	gunoh
zondigen (ww)	гуноҳ қилмоқ	gunoh qilmoq
zondaar (de)	гуноҳкор	gunohkor
zondares (de)	гуноҳкор аёл	gunohkor ayol
hel (de)	дўзах	do'zax
paradijs (het)	жаннат	jannat
Jezus	Исо	Iso
Jezus Christus	Исо Масиҳ	Iso Masih
Heilige Geest (de)	Муқаддас Руҳ	Muqaddas Ruh
Verlosser (de)	Халоскор	Xaloskor
Maagd Maria (de)	Биби Марям	Bibi Maryam
duivel (de)	Иблис	Iblis
duivels (bn)	иблисона	iblisona

| Satan | Шайтон | Shayton |
| satanisch (bn) | шайтонга оид | shaytonga oid |

engel (de)	фаришта	farishta
beschermengel (de)	қўриқловчи фаришта	qo'riqlovchi farishta
engelachtig (bn)	фаришталарга оид	farishtalarga oid

apostel (de)	ҳаворий	havoriy
aartsengel (de)	фаришталарнинг енг каттаси	farishtalarning eng kattasi
antichrist (de)	дажжол	dajjol

Kerk (de)	Черков	Cherkov
bijbel (de)	библия	bibliya
bijbels (bn)	библияга оид	bibliyaga oid

Oude Testament (het)	Таврот	Tavrot
Nieuwe Testament (het)	Инжил	Injil
evangelie (het)	Инжил	Injil
Heilige Schrift (de)	Муқаддас Китоб	Muqaddas Kitob
Hemel, Hemelrijk (de)	Жаннат	Jannat

gebod (het)	муқаддас бурч	muqaddas burch
profeet (de)	пайғамбар	payg'ambar
profetie (de)	пайғамбарлик	payg'ambarlik

Allah	Аллоҳ	Alloh
Mohammed	Муҳаммад	Muhammad
Koran (de)	Қуръон	Qur'on

moskee (de)	мачит	machit
moellah (de)	мулла	mulla
gebed (het)	ибодат	ibodat
bidden (ww)	ибодат қилмоқ	ibodat qilmoq

pelgrimstocht (de)	зиёрат	ziyorat
pelgrim (de)	зиёратчи	ziyoratchi
Mekka	Макка	Makka

kerk (de)	черков	cherkov
tempel (de)	ибодатхона	ibodatxona
kathedraal (de)	бош черков	bosh cherkov
gotisch (bn)	готик	gotik
synagoge (de)	синагога	sinagoga
moskee (de)	мачит	machit

kapel (de)	бутхона	butxona
abdij (de)	аббатлик	abbatlik
nonnenklooster (het)	монастир	monastir
mannenklooster (het)	монастир	monastir

klok (de)	қўнғироқ	qo'ng'iroq
klokkentoren (de)	қўнғироқхона	qo'ng'iroqxona
luiden (klokken)	жаранглатмоқ	jaranglatmoq
kruis (het)	хоч	xoch
koepel (de)	гумбаз	gumbaz

icoon (de)	бут	but
ziel (de)	жон	jon
lot, noodlot (het)	тақдир, қисмат	taqdir, qismat
kwaad (het)	ёвузлик	yovuzlik
goed (het)	эзгулик	ezgulik
vampier (de)	қонхўр	qonxo'r
heks (de)	ялмоғиз	yalmog'iz
demoon (de)	иблис	iblis
geest (de)	рух	ruh
verzoeningsleer (de)	гуноҳини ювиш	gunohini yuvish
vrijkopen (ww)	гуноҳини ювмоқ	gunohini yuvmoq
mis (de)	ибодат	ibodat
de mis opdragen	ибодат қилмоқ	ibodat qilmoq
biecht (de)	тавба	tavba
biechten (ww)	тавба қилмоқ	tavba qilmoq
heilige (de)	авлиё	avliyo
heilig (bn)	муқаддас	muqaddas
wijwater (het)	муқаддас сув	muqaddas suv
ritueel (het)	маросим	marosim
ritueel (bn)	маросимга оид	marosimga oid
offerande (de)	қурбонлик	qurbonlik
bijgeloof (het)	хурофот	xurofot
bijgelovig (bn)	хурофий	xurofiy
hiernamaals (het)	нариги дунёдаги ҳаёт	narigi dunyodagi hayot
eeuwige leven (het)	мангу ҳаёт	mangu hayot

DIVERSEN

249. Diverse nuttige woorden

achtergrond (de)	асосий ранг	asosiy rang
balans (de)	мувозанат	muvozanat
basis (de)	асос	asos
begin (het)	бошланиши	boshlanishi
beurt (wie is aan de ~?)	навбат	navbat
categorie (de)	тоифа	toifa
comfortabel (~ bed, enz.)	қулай	qulay
compensatie (de)	компенсация	kompensatsiya
deel (gedeelte)	қисм	qism
deeltje (het)	заррача	zarracha
ding (object, voorwerp)	нарса	narsa
dringend (bn, urgent)	шошилинч	shoshilinch
dringend (bw, met spoed)	тезда	tezda
effect (het)	самара	samara
eigenschap (kwaliteit)	хосса	hossa
einde (het)	интихо	intixo
element (het)	унсур	unsur
feit (het)	далил	dalil
fout (de)	хато	xato
geheim (het)	сир	sir
graad (mate)	даража	daraja
groei (ontwikkeling)	ўсиш	o'sish
hindernis (de)	тўсиқ	to'siq
hinderpaal (de)	тўсиқ	to'siq
hulp (de)	ёрдам	yordam
ideaal (het)	идеал	ideal
inspanning (de)	куч бериш	kuch berish
keuze (een grote ~)	танлов	tanlov
labyrint (het)	лабиринт	labirint
manier (de)	усул	usul
moment (het)	лаҳза	lahza
nut (bruikbaarheid)	фойда	foyda
onderscheid (het)	тафовут	tafovut
ontwikkeling (de)	ривожланиш	rivojlanish
oplossing (de)	ечим	echim
origineel (het)	оригинал	original
pauze (de)	тўхтам	to'xtam
positie (de)	позиция	pozitsiya
principe (het)	тамойил	tamoyil

probleem (het)	муаммо	muammo
proces (het)	жараён	jarayon
reactie (de)	реакция	reaktsiya
reden (om ~ van)	сабаб	sabab
risico (het)	таваккал	tavakkal
samenvallen (het)	бир хиллик	bir xillik
serie (de)	серия	seriya
situatie (de)	вазият	vaziyat
soort (bijv. ~ sport)	тур	tur
standaard (bn)	стандарт	standart
standaard (de)	стандарт	standart
stijl (de)	услуб	uslub
stop (korte onderbreking)	тўхташ	to'xtash
systeem (het)	тизим	tizim
tabel (bijv. ~ van Mendelejev)	жадвал	jadval
tempo (langzaam ~)	суръат	sur'at
term (medische ~en)	атама	atama
type (soort)	тур	tur
variant (de)	вариант	variant
veelvuldig (bn)	тез такрорланувчи	tez takrorlanuvchi
vergelijking (de)	таққослаш	taqqoslash
voorbeeld (het goede ~)	мисол	misol
voortgang (de)	тараққиёт	taraqqiyot
voorwerp (ding)	объект	ob'ekt
vorm (uiterlijke ~)	шакл	shakl
waarheid (de)	хақиқат	haqiqat
zone (de)	зона	zona

250. Beperkende bijwoorden. Bijvoeglijke naamwoorden. Deel 1

accuraat (uurwerk, enz.)	батартиб	batartib
achter- (abn)	орқадаги	orqadagi
additioneel (bn)	қўшимча	qo'shimcha
anders (bn)	ҳар хил	har xil
arm (bijv. ~e landen)	камбағал	kambag'al
begrijpelijk (bn)	тушунарли	tushunarli
belangrijk (bn)	муҳим	muhim
belangrijkst (bn)	енг муҳим	eng muhim
beleefd (bn)	боадаб	boadab
beperkt (bn)	чекланган	cheklangan
betekenisvol (bn)	аҳамиятли	ahamiyatli
bijziend (bn)	узоқни кўролмайдиган	uzoqni ko'rolmaydigan
binnen- (abn)	ички	ichki
bitter (bn)	аччиқ	achchiq
blind (bn)	кўр	ko'r
breed (een ~e straat)	кенг	keng

| breekbaar (porselein, glas) | мўрт | mo'rt |
| buiten- (abn) | ташқи | tashqi |

buitenlands (bn)	чет ел	chet el
burgerlijk (bn)	фуқаролик	fuqarolik
centraal (bn)	марказий	markaziy
dankbaar (bn)	миннатдор	minnatdor
dicht (~e mist)	қуюқ	quyuq

dicht (bijv. ~e mist)	қуюқ	quyuq
dicht (in de ruimte)	яқин жойдаги	yaqin joydagi
dichtbij (bn)	яқиндаги	yaqindagi
dichtstbijzijnd (bn)	енг яқин	eng yaqin

diepvries (~product)	музлатилган	muzlatilgan
dik (bijv. muur)	қалин	qalin
dof (~ licht)	хира	xira
dom (dwaas)	тентак	tentak

donker (bijv. ~e kamer)	қоронғи	qorong'i
dood (bn)	ўлик	o'lik
doorzichtig (bn)	шаффоф	shaffof
droevig (~ blik)	қайғули	qayg'uli
droog (bn)	қуруқ	quruq

dun (persoon)	ориқ	oriq
duur (bn)	қиммат	qimmat
eender (bn)	бир хил	bir xil
eenvoudig (bn)	осон	oson
eenvoudig (bn)	оддий	oddiy

eeuwenoude (~ beschaving)	қадимги	qadimgi
enorm (bn)	улкан	ulkan
geboorte- (stad, land)	жонажон	jonajon
gebruind (bn)	офтобда қорайган	oftobda qoraygan

gelijkend (bn)	ўхшаш	o'xshash
gelukkig (bn)	бахтли	baxtli
gesloten (bn)	ёпиқ	yopiq
getaand (bn)	қорача	qoracha

gevaarlijk (bn)	хавфли	xavfli
gewoon (bn)	оддий	oddiy
gezamenlijk (~ besluit)	биргаликда бўладиган	birgalikda bo'ladigan
glad (~ oppervlak)	силлиқ	silliq
glad (~ oppervlak)	текис	tekis

goed (bn)	яхши	yaxshi
goedkoop (bn)	арзон	arzon
gratis (bn)	бепул	bepul
groot (bn)	катта	katta

hard (niet zacht)	қаттиқ	qattiq
heel (volledig)	бутун, тўлиқ	butun, to'liq
heet (bn)	иссиқ	issiq
hongerig (bn)	оч	och

hoofd- (abn)	бош	bosh
hoogste (bn)	олий	oliy
huidig (courant)	ҳозирги	hozirgi
jong (bn)	ёш	yosh
juist, correct (bn)	тўғри	to'g'ri
kalm (bn)	тинч	tinch
kinder- (abn)	болаларга хос	bolalarga xos
koel (~ weer)	салқин	salqin
kort (kortstondig)	қисқа муддатли	qisqa muddatli
kort (niet lang)	қисқа	qisqa
koud (~ water, weer)	совуқ	sovuq
kunstmatig (bn)	сунъий	sun'iy
laatst (bn)	охирги	oxirgi
lang (een ~ verhaal)	узоқ	uzoq
langdurig (bn)	давомли	davomli
lastig (~ probleem)	мураккаб	murakkab
leeg (glas, kamer)	бўш	bo'sh
lekker (bn)	мазали	mazali
licht (kleur)	оч	och
licht (niet veel weegt)	енгил	engil
linker (bn)	чап	chap
luid (bijv. ~e stem)	баланд	baland
mager (bn)	ориқ	oriq
mat (bijv. ~ verf)	жилосиз	jilosiz
moe (bn)	чарчаган	charchagan
moeilijk (~ besluit)	қийин	qiyin
mogelijk (bn)	мумкин	mumkin
mooi (bn)	чиройли	chiroyli
mysterieus (bn)	сирли	sirli
naburig (bn)	қўшни	qo'shni
nalatig (bn)	эътиборсиз	e'tiborsiz
nat (~te kleding)	хўл	xo'l
nerveus (bn)	асабий	asabiy
niet groot (bn)	унча катта бўлмаган	uncha katta bo'lmagan
niet moeilijk (bn)	осон	oson
nieuw (bn)	янги	yangi
nodig (bn)	керакли	kerakli
normaal (bn)	нормал	normal

251. Beperkende bijwoorden. Bijvoeglijke naamwoorden. Deel 2

onbegrijpelijk (bn)	тушунарсиз	tushunarsiz
onbelangrijk (bn)	арзимас	arzimas
onbeweeglijk (bn)	қўзғалмас	ko'zg'almas
onbewolkt (bn)	мусаффо	musaffo
ondergronds (geheim)	яширин	yashirin

ondiep (bn)	саёз	sayoz
onduidelijk (bn)	равшан емас	ravshan emas
onervaren (bn)	тажрибасиз	tajribasiz
onmogelijk (bn)	имконсиз	imkonsiz
onontbeerlijk (bn)	зарур	zarur
onophoudelijk (bn)	узлуксиз	uzluksiz
ontkennend (bn)	салбий	salbiy
open (bn)	очиқ	ochiq
openbaar (bn)	ижтимоий	ijtimoiy
origineel (ongewoon)	оригинал	original
oud (~ huis)	ески	eski
overdreven (bn)	ҳаддан ташқари	haddan tashqari
passend (bn)	яроқли	yaroqli
permanent (bn)	доимий	doimiy
persoonlijk (bn)	шахсий	shaxsiy
plat (bijv. ~ scherm)	ясси	yassi
prachtig (~ paleis, enz.)	гўзал, жуда чиройли	go'zal, juda chiroyli
precies (bn)	аниқ	aniq
prettig (bn)	ёқимли	yoqimli
privé (bn)	хусусий	xususiy
punctueel (bn)	ишни вақтида бажарувчи	ishni vaqtida bajaruvchi
rauw (niet gekookt)	хом	xom
recht (weg, straat)	тўғри	to'g'ri
rechter (bn)	ўнг	o'ng
rijp (fruit)	пишган	pishgan
riskant (bn)	хатарли	xatarli
ruim (een ~ huis)	кенг	keng
rustig (bn)	ювош	yuvosh
scherp (bijv. ~ mes)	ўткир	o'tkir
schoon (niet vies)	тоза	toza
slecht (bn)	ёмон	yomon
slim (verstandig)	ақлли	aqlli
smal (~le weg)	тор	tor
snel (vlug)	тез	tez
somber (bn)	қоронғи	qorong'i
speciaal (bn)	махсус	maxsus
sterk (bn)	кучли	kuchli
stevig (bn)	пишиқ	pishiq
straatarm (bn)	гадой	gadoy
teder (liefderijk)	мулойим	muloyim
tegenovergesteld (bn)	қарама-қарши	qarama-qarshi
tevreden (bn)	мамнун	mamnun
tevreden (klant, enz.)	қониқарли	qoniqarli
treurig (bn)	маъюс	ma'yus
tweedehands (bn)	тутилган	tutilgan
uitstekend (bn)	аъло, жуда яхши	a'lo, juda yaxshi
uitstekend (bn)	аъло даражадаги	a'lo darajadagi

uniek (bn)	ноёб	noyob
veilig (niet gevaarlijk)	хавфсиз	xavfsiz
ver (in de ruimte)	узоқ	uzoq

verenigbaar (bn)	бирга бўла оладиган	birga bo'la oladigan
vermoeiend (bn)	толиққан	toliqqan
verplicht (bn)	мажбурий	majburiy
vers (~ brood)	янги	yangi
verschillende (bn)	турли	turli

verst (meest afgelegen)	узоқдаги	uzoqdagi
vettig (voedsel)	ёғли	yog'li
vijandig (bn)	адоватли	adovatli
vloeibaar (bn)	суюқ	suyuq
vochtig (bn)	нам	nam
vol (helemaal gevuld)	тўла	to'la

volgend (~ jaar)	кейинги	keyingi
voorbij (bn)	ўтган	o'tgan
voornaamste (bn)	асосий ранг	asosiy rang
vorig (~ jaar)	ўтиб кетган	o'tib ketgan
vorig (bijv. ~e baas)	аввалги	avvalgi

vriendelijk (aardig)	илтифотли	iltifotli
vriendelijk (goedhartig)	меҳрибон	mehribon
vrij (bn)	эркин	erkin
vrolijk (bn)	қувноқ	quvnoq
vruchtbaar (~ land)	ҳосилдор	hosildor

vuil (niet schoon)	ифлос	iflos
waarschijnlijk (bn)	эҳтимол	ehtimol
warm (bn)	илиқ	iliq
wettelijk (bn)	қонуний	qonuniy
zacht (bijv. ~ kussen)	юмшоқ	yumshoq

zacht (bn)	тинч	tinch
zeldzaam (bn)	сийрак	siyrak
ziek (bn)	касал	kasal
zoet (~ water)	чучук	chuchuk
zoet (bn)	ширин	shirin

zonnig (~e dag)	қуёшли	quyoshli
zorgzaam (bn)	ғамхўр	g'amxo'r
zout (de soep is ~)	тузли	tuzli
zuur (smaak)	нордон	nordon
zwaar (~ voorwerp)	оғир	og'ir

DE 500 BELANGRIJKSTE WERKWOORDEN

252. Werkwoorden A-C

aaien (bijv. een konijn ~)	силамоқ	silamoq
aanbevelen (ww)	тавсия қилмоқ	tavsiya qilmoq
aandringen (ww)	қаттиқ туриб ма'қулламоқ	qattiq turib ma'qullamoq
aankomen (ov. de treinen)	етиб келмоқ	etib kelmoq
aanleggen (bijv. bij de pier)	келиб тўхтамоқ	kelib to'xtamoq
aanraken (met de hand)	тегмоқ	tegmoq
aansteken (kampvuur, enz.)	ёндирмоқ	yondirmoq
aanstellen (in functie plaatsen)	тайинламоқ	tayinlamoq
aanvallen (mil.)	хужум қилмоқ	hujum qilmoq
aanvoelen (gevaar ~)	сезмоқ	sezmoq
aanvoeren (leiden)	бош бўлмоқ	bosh bo'lmoq
aanwijzen (de weg ~)	кўрсатмоқ	ko'rsatmoq
aanzetten (computer, enz.)	ёқмоқ	yoqmoq
ademen (ww)	нафас олмоқ	nafas olmoq
adverteren (ww)	реклама қилмоқ	reklama qilmoq
adviseren (ww)	маслаҳат бермоқ	maslahat bermoq
afdalen (on.ww.)	тушмоқ	tushmoq
afgunstig zijn (ww)	ҳавас қилмоқ	havas qilmoq
afhakken (ww)	чопиб ташламоқ	chopib tashlamoq
afhangen van ...	боғлиқ бўлмоқ	bog'liq bo'lmoq
afluisteren (ww)	яширинча эшитиб олмоқ	yashirincha eshitib olmoq
afnemen (verwijderen)	олиб ташламоқ	olib tashlamoq
afrukken (ww)	узиб олмоқ	uzib olmoq
afslaan (naar rechts ~)	бурмоқ	burmoq
afsnijden (ww)	кесиб олмоқ	kesib olmoq
afzeggen (ww)	бекор қилмоқ	bekor qilmoq
amputeren (ww)	кесиб ташламоқ	kesib tashlamoq
amuseren (ww)	кўнглини очмоқ	ko'nglini ochmoq
antwoorden (ww)	жавоб бермоқ	javob bermoq
applaudisseren (ww)	қарсак чалмоқ	qarsak chalmoq
aspireren (iets willen worden)	интилмоқ	intilmoq
assisteren (ww)	ассистентлик қилмоқ	assistentlik qilmoq
bang zijn (ww)	қўрқмоқ	qo'rqmoq
barsten (plafond, enz.)	ёрилмоқ	yorilmoq
bedienen (in restaurant)	хизмат кўрсатмоқ	xizmat ko'rsatmoq
bedreigen (bijv. met een pistool)	пўписа қилмоқ	po'pisa qilmoq

bedriegen (ww)	алдамоқ	aldamoq
beduiden (betekenen)	билдирмоқ	bildirmoq
bedwingen (ww)	ушлаб қолмоқ	ushlab qolmoq
beëindigen (ww)	тугатмоқ	tugatmoq

begeleiden (vergezellen)	кузатмоқ	kuzatmoq
begieten (water geven)	суғормоқ	sug'ormoq
beginnen (ww)	бошламоқ	boshlamoq
begrijpen (ww)	тушунмоқ	tushunmoq
behandelen (patiënt, ziekte)	даволамоқ	davolamoq

beheren (managen)	бошқармоқ	boshqarmoq
beïnvloeden (ww)	таъсир етмоқ	ta'sir etmoq
bekennen (misdadiger)	иқрор бўлмоқ	iqror bo'lmoq
beledigen (met scheldwoorden)	хақоратламоқ	haqoratlamoq

beledigen (ww)	хафа қилмоқ	xafa qilmoq
beloven (ww)	ваъда бермоқ	va'da bermoq
beperken (de uitgaven ~)	чекламоқ	cheklamoq
bereiken (doel ~, enz.)	еришмоқ	erishmoq

bereiken (plaats van bestemming ~)	етиб бормоқ	etib bormoq
beschermen (bijv. de natuur ~)	қўриқламоқ	qo'riqlamoq
beschuldigen (ww)	айбламоқ	ayblamoq
beslissen (~ iets te doen)	хал қилмоқ	hal qilmoq

besmet worden (met …)	юқтириб олмоқ	yuqtirib olmoq
besmetten (ziekte overbrengen)	юқтирмоқ	yuqtirmoq
bespreken (spreken over)	муҳокама қилмоқ	muhokama qilmoq
bestaan (een ~ voeren)	яшамоқ	yashamoq

bestellen (eten ~)	буюртма бермоқ	buyurtma bermoq
bestraffen (een stout kind ~)	жазоламоқ	jazolamoq
betalen (ww)	тўламоқ	to'lamoq
betekenen (beduiden)	англатмоқ	anglatmoq

betreuren (ww)	афсусланмоқ	afsuslanmoq
bevallen (prettig vinden)	ёқмоқ	yoqmoq
bevelen (mil.)	буюрмоқ	buyurmoq
bevredigen (ww)	қониқтирмоқ	qoniqtirmoq

bevrijden (stad, enz.)	қайтариб олмоқ	qaytarib olmoq
bewaren (oude brieven, enz.)	сақламоқ	saqlamoq
bewaren (vrede, leven)	сақламоқ	saqlamoq
bewijzen (ww)	исботламоқ	isbotlamoq

bewonderen (ww)	қойил қолмоқ	qoyil qolmoq
bezitten (ww)	ега бўлмоқ	ega bo'lmoq
bezorgd zijn (ww)	хавотирланмоқ	xavotirlanmoq
bezorgd zijn (ww)	хавотир бўлмоқ	xavotir bo'lmoq
bidden (praten met God)	ибодат қилмоқ	ibodat qilmoq
bijvoegen (ww)	қўшмоқ	qo'shmoq

| binden (ww) | боғламоқ | bog'lamoq |
| binnengaan (een kamer ~) | кирмоқ | kirmoq |

blazen (ww)	пуфламоқ	puflamoq
blozen (zich schamen)	қизармоқ	qizarmoq
blussen (brand ~)	ўчирмоқ	o'chirmoq
boos maken (ww)	жаҳлни чиқармоқ	jahlni chiqarmoq

boos zijn (ww)	жаҳли чиқмоқ	jahli chiqmoq
breken (on.ww., van een touw)	узилмоқ	uzilmoq
breken (speelgoed, enz.)	синдирмоқ	sindirmoq
brengen (iets ergens ~)	олиб келмоқ	olib kelmoq

charmeren (ww)	мафтун қилмоқ	maftun qilmoq
citeren (ww)	ситата келтирмоқ	sitata keltirmoq
compenseren (ww)	ўрнини тўлдирмоқ	o'rnini to'ldirmoq
compliceren (ww)	қийинлаштирмоқ	qiyinlashtirmoq

componeren (muziek ~)	ёзмоқ	yozmoq
compromitteren (ww)	обрўсизлантирмоқ	obro'sizlantirmoq
concurreren (ww)	рақобат қилмоқ	raqobat qilmoq
controleren (ww)	назорат қилмоқ	nazorat qilmoq

coöpereren (samenwerken)	ҳамкорлик қилмоқ	hamkorlik qilmoq
coördineren (ww)	мувофиқлаштирмоқ	muvofiqlashtirmoq
corrigeren (fouten ~)	тўғриламоқ	to'g'rilamoq
creëren (ww)	яратмоқ	yaratmoq

253. Werkwoorden D-K

danken (ww)	ташаккур билдирмоқ	tashakkur bildirmoq
de was doen	кир ювмоқ	kir yuvmoq
de weg wijzen	йўналтирмоқ	yo'naltirmoq
deelnemen (ww)	иштирок етмоқ	ishtirok etmoq
delen (wisk.)	бўлмоқ	bo'lmoq

denken (ww)	ўйламоқ	o'ylamoq
doden (ww)	ўлдирмоқ	o'ldirmoq
doen (ww)	қилмоқ	qilmoq
dresseren (ww)	ҳайвонларни ўргатмоқ	hayvonlarni o'rgatmoq

drinken (ww)	ичмоқ	ichmoq
drogen (klederen, haar)	қуритмоқ	quritmoq
dromen (in de slaap)	туш кўрмоқ	tush ko'rmoq
dromen (over vakantie ~)	орзу қилмоқ	orzu qilmoq
duiken (ww)	шўнғимоқ	sho'ng'imoq

durven (ww)	журъат қилмоқ	jur'at qilmoq
duwen (ww)	итармоқ	itarmoq
een auto besturen	машина бошқармоқ	mashina boshqarmoq
een bad geven	чўмилтирмоқ	cho'miltirmoq
een bad nemen	ювинмоқ	yuvinmoq
een conclusie trekken	хулоса қилмоқ	xulosa qilmoq

een foto maken (ww)	фотосурат олмоқ	fotosurat olmoq
eisen (met klem vragen)	талаб қилмоқ	talab qilmoq
erkennen (schuld)	иқрор бўлмоқ	iqror bo'lmoq
erven (ww)	мерос қилиб олмоқ	meros qilib olmoq

eten (ww)	емоқ	emoq
excuseren (vergeven)	кечирмоқ	kechirmoq
existeren (bestaan)	мавжуд бўлмоқ	mavjud bo'lmoq
feliciteren (ww)	табрикламоқ	tabriklamoq
gaan (te voet)	юрмоқ	yurmoq

gaan slapen	ухлашга ётмоқ	uxlashga yotmoq
gaan zitten (ww)	ўтирмоқ	o'tirmoq
gaan zwemmen	чўмилмоқ	cho'milmoq
garanderen (garantie geven)	кафолатламоқ	kafolatlamoq

gebruiken (bijv. een potlood ~)	фойдаланмоқ	foydalanmoq
gebruiken (woord, uitdrukking)	ишлатмоқ	ishlatmoq
geconserveerd zijn (ww)	сақланмоқ	saqlanmoq
gedateerd zijn (ww)	сана билан белгиланмоқ	sana bilan belgilanmoq
gehoorzamen (ww)	итоат қилмоқ	itoat qilmoq

gelijken (op elkaar lijken)	ўхшамоқ	o'xshamoq
geloven (vinden)	ишонмоқ	ishonmoq
genoeg zijn (ww)	етарли бўлмоқ	etarli bo'lmoq
gieten (in een beker ~)	қуймоқ	quymoq

glimlachen (ww)	жилмаймоқ	jilmaymoq
glimmen (glanzen)	нур сочиб турмоқ	nur sochib turmoq
gluren (ww)	яширинча кўриб олмоқ	yashirincha ko'rib olmoq
goed raden (ww)	топмоқ	topmoq
gooien (een steen, enz.)	отмоқ	otmoq

grappen maken (ww)	ҳазиллашмоқ	hazillashmoq
graven (tunnel, enz.)	қазимоқ	qazimoq
haasten (iemand ~)	шошилтирмоқ	shoshiltirmoq
hebben (ww)	ега бўлмоқ	ega bo'lmoq
helpen (hulp geven)	ёрдамлашмоқ	yordamlashmoq

herhalen (opnieuw zeggen)	қайтармоқ	qaytarmoq
herinneren (ww)	ёдда тутмоқ	yodda tutmoq
herinneren aan ... (afspraak, opdracht)	еслатмоқ	eslatmoq
herkennen (identificeren)	танимоқ	tanimoq
herstellen (repareren)	тузатмоқ	tuzatmoq

het haar kammen	соч тарамоқ	soch taramoq
hopen (ww)	умид қилмоқ	umid qilmoq
horen (waarnemen met het oor)	ешитмоқ	eshitmoq
houden van (muziek, enz.)	яхши кўрмоқ	yaxshi ko'rmoq
huilen (wenen)	йиғламоқ	yig'lamoq
huiveren (ww)	сесканмоқ	seskanmoq
huren (een boot ~)	ёлламоқ	yollamoq

huren (huis, kamer)	ижарага олмоқ	ijaraga olmoq
huren (personeel)	ёлламоқ	yollamoq
imiteren (ww)	тақлид қилмоқ	taqlid qilmoq

importeren (ww)	импорт қилмоқ	import qilmoq
inenten (vaccineren)	емламоқ	emlamoq
informeren (informatie geven)	хабардор қилмоқ	xabardor qilmoq
informeren naar ... (navraag doen)	билмоқ	bilmoq
inlassen (invoegen)	ичига ўрнатмоқ	ichiga o'rnatmoq

inpakken (in papier)	ўрамоқ	o'ramoq
inspireren (ww)	руҳлантирмоқ	ruhlantirmoq
instemmen (akkoord gaan)	рози бўлмоқ	rozi bo'lmoq
interesseren (ww)	қизиқтирмоқ	qiziqtirmoq

irriteren (ww)	ғазаблантирмоқ	g'azablantirmoq
isoleren (ww)	яккаламоқ	yakkalamoq
jagen (ww)	ов қилмоқ	ov qilmoq
kalmeren (kalm maken)	тинчлантирмоқ	tinchlantirmoq

kennen (kennis hebben van iemand)	танимоқ	tanimoq
kennismaken (met ...)	танишмоқ	tanishmoq
kiezen (ww)	танламоқ	tanlamoq
kijken (ww)	қарамоқ	qaramoq

klaarmaken (een plan ~)	тайёрламоқ	tayyorlamoq
klaarmaken (het eten ~)	тайёрламоқ	tayyorlamoq
klagen (ww)	шикоят қилмоқ	shikoyat qilmoq
kloppen (aan een deur)	тақиллатмоқ	taqillatmoq

kopen (ww)	харид қилмоқ	xarid qilmoq
kopieën maken	кўпайтирмоқ	ko'paytirmoq
kosten (ww)	қийматга ега бўлмоқ	qiymatga ega bo'lmoq
kunnen (ww)	уддаламоқ	uddalamoq
kweken (planten ~)	ўстирмоқ	o'stirmoq

254. Werkwoorden L-R

lachen (ww)	кулмоқ	kulmoq
laden (geweer, kanon)	ўқламоқ	o'qlamoq
laden (vrachtwagen)	юкламоқ	yuklamoq
laten vallen (ww)	туширмоқ	tushirmoq

lenen (geld ~)	қарз олмоқ	qarz olmoq
leren (lesgeven)	ўргатмоқ	o'rgatmoq
leven (bijv. in Frankrijk ~)	яшамоқ	yashamoq
lezen (een boek ~)	ўқимоқ	o'qimoq

lid worden (ww)	қўшилмоқ	qo'shilmoq
liefhebben (ww)	севмоқ	sevmoq
liegen (ww)	алдамоқ	aldamoq
liggen (op de tafel ~)	ётмоқ	yotmoq

liggen (persoon)	ётмоқ	yotmoq
lijden (pijn voelen)	азобланмоқ	azoblanmoq
losbinden (ww)	ечиб олмоқ	echib olmoq
luisteren (ww)	эшитмоқ	eshitmoq
lunchen (ww)	тушлик қилмоқ	tushlik qilmoq
markeren (op de kaart, enz.)	белгиламоқ	belgilamoq
melden (nieuws ~)	хабар қилмоқ	xabar qilmoq
memoriseren (ww)	еслаб қолмоқ	eslab qolmoq
mengen (ww)	аралаштирмоқ	aralashtirmoq
mikken op (ww)	нишонга олмоқ	nishonga olmoq
minachten (ww)	нафратланмоқ	nafratlanmoq
moeten (ww)	қарздор бўлмоқ	qarzdor bo'lmoq
morsen (koffie, enz.)	тўкиб юбормоқ	to'kib yubormoq
naderen (dichterbij komen)	яқинлашмоқ	yaqinlashmoq
neerlaten (ww)	туширмоқ	tushirmoq
nemen (ww)	олмоқ	olmoq
nodig zijn (ww)	керак бўлмоқ	kerak bo'lmoq
noemen (ww)	атамоқ	atamoq
noteren (opschrijven)	белги қўймоқ	belgi qo'ymoq
omhelzen (ww)	қучоқламоқ	quchoqlamoq
omkeren (steen, voorwerp)	ўгириб қўймоқ	o'girib qo'ymoq
onderhandelen (ww)	музокоралар олиб бориш	muzokoralar olib borish
ondernemen (ww)	бошламоқ	boshlamoq
onderschatten (ww)	кам баҳо бермоқ	kam baho bermoq
onderscheiden (een ereteken geven)	тақдирламоқ	taqdirlamoq
onderstrepen (ww)	таъкидламоқ	ta'kidlamoq
ondertekenen (ww)	имзоламоқ	imzolamoq
onderwijzen (ww)	йўриқнома бермоқ	yo'riqnoma bermoq
onderzoeken (alle feiten, enz.)	кўриб чиқмоқ	ko'rib chiqmoq
ongerust maken (ww)	хавотир қилмоқ	xavotir qilmoq
onmisbaar zijn (ww)	зарур бўлмоқ	zarur bo'lmoq
ontbijten (ww)	нонушта қилмоқ	nonushta qilmoq
ontdekken (bijv. nieuw land)	кашф қилмоқ	kashf qilmoq
ontkennen (ww)	инкор қилмоқ	inkor qilmoq
ontlopen (gevaar, taak)	ўзини четга олмоқ	o'zini chetga olmoq
ontnemen (ww)	маҳрум қилмоқ	mahrum qilmoq
ontwerpen (machine, enz.)	лойиҳалаштирмоқ	loyihalashtirmoq
oorlog voeren (ww)	урушмоқ	urushmoq
op orde brengen	тартибга келтирмоқ	tartibga keltirmoq
opbergen (in de kast, enz.)	беркитмоқ	berkitmoq
opduiken (ov. een duikboot)	сузиб чиқмоқ	suzib chiqmoq
openen (ww)	очмоқ	ochmoq
ophangen (bijv. gordijnen ~)	осмоқ	osmoq
ophouden (ww)	тўхтатмоқ	to'xtatmoq

oplossen (een probleem ~)	ечмоқ	echmoq
opmerken (zien)	кўриб қолмоқ	ko'rib qolmoq
opmerken (zien)	кўрмоқ	ko'rmoq
opscheppen (ww)	мақтанмоқ	maqtanmoq
opschrijven (op een lijst)	кўшиб кўймоқ	qo'shib qo'ymoq
opschrijven (ww)	ёзиб олмоқ	yozib olmoq
opstaan (uit je bed)	турмоқ	turmoq
opstarten (project, enz.)	бошламоқ	boshlamoq
opstijgen (vliegtuig)	учиб чиқмоқ	uchib chiqmoq
optreden (resoluut ~)	ҳаракат қилмоқ	harakat qilmoq
organiseren (concert, feest)	уюштирмоқ	uyushtirmoq
overdoen (ww)	қайтадан қилмоқ	qaytadan qilmoq
overheersen (dominant zijn)	ортиқ бўлмоқ	ortiq bo'lmoq
overschatten (ww)	қайтадан баҳоламоқ	qaytadan baholamoq
overtuigd worden (ww)	ишонмоқ	ishonmoq
overtuigen (ww)	ишонтирмоқ	ishontirmoq
passen (jurk, broek)	лойиқ келмоқ	loyiq kelmoq
passeren (~ mooie dorpjes, enz.)	ўтиб кетмоқ	o'tib ketmoq
peinzen (lang nadenken)	ўйланмоқ	o'ylanmoq
penetreren (ww)	кириб олмоқ	kirib olmoq
plaatsen (ww)	қўймоқ	qo'ymoq
plaatsen (zetten)	жойлаштирмоқ	joylashtirmoq
plannen (ww)	режаламоқ	rejalamoq
plezier hebben (ww)	қувнамоқ	quvnamoq
plukken (bloemen ~)	узмоқ	uzmoq
prefereren (verkiezen)	афзал кўрмоқ	afzal ko'rmoq
proberen (trachten)	уринмоқ	urinmoq
proberen (trachten)	уриниб кўрмоқ	urinib ko'rmoq
protesteren (ww)	норозилик билдирмоқ	norozilik bildirmoq
provoceren (uitdagen)	иғво қилмоқ	ig'vo qilmoq
raadplegen (dokter, enz.)	маслаҳатлашмоқ	maslahatlashmoq
rapporteren (ww)	маъруза қилмоқ	ma'ruza qilmoq
redden (ww)	қутқармоқ	qutqarmoq
regelen (conflict)	келиштирмоқ	kelishtirmoq
reinigen (schoonmaken)	тозаламоқ	tozalamoq
rekenen op …	… га умид боғламоқ	… ga umid bog'lamoq
rennen (ww)	югурмоқ	yugurmoq
reserveren (een hotelkamer ~)	банд қилиб қўймоқ	band qilib qo'ymoq
rijden (per auto, enz.)	кетмоқ	ketmoq
rillen (ov. de kou)	титрамоқ	titramoq
riskeren (ww)	таваккал қилмоқ	tavakkal qilmoq
roepen (met je stem)	чақирмоқ	chaqirmoq
roepen (om hulp)	чақирмоқ	chaqirmoq
ruiken (bepaalde geur verspreiden)	ҳид чиқармоқ	hid chiqarmoq

| ruiken (rozen) | хидламоқ | hidlamoq |
| rusten (verpozen) | дам олмоқ | dam olmoq |

255. Verbs S-V

samenstellen, maken (een lijst ~)	тузмоқ	tuzmoq
schieten (ww)	отмоқ	otmoq
schoonmaken (bijv. schoenen ~)	тозаламоқ	tozalamoq
schoonmaken (ww)	йиғиштирмоқ	yig'ishtirmoq
schrammen (ww)	тимдаламоқ	timdalamoq
schreeuwen (ww)	бақирмоқ	baqirmoq
schrijven (ww)	ёзмоқ	yozmoq
schudden (ww)	силкитмоқ	silkitmoq
selecteren (ww)	танлаб олмоқ	tanlab olmoq
simplificeren (ww)	соддалаштирмоқ	soddalashtirmoq
slaan (een hond ~)	урмоқ	urmoq
sluiten (ww)	ёпмоқ	yopmoq
smeken (bijv. om hulp ~)	илтимос қилмоқ	iltimos qilmoq
souperen (ww)	кечки овқатни емоқ	kechki ovqatni emoq
spelen (bijv. filmacteur)	ўйнамоқ	o'ynamoq
spelen (kinderen, enz.)	ўйнамоқ	o'ynamoq
spreken met ...	... билан гаплашмоқ	... bilan gaplashmoq
spuwen (ww)	туфламоқ	tuflamoq
stelen (ww)	ўғирламоқ	o'g'irlamoq
stemmen (verkiezing)	овоз бермоқ	ovoz bermoq
steunen (een goed doel, enz.)	қувватламоқ	quvvatlamoq
stoppen (pauzeren)	тўхтамоқ	to'xtamoq
storen (lastigvallen)	безовта қилмоқ	bezovta qilmoq
strijden (tegen een vijand)	урушмоқ	urushmoq
strijden (ww)	жанг қилмоқ	jang qilmoq
strijken (met een strijkbout)	дазмолламоқ	dazmollamoq
studeren (bijv. wiskunde ~)	ўрганмоқ	o'rganmoq
sturen (zenden)	жўнатмоқ	jo'natmoq
tellen (bijv. geld ~)	ҳисобламоқ	hisoblamoq
terugkeren (ww)	қайтмоқ	qaytmoq
terugsturen (ww)	орқага қайтармоқ	orqaga qaytarmoq
toebehoren aan ...	тегишли бўлмоқ	tegishli bo'lmoq
toegeven (zwichten)	баҳридан ўтмоқ	bahridan o'tmoq
toenemen (on. ww)	катталашмоқ	kattalashmoq
toespreken (zich tot iemand richten)	мурожаат қилмоқ	murojaat qilmoq
toestaan (goedkeuren)	ижозат бермоқ	ijozat bermoq
toestaan (ww)	рухсат бермоқ	ruxsat bermoq

toewijden (boek, enz.)	бағишламоқ	bag'ishlamoq
tonen (uitstallen, laten zien)	кўрсатмоқ	ko'rsatmoq
trainen (ww)	машқ қилдирмоқ	mashq qildirmoq
transformeren (ww)	ўзгартирмоқ	o'zgartirmoq
trekken (touw)	тортмоқ	tortmoq
trouwen (ww)	уйланмоқ	uylanmoq
tussenbeide komen (ww)	аралашмоқ	aralashmoq
twijfelen (onzeker zijn)	иккиланмоқ	ikkilanmoq
uitdelen (pamfletten ~)	тарқатмоқ	tarqatmoq
uitdoen (licht)	ўчирмоқ	o'chirmoq
uitdrukken (opinie, gevoel)	ифодаламоқ	ifodalamoq
uitgaan (om te dineren, enz.)	чиқмоқ	chiqmoq
uitlachen (bespotten)	масхара қилмоқ	masxara qilmoq
uitnodigen (ww)	таклиф қилмоқ	taklif qilmoq
uitrusten (ww)	жиҳозламоқ	jihozlamoq
uitsluiten (wegsturen)	чиқармоқ	chiqarmoq
uitspreken (ww)	айтмоқ	aytmoq
uittorenen (boven ...)	юксалиб турмоқ	yuksalib turmoq
uitvaren tegen (ww)	уришиб бермоқ	urishib bermoq
uitvinden (machine, enz.)	ихтиро қилмоқ	ixtiro qilmoq
uitwissen (ww)	ўчирмоқ	o'chirmoq
vangen (ww)	тутмоқ	tutmoq
vastbinden aan ...	боғлаб қўймоқ	bog'lab qo'ymoq
vechten (ww)	муштлашмоқ	mushtlashmoq
veranderen (bijv. mening ~)	ўзгартирмоқ	o'zgartirmoq
verbaasd zijn (ww)	ажабланмоқ	ajablanmoq
verbazen (verwonderen)	ажаблантирмоқ	ajablantirmoq
verbergen (ww)	беркитмоқ	berkitmoq
verbieden (ww)	тақиқламоқ	taqiqlamoq
verblinden (andere chauffeurs)	қамаштирмоқ	qamashtirmoq
verbouwereerd zijn (ww)	ҳайрон бўлиб қолмоқ	hayron bo'lib qolmoq
verbranden (bijv. papieren ~)	ёндирмоқ	yondirmoq
verdedigen (je land ~)	ҳимоя қилмоқ	himoya qilmoq
verdenken (ww)	шубҳаланмоқ	shubhalanmoq
verdienen (een complimentje, enz.)	лойиқ бўлмоқ	loyiq bo'lmoq
verdragen (tandpijn, enz.)	чидамоқ	chidamoq
verdrinken (in het water omkomen)	чўкмоқ	cho'kmoq
verdubbelen (ww)	икки марта орттирмоқ	ikki marta orttirmoq
verdwijnen (ww)	ғойиб бўлмоқ	g'oyib bo'lmoq
verenigen (ww)	бирлаштирмоқ	birlashtirmoq
vergelijken (ww)	солиштирмоқ	solishtirmoq
vergeten (achterlaten)	қолдирмоқ	qoldirmoq
vergeven (ww)	кечирмоқ	kechirmoq
vergroten (groter maken)	катталаштирмоқ	kattalashtirmoq

verklaren (uitleggen)	тушунтирмоқ	tushuntirmoq
verklaren (volhouden)	талаб қилмоқ	talab qilmoq
verklikken (ww)	чақимчилик қилмоқ	chaqimchilik qilmoq
verkopen (per stuk ~)	сотмоқ	sotmoq
verlaten (echtgenoot, enz.)	ташлаб кетмоқ	tashlab ketmoq
verlichten (gebouw, straat)	ёритмоқ	yoritmoq
verlichten (gemakkelijker maken)	енгиллаштирмоқ	engillashtirmoq
verliefd worden (ww)	севиб қолмоқ	sevib qolmoq
verliezen (bagage, enz.)	йўқотмоқ	yo'qotmoq
vermelden (praten over)	еслатиб ўтмоқ	eslatib o'tmoq
vermenigvuldigen (wisk.)	кўпайтирмоқ	ko'paytirmoq
verminderen (ww)	камайтирмоқ	kamaytirmoq
vermoeid raken (ww)	чарчамоқ	charchamoq
vermoeien (ww)	чарчатмоқ	charchatmoq

256. Verbs V-Z

vernietigen (documenten, enz.)	қириб ташламоқ	qirib tashlamoq
veronderstellen (ww)	фараз қилмоқ	faraz qilmoq
verontwaardigd zijn (ww)	ғазабланмоқ	g'azablanmoq
veroordelen (in een rechtszaak)	ҳукм қилмоқ	hukm qilmoq
veroorzaken ... (oorzaak zijn van ...)	сабабчи бўлмоқ	sababchi bo'lmoq
verplaatsen (ww)	суриб қўймоқ	surib qo'ymoq
verpletteren (een insect, enz.)	эзмоқ	ezmoq
verplichten (ww)	мажбурламоқ	majburlamoq
verschijnen (bijv. boek)	чиқмоқ	chiqmoq
verschijnen (in zicht komen)	кўринмоқ	ko'rinmoq
verschillen (~ van iets anders)	фарқланмоқ	farqlanmoq
versieren (decoreren)	безамоқ	bezamoq
verspreiden (pamfletten, enz.)	тарқатмоқ	tarqatmoq
verspreiden (reuk, enz.)	тарқатмоқ	tarqatmoq
versterken (positie ~)	мустаҳкамламоқ	mustahkamlamoq
verstommen (ww)	жимиб қолмоқ	jimib qolmoq
vertalen (ww)	таржима қилмоқ	tarjima qilmoq
vertellen (verhaal ~)	сўзлаб бермоқ	so'zlab bermoq
vertrekken (bijv. naar Mexico ~)	кетиб қолмоқ	ketib qolmoq
vertrouwen (ww)	ишонмоқ	ishonmoq
vervolgen (ww)	давом еттирмоқ	davom ettirmoq
verwachten (ww)	умид қилмоқ	umid qilmoq
verwarmen (ww)	иситмоқ	isitmoq

verwarren (met elkaar ~)	адаштирмоқ	adashtirmoq
verwelkomen (ww)	салом бермоқ	salom bermoq
verwezenlijken (ww)	амалга оширмоқ	amalga oshirmoq
verwijderen (een obstakel)	олиб ташламоқ	olib tashlamoq
verwijderen (een vlek ~)	йўқ қилмоқ	yo'q qilmoq
verwijten (ww)	гина қилмоқ	gina qilmoq
verwisselen (ww)	алмашмоқ	almashmoq
verzoeken (ww)	сўрамоқ	so'ramoq
verzuimen (school, enz.)	қолдирмоқ	qoldirmoq
vies worden (ww)	ифлосланмоқ	ifloslanmoq
vinden (denken)	ўйламоқ	o'ylamoq
vinden (ww)	топмоқ	topmoq
vissen (ww)	балиқ тутмоқ	baliq tutmoq
vleien (ww)	хушомад қилмоқ	xushomad qilmoq
vliegen (vogel, vliegtuig)	учмоқ	uchmoq
voederen	овқат бермоқ	ovqat bermoq
(een dier voer geven)		
volgen (ww)	орқасидан бормоқ	orqasidan bormoq
voorstellen (introduceren)	таништирмоқ	tanishtirmoq
voorstellen (Mag ik jullie ~)	таништирмоқ	tanishtirmoq
voorstellen (ww)	таклиф қилмоқ	taklif qilmoq
voorzien (verwachten)	олдиндан кўрмоқ	oldindan ko'rmoq
vorderen (vooruitgaan)	мартабасини кўтармоқ	martabasini ko'tarmoq
vormen (samenstellen)	ташкил қилмоқ	tashkil qilmoq
vullen (glas, fles)	тўлдирмоқ	to'ldirmoq
waarnemen (ww)	кузатмоқ	kuzatmoq
waarschuwen (ww)	огоҳлантирмоқ	ogohlantirmoq
wachten (ww)	кутмоқ	kutmoq
wassen (ww)	ювмоқ	yuvmoq
weerspreken (ww)	эътироз билдирмоқ	e'tiroz bildirmoq
wegdraaien (ww)	юз ўгирмоқ	yuz o'girmoq
wegdragen (ww)	олиб кетмоқ	olib ketmoq
wegen (gewicht hebben)	оғирликка эга бўлмоқ	og'irlikka ega bo'lmoq
wegjagen (ww)	ҳайдаб юбормоқ	haydab yubormoq
weglaten (woord, zin)	қолдириб кетмоқ	qoldirib ketmoq
wegvaren	жўнамоқ	jo'namoq
(uit de haven vertrekken)		
weigeren (iemand ~)	рад этмоқ	rad etmoq
wekken (ww)	уйғотмоқ	uyg'otmoq
wensen (ww)	истамоқ	istamoq
werken (ww)	ишламоқ	ishlamoq
weten (ww)	билмоқ	bilmoq
willen (verlangen)	истамоқ	istamoq
wisselen (omruilen, iets ~)	алмашмоқ	almashmoq
worden (bijv. oud ~)	бўлмоқ	bo'lmoq
worstelen (sport)	курашмоқ	kurashmoq

wreken (ww)	қасос олмоқ	qasos olmoq
zaaien (zaad strooien)	екмоқ	ekmoq
zeggen (ww)	айтмоқ	aytmoq
zich baseerd op	асосланмоқ	asoslanmoq
zich bevrijden van ... (afhelpen)	қутулмоқ	qutulmoq

zich concentreren (ww)	жалб етилмоқ	jalb etilmoq
zich ergeren (ww)	ғазабланмоқ	g'azablanmoq
zich gedragen (ww)	ўзини тутмоқ	o'zini tutmoq
zich haasten (ww)	шошилмоқ	shoshilmoq
zich herinneren (ww)	ёдга олмоқ	yodga olmoq

zich herstellen (ww)	соғаймоқ	sog'aymoq
zich indenken (ww)	тасаввур қилмоқ	tasavvur qilmoq
zich interesseren voor ...	қизиқмоқ	qiziqmoq
zich scheren (ww)	соқол олмоқ	soqol olmoq

zich trainen (ww)	машқ қилмоқ	mashq qilmoq
zich verdedigen (ww)	ҳимояланмоқ	himoyalanmoq
zich vergissen (ww)	адашмоқ	adashmoq
zich verontschuldigen	кечирим сўрамоқ	kechirim so'ramoq

zich verspreiden (meel, suiker, enz.)	тўкилмоқ	to'kilmoq
zich vervelen (ww)	зерикмоқ	zerikmoq
zijn (ww)	бўлмоқ	bo'lmoq

zinspelen (ww)	ишора қилмоқ	ishora qilmoq
zitten (ww)	ўтирмоқ	o'tirmoq
zoeken (ww)	изламоқ	izlamoq
zondigen (ww)	гуноҳ қилмоқ	gunoh qilmoq

zuchten (ww)	хўрсинмоқ	xo'rsinmoq
zwaaien (met de hand)	силкитмоқ	silkitmoq
zwemmen (ww)	сузмоқ	suzmoq
zwijgen (ww)	индамай турмоқ	indamay turmoq